本书出版由上海科技专著出版资金资助

法庭科学：让证据说话

——犯罪现场“蛛丝马迹”探秘

李法瑞　倪　铁　著

華東理工大學出版社
EAST CHINA UNIVERSITY OF SCIENCE AND TECHNOLOGY PRESS
·上海·

本书出版由上海科技专著出版资金资助

图书在版编目（CIP）数据

法庭科学：让证据说话：犯罪现场“蛛丝马迹”探秘 / 李法瑞，倪铁著. —上海：华东理工大学出版社，2019.11

ISBN 978-7-5628-5994-9

Ⅰ.①法… Ⅱ.①李… ②倪… Ⅲ.①刑事侦查－青少年读物 Ⅳ.①D918－49

中国版本图书馆CIP数据核字（2019）第234970号

项目统筹 / 牛　东
责任编辑 / 牛　东　赵子艳
装帧设计 / 吴佳斐
出版发行 / 华东理工大学出版社有限公司
地址：上海市梅陇路130号，200237
电话：021-64250306
网址：www.ecustpress.cn
邮箱：zongbianban@ecustpress.cn
印　　刷 / 上海盛通时代印刷有限公司
开　　本 / 710 mm × 1000 mm　1/16
印　　张 / 16.25
字　　数 / 291千字
版　　次 / 2019年11月第1版
印　　次 / 2019年11月第1次
定　　价 / 68.00元

谨以此书献给：

对法庭科学充满兴趣与学习热忱的人们，

特别是广大少年儿童、女性朋友、在校学生！

作者简介

李法瑞

复旦大学博士研究生，上海市延安中学教师，上海市教育系统“双名工程”攻关计划名师基地成员，长宁区名师培育工作室成员。发表《致力于培养具有决策能力的青少年》等学术论文10余篇，合著出版《诗歌名画中的科学》，参与编译《科学发现者：化学概念与应用》，编写《上海市高中“离子液体”创新实验》等著作6部。指导学生参加全国及上海市青少年科技创新大赛获奖近百项。曾荣获上海市科技新闻一等奖、上海市教育情报课题一等奖、上海市青年教师课题奖、上海市优秀科技辅导教师等。近年来，在倡导法治精神与核心素养培育的时代背景下，秉持“学思结合”“知行统一”的育人理念，积极引导学生从“社会生活”情境出发，培养证据意识、科学精神及法治理念，深受学生喜爱。

倪　铁

法学博士，现任《青少年犯罪问题》主编、华东政法大学刑事司法学院副院长（主持工作），兼任上海市预防青少年犯罪研究会副会长、上海市犯罪学学会副会长。牛津大学法外治理研究中心客座研究员、英国利兹大学犯罪学研究中心兼职研究员。主要研究领域有证据法学、侦查学、国际警务与法律文化。撰写专著《法文化视野中的侦查文化研究》等十余部，发表《侦查程序公开的效益衡平论纲》等学术论文80余篇。主持或参与国家哲学社科项目“中国传统侦查文化研究”等国家级项目3项、公安部A类重点项目“商业秘密刑事保护若干问题研究”、教育部人文社科项目“刑事侦查权制衡机制研究”、上海市教委项目“侦查程序公开研究”等项目8项。曾获上海市哲学社会科学成果二等奖等。

前　言

侦探小说一直在文艺作品中长盛不衰。侦探的故事也一直被人们津津乐道。《福尔摩斯探案集》让我们感受酷酷帅帅的侦探英伦风；《名侦探柯南》则向我们展示了东邻日本具有卡哇伊风格的神奇小侦探形象。其实，在华人世界里，侦探文艺形象也不少。比如，经常被大家调侃"元芳，你怎么看"的狄仁杰，就是《狄公案》的主角；《大宋提刑官》的主角是为世人称颂的著名法医学家宋慈；还有以现代生活为背景的《唐人街探案》中的人物，他们共同塑造了古今中外一个个出色的、感人的侦探形象。在这些悬疑百出、情节惊悚、推理缜密、扣人心弦的作品中，侦探们个个神机妙算，然而真实的探案过程却并不仅是搏命打斗、推理斗智，它常常需要艰辛、勤勉、无畏的精神，更离不开认真严谨、一丝不苟的科学探索精神和亲密无间、齐心协力的团队合作！

侦查破案靠什么？智慧，推理，证据，科学……没错，它们一个都不能少！事实上，这些要素都蕴含在一个充满神秘色彩的学科之中——法庭科学。法庭科学的精髓在于解决如何发现、固定、提取、贮运、审查及判断证据的问题，重构犯罪事实用以证实犯罪，为法庭审判提供可靠依据。换句话说，法庭科学是一门以证据为中心的综合性应用科学，既包括自然科学，也包括人文科学，只要与法庭、司法相关的各类学科都可能与它发生交集。

本书包含了法庭科学家们经常使用的科学理论和技术，涉及化学、物理、生物学、毒理学、人类学、昆虫学、心理学及相关工程技术等领域，涵盖"指纹""足迹""微量物证""血迹""毒品""毒物""现场勘查"等一系列妙趣横生的跨学科主题，同时还特意为读者朋友设置了人身安全常识、性侵防范要领、犯罪预防措施及相关法律法规等事关生命安全与身心健康的重要教育内容，为读者朋友的健康安全成长保驾护航。

本书将"法治"融入生活，以"问题"为引领，以"故事"为

贯穿，希望能够帮助读者朋友在思考与探究之中，深入理解法庭科学家们独特的思想方法，体验调查取证、分析思考、推理断案的全过程，感受法庭科学的精妙。同时，希望读者朋友能够在证据意识、安全防范、法治精神、科学探究等方面有所获益，养成遵守法律的自觉意识和良好的行为习惯。

正如习总书记所说，青少年阶段是人生的“拔节孕穗期”，最需要精心引导与栽培。本书以其生动鲜活的案例寓教于乐，在潜移默化中加强青少年读者的道德意识与社会责任感，以期青少年读者朋友能够在今后的学习与生活之中，自觉自发地去践行与奉献。

本书虽然从撰写到定稿经多次修改，但限于水平，错误缺点在所难免，望读者予以批评指正！

李法瑞，倪铁
2019年6月于上海

目 录

前言 / VI

绪论 / 10

第 1 章 “蒙娜丽莎”失窃了！ / 14

第 1 节 神奇的指纹 / 19

第 2 节 把犯罪嫌疑人的指纹“揪”出来！ / 28

第 3 节 指纹鉴识的争议与挑战 / 33

法治 Tips 法庭科学领域核心术语解析 / 37

第 2 章 辨迹追踪的“神眼”老马 / 39

第 1 节 足迹建功 / 42

第 2 节 逃向何方？ / 45

第 3 节 机智识足 / 48

法治 Tips 人迹追踪新技术——步态识别 / 55

第 3 章 探寻雁过之痕 / 56

第 1 节 洛卡德物质交换原理 / 60

第 2 节 微量物证的威力 / 63

第 3 节 逮住它！难又何妨？ / 73

法治 Tips 性侵防范与安全指南 / 80

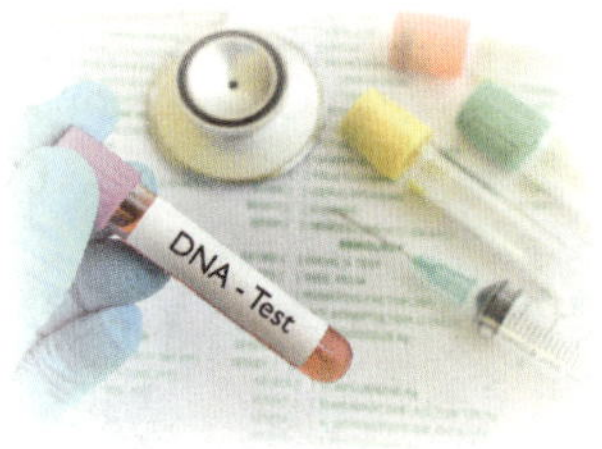

第 4 章 带阵亡士兵回家！ / 90

第 1 节 神奇的遗传代码 / 94

第 2 节 DNA 鉴定中的学问 / 105

第 3 节 法庭审判中的难题 / 117

法治 Tips 志愿军英烈 DNA 数据库建设 / 122

第 5 章 血迹的哭诉 / 124

第 1 节 双重特性的证据 / 128

第 2 节 形态类型的调查追踪 / 134

第 3 节 当一名血迹形态专家 / 137

第 4 节 甄别血液成分中的证据 / 144

法治 Tips 中国古典名著中的血迹学问 / 151

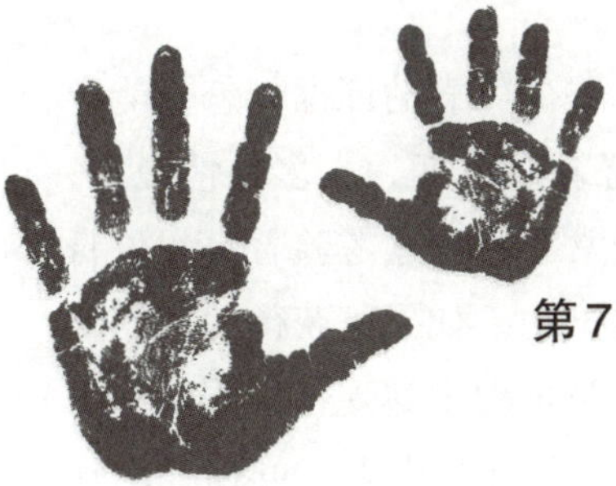

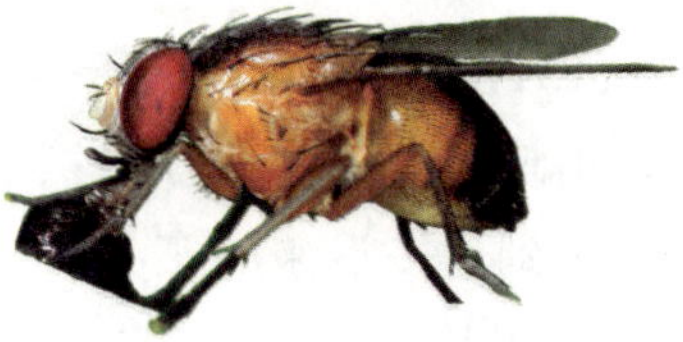

第6章　隐匿在你身边的毒品 / 153

第1节　不可思议的毒驾 / 154
第2节　家长圈里的“聪明药” / 161
第3节　鉴毒有方 / 168
法治Tips　青少年毒品犯罪预防 / 175

第7章　小兄妹相继身亡之谜 / 180

第1节　砒霜是药还是毒？ / 184
第2节　走近毒理学 / 191
第3节　话说毒物筛检 / 197
法治Tips　发人深省的“愚节投毒案” / 203

第8章　苍蝇趋血与镰刀缉凶 / 204

第1节　用昆虫推断死亡时间 / 208
第2节　刑侦专家的昆虫“线人” / 212
第3节　成为训练有素的法医昆虫学家 / 215
法治Tips　驰骋“科学与人文”之间
——对法庭科学的再认识 / 219

第9章　犯罪现场调查“实战技能” / 220

实战技能一：如何发现“犯罪现场” / 222
实战技能二：如何有效保护犯罪现场？ / 226
实战技能三：如何开展犯罪现场访问？ / 230
实战技能四：如何进行犯罪现场搜查？ / 236
实战技能五：如何进行犯罪现场分析？ / 240
综合实战演练——在真实现场中迎接挑战！ / 244
实战现场1——不幸的司马太太！ / 244
实战现场2——谁是真正的凶手？ / 249

参考文献 / 253

后记 / 259

绪　论

证据！证据！证据！没错，破案必须要有证据！缺少可靠的证据，怎么能定罪呢？所以，在案件侦破过程中，寻找证据是首要任务。然而，大多数情况下，发现证据并非是一件轻而易举的事情，案件侦破也异常艰辛。这考验着每一位身处一线的现场勘查员和在幕后工作的法庭科学家们。试想，如果所获得的证据缺乏科学支撑、可靠性有失公允的话，显然会在法庭审判过程中饱受各种质疑和争议，以至难以得出令人信服的推理评判，甚至会对庭审双方造成不可弥补的伤害，从而让真正的公平正义被束之高阁，让真正的罪犯逍遥法外。

1. 迟到的正义非正义！

曾经轰动全国的“呼格案”[1]就是这样的例子。此案最终以再审宣判无罪并获得国家赔偿金[2]205万元结束。然而，令人悲痛万分的是，恰逢青春年少的呼格吉勒图，在案发后的第62天就被执行了死刑，他再也无法听到这一迟来的正义宣判。无独有偶，2016年最高人民法院第二巡回法庭公布聂树斌故意杀人、强奸妇女案的再审结果，宣告聂树斌无罪，终于给这起陈年错案画上了句号。毋庸讳言，聂树斌案的纠错来得太迟，“聂树斌案”给当事人及其家人造成的伤害已无法弥补。

没错，“公平正义”为我们每一位公民提供安全保障，为我们的幸福安康保驾

---

[1] “呼格案”发生于1996年，当时全国处于严打状态，那年的4月9日，刚刚成年的呼格吉勒图（以下简称呼格）在其工作的烟厂附近的厕所发现了一名遇害女性，见此状况，呼格选择报案。当时负责该案的办案人员仅依据呼格手指甲里有被害人的血迹就主观臆断是呼格对该女子进行强制猥亵时，用手使劲掐住其颈部，导致其死亡。同年5月23日，呼和浩特市中级人民法院开庭审理此案，判处呼格死刑，认定的是流氓罪和故意杀人罪；6月5日内蒙古自治区高级人民法院二审维持了原判，核准死刑。案发后的第62天，呼格被执行了死刑。然而，随着涉嫌犯有多项重大犯罪的犯罪嫌疑人赵志红的落网，他于2005年10月23日主动交代了1996年在呼和浩特赛罕区邻近卷烟厂的公厕里曾经强奸杀人，而且他供述的情节非常地详细，远远超过了已被执行死刑的呼格，由此“呼格案”成为人们讨论的冤案，进而此案走上了漫长的重审和调查程序。

[2] 国家赔偿是1995年实施《中华人民共和国国家赔偿法》之后，由国家对行使公权力的侵权行为造成的损害后果承担赔偿责任的活动。而国家赔偿金则是以货币形式支付赔偿金额的一种赔偿方式，也是国家赔偿的主要方式。

护航。同时，“公平正义”更是法治社会的生命线。俗话说，司法公正是社会公正的领航者和先锋员！如果出现司法不公，社会公正就会遭受致命破坏，人们的内心就会感到不安。“努力让人民群众在每一个司法案件中感受公平正义。”[1]这是法治中国对司法活动提出的要求，更是实现司法正义的目标。因为，人民的幸福，离不开法治的社会；法治的社会，离不开司法的正义。

有一句法谚说道，“迟到的正义非正义”。的确，当正义“姗姗来迟”，不仅会给受害者及其家庭带来深深的苦楚，更让每一位社会公民对司法体系的可靠性产生错觉和怀疑。因此，我们应避免再次出现类似“呼格案”“聂树斌案”这样的迟到的正义，我们应对“迟到的正义”坚决说不！

2. 法庭科学的重要角色

如今，我们置身于科技快速发展的时代，毫无疑问，这为社会健康快速发展提供了科技动力，同时，大大增强的社会流动性和便捷的通信方式，也为不法分子实施犯罪提供了更多的施害机会和更加隐蔽的施害手段。因此，社会文明对国家法治建设和人民安全指数的要求日渐增高，如何不断提升司法获取和分析证据的能力是必须客观面对的重大课题，而“法庭科学”正是破解这一难题的金钥匙！因此，作为现代公民，走近“法庭科学”，认识它、了解它，十分必要！

图0-1
宋慈（公元1186–1249）

显而易见，相比于各类言词证据，“物证”具有更强的客观性、直观性和证明力。或许你没有机会真正走进庭审现场观摩，但相信你一定在影视作品中见过这样的情形：巧言善辩、面红耳赤的庭审双方；见风使舵的证人；或者是突然推翻供证的被告人……面对这样的场面，我们的肾上腺素就会加速分泌，不禁为法官们捏上一把汗。不过，只要能提供基于科学分析的物证，那么，这样的证据就可以成为制服任何翻供

[1] 2014年10月23日党的十八届四中全会审议通过了《中共中央关于全面推进依法治国若干重大问题的决定》，提出全面推进依法治国，总目标是建设中国特色社会主义法治体系，建设社会主义法治国家。

或伪证的强大武器，立竿见影地将庭审过程中的焦灼不堪终结。这就是“法庭科学”的魅力，我们常说的“铁证如山”就是这个道理！

法庭科学（Forensic Science）这个名词产生于20世纪40年代，由西方国家开始广泛使用。法庭科学指用于法庭的科学或者与法庭活动有关的科学。事实上，法庭科学活动在历史上早就出现了。我国南宋时期的宋慈[1]被誉为世界法医学界的鼻祖。宋慈正是一位当之无愧的法庭科学家，他立志为百姓伸张正义，后来将其毕生关于司法检验技艺的心血和智慧凝聚在《洗冤集录》中，希望为后世之人提供科学的司法凭借。他在司法活动过程中专注于检验本身，竭力保持司法的公正性与严密性，避免冤假错案的发生，真正做到了“使死人说话，让尸骨鸣冤”。

为世人称颂的《洗冤集录》正是我国古代法庭科学的巅峰之作！它比意大利人佛图纳图·菲得利于公元1602年写成的同类著作还要早350多年呢，其影响力非常深远，在中外医药学史、法医学史、科技史上都留下了光辉的一页。除了众所周知的法医学检验技艺之外，宋慈在书中还详细论述了其他相关学科，诸如侦查学、昆虫学、物理学、心理学的司法技艺，大大提高了办案过程的精确度、可信度，从而让我国乃至世界古代司法活动专业化程度迈上了一个崭新台阶。

图0-2
华裔神探李昌钰

（左一）

国际著名刑事鉴识专家李昌钰博士[2]曾在《法庭科学与法律》（*Forensic Science and the Law*）一文中指出：“法庭科学在众多刑事和民事案件中均扮演着极其重要的角色。”显然，作为一名富有责任感、正义感、时代感的现代社会公民，我们完全有理由来认识一下“法庭科学”，这不仅有助于我们深入理解法庭科学家们究竟如何基于科学手段完成从取证到庭审的一系列过程，也关乎我们的人身安全，更有助于我们树立法治精神、培养证据意识，积极

[1] 宋慈（公元1186—1249），字惠父，汉族，南宋时期建阳（今属福建南平地区）人，我国古代杰出的法医学家，被称为“法医学之父”，撰成并刊刻《洗冤集录》五卷。此书是其一生经验、思想的结晶，不仅是中国，也是世界上第一部法医学专著。其中贯穿着“不听陈言只听天”的求实求真的科学精神，至今仍然熠熠生辉，值得发扬光大。西方普遍认为正是宋慈于公元1235年开创了“法医学”。

[2] 李昌钰，美籍华人，祖籍江苏如皋。曾任美国康涅狄格州警政厅长，康涅狄格州公共安全委员，康涅狄格州鉴识科学实验室主任，首席犯罪学专家，荣获“国际鉴识学会终身荣誉奖”“世界杰出华人奖”等称号共计800多项，有“现代福尔摩斯”“现场侦查之王”及“神探”之美称。2006年8月，李昌钰博士受聘成为华东政法大学刑事司法学院名誉院长。

地参与国家法治化进程中。

事实上，“法庭科学”一词已经日渐普及，痕迹检验、文件检验、微量物证分析及刑事摄影等科学技术体系已日趋完善化。近年来，随着科学技术日新月异的发展，新近发展起来的电子证据等科学证据也广泛地进入人们的视野。同时，医学、化学、物理、生物等自然科学的交叉融合，更为证据鉴识提供了全面、有力的支撑，创造出以科学为手段、以证据为目的的崭新的司法局面。

3. 让安全伴随我们左右

然而，即便如此，仍有众多案件由于当前科学技术手段的限制，阻碍着正义到来的脚步，如2017年震惊全球的中国访问学者章莹颖失踪案[1]。显然，随着犯罪嫌疑人作案方法的日益智能化，各类案件的发生与诉讼、作案与侦破也注定会频繁地与科技联系在一起。这既给侦查人员如何有效应对形形色色的犯罪手段提出了严峻挑战，也给审判人员如何正确运用科技时代的证据，提高办案质量，实现社会的公平正义提出了更高要求，即在应对科技化、信息化、复杂化的犯罪活动时，必须综合运用科学技术，实现司法证明的科学化。

与此同时，章莹颖案也时时警示着我们每一个人，尤其是那些安全防范意识薄弱或避险能力不足的弱势群体（如儿童、女性、在校学生等），要有足够的安全意识和能力，来防范与应对身边的安全风险和威胁，应当谨记在心：

“任何时候都不要忘记潜在的危险，其实我们也有可能会登上那辆带走章莹颖的‘土星牌’轿车，一去不复返！”

虽然我们一直致力于建设一个充满温暖、关爱、平安与和谐的社会，但与安全相对的危险始终无法避免，与正义相对的罪恶也会始终存在，时刻威胁着我们的人身与财产安全。所以，增进对法庭科学的认识和了解，会更有助于我们关注自身和他人的生命与财产安全，及时发现和觉察潜在的危险，有助于我们树立防患于未然之心，让安全伴随我们左右。

[1] 2017年4月，中国女学生章莹颖前往美国伊利诺伊大学厄巴纳香槟分校（UIUC，位于美国伊利诺伊州）交流学习。6月9日，在签租房合同半途中搭乘一辆由校友驾驶的“土星牌”轿车而失踪。因事件中的监控摄像头分辨率不足，而难以辨认出嫌犯的车牌号。

第1章 “蒙娜丽莎”失窃了！

狱事莫重于大辟，大辟莫重于初情，初情莫重于检验。

——［中国］南宋法医学家 宋慈

重点关注

- 指纹痕迹
- 指纹类型
- 指纹显现
- 指纹提取

关键术语

- 同一认定
- 潜伏指纹
- 指纹数据库
- 指纹细节特征

图1-1

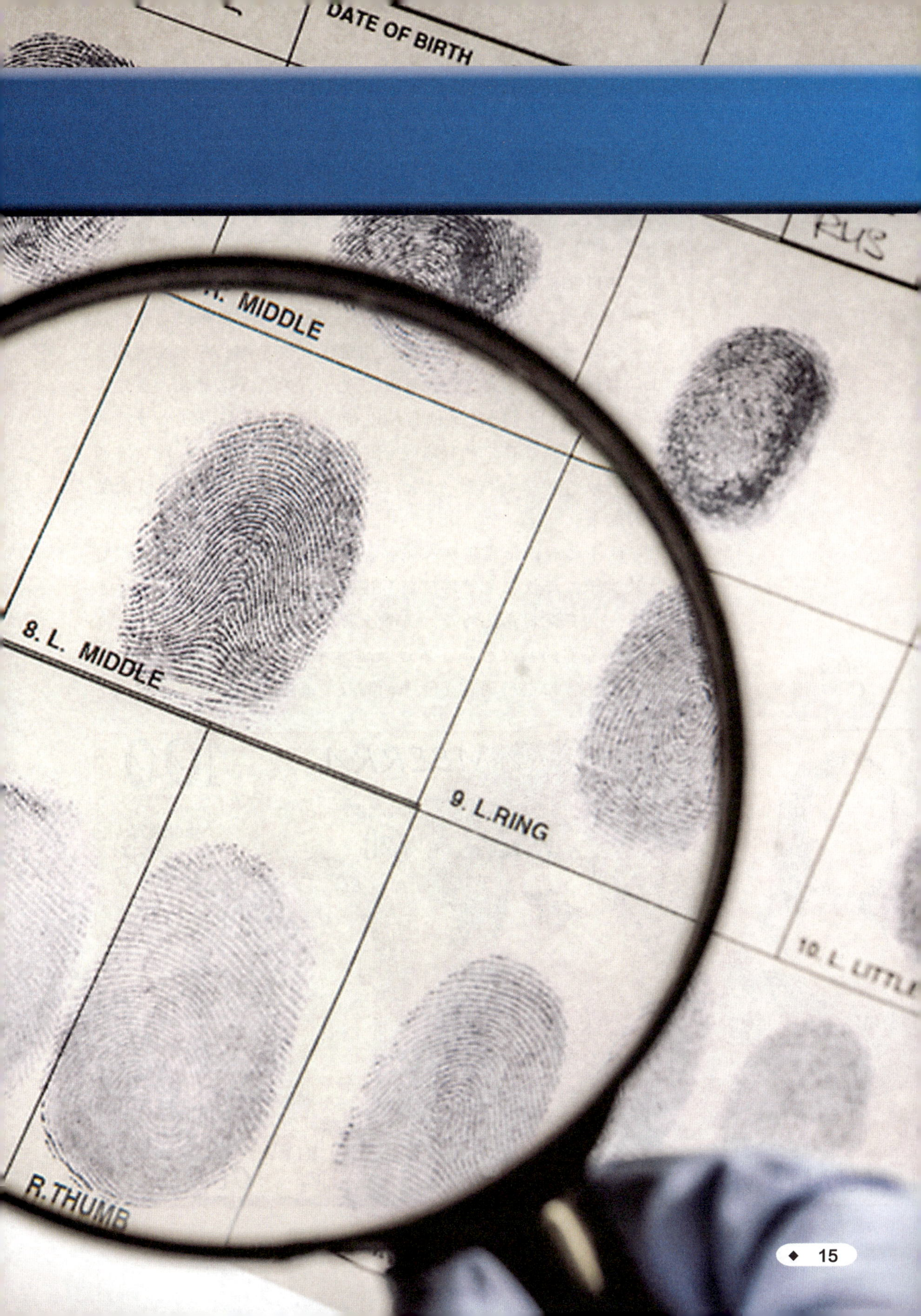
DATE OF BIRTH
MIDDLE
8. L. MIDDLE
9. L.RING
10. L. LITTLE
R.THUMB

1. 犯罪现场

《蒙娜丽莎》失窃案

1911年8月的一天，位于法国巴黎卢浮宫内举世闻名的艺术杰作《蒙娜丽莎》竟然不翼而飞了。调查人员奉命火速赶到现场，经过一系列细致地勘查，他们最终发现了一枚按压在玻璃罩上的指纹，庆幸的是，指纹清晰可见。当时，著名的指纹鉴定专家阿尔丰斯·贝蒂隆对这枚指纹进行了深入研究，并花费数月的时间将其与指纹库中的样本逐个进行比对。然而，贝蒂隆所有的努力并没有换来任何有价值的线索，《蒙娜丽莎》失窃案就此被尘封起来。

两年之后，犯罪嫌疑人佩鲁贾进入了警方的视野。指纹比对结果显示，那枚在《蒙娜丽莎》盗窃现场获取的指纹正是佩鲁贾所留。具有讽刺意义的是，贝蒂隆所收集的指纹样本库中早就包含了佩鲁贾的指纹样本，不过数据库中的指纹是右手拇指指纹，而在卢浮宫内遗留的却是左手的指纹。真没想到，就是这样一个

图1-2
《蒙娜丽莎》

小小的差别竟给破案过程带来了巨大的困难。经过调查发现，原来曾经在卢浮宫当过一段时间油漆匠的佩鲁贾装作游客进入卢浮宫参观，并在闭馆时偷偷躲进了一间储藏室。一直等待到第二天一早，趁博物馆周一闭馆时，他悄悄取下《蒙娜丽莎》，把它藏在自己的大衣里带出了卢浮宫……

2.分析与回答

（1）起初，为什么指纹鉴定专家阿尔丰斯·贝蒂隆没有找到任何有价值的线索？

（2）如果你是贝蒂隆，你该如何发现、提取并进行指纹对比？

值得庆幸的是，两年之后，佩鲁贾终于被绳之以法，世界著名画作《蒙娜丽莎》得以重返卢浮宫继续绽放其绝世的经典之美，这其中“指纹”功不可没！现在，请将视线从20世纪初的法国转向古代中国，领略一下我国古人关于指纹的庭审智慧吧！

首先，请你猜猜看——谁是被世界公认的最早的指纹学家？就是我国唐代的贾公彦。据考证，贾公彦知识广博，不仅是著名的儒学家、经学家，也是我国第一个提出用指纹进行个人识别的学者。另据史料记载，我国元代的官员们，在审理百姓的诉讼时，就可以凭借经验运用指纹常识进行案情推断了。比如，他们能根据契约上所按压的指纹及其纹线的疏密程度，进一步研判遗留者的年龄阶段，并在史料中这样写道：“以其疏密，判人短长壮少。”[1]意思是说：可以根据指纹线的疏密，来判断人的高低和年龄。可见，当时人们就已经开始注重司法活动的科学性和公正性，将指纹识别纳入司法检验的范畴了。

更令人称奇的是，在距今6 000多年以前的新石器时代中期，在反映仰韶文化的陶器上，就印有清晰可见的指纹图案。看来，当时我国古代的祖先们就已经觉察到指纹的神奇之处，将指纹用作个人身份的象征了。

在美国芝加哥的菲尔特自然历史博物馆中，至今还珍藏着一枚中国古代的泥印，世界著名考古学家一致认为，这枚距今2 000～3 000年历史的泥印属于中国西周时代或西汉时代的产物，这是古老的指纹凭证。谈及此处，我们应该感到自豪：中国被世界公认为最早应用指纹的国家！

在其他国家和地区，比如非洲中部的一些土著部落，在1 000年前也会运用

[1] “浙西廉访副使潘公神道碑”，见姚燧（元）:《牧庵集》,《四部丛刊》本，卷二十二。

图 1-3
完整指纹

图 1-4
残缺指纹

指纹订立契约，不过他们不像中国人常常使用大拇指的指纹印记，而是使用食指。在近代，阿根廷警察局在1896年就在世界上率先使用指纹开始破案了。

的确，“指纹”是国际公认的证实犯罪行为的证据，位居证据之首！因为指纹具有很强的同一认定作用，换句话说，通过对现场指纹与犯罪嫌疑人指纹的对比检验，可以为案件的侦破提供较为可靠的证明。

所以，对指纹的同一认定，受到了世界各地司法人员的普遍欢迎，被广泛运用于不同类型的案件侦破之中。因而，“指纹”的发现与提取，也成为现场勘查员和法庭科学家们探寻与解读的重要目标证据。

现在，就让我们过一把侦探瘾，一起去探究隐藏在“指纹”里的秘密吧！

? 思考

为什么指纹会被称为极其重要的证据?

神奇的指纹

图 1-5

图 1-6
数字化指纹识别系统

1. 指纹与指印有什么不同？

现在，请你深入学习一下有关指纹的知识吧！指纹通常也被称为手印，它有广义、狭义的区别。狭义的指纹其实就是手指第一节指面皮肤上的乳突线花纹；而广义的指纹则包括指头纹、指节纹和掌纹等与手面相关的纹路。

在生活中，你常会听到“指纹”与“指印”两种不同的称呼，当然，两者的确有差别。请伸出你的手指，瞧！指纹就是手指第一节手面皮肤上的乳突线花纹。而指印则是乳突线花纹留在物品上的印痕。不过，在司法活动中，人们常常将“指纹”与“指印”的概念通用，这是一种约定俗成的习惯。

2. 为什么会产生指纹呢？

你知道指纹是怎样形成的吗？在我们的皮肤生长过程中，表皮、真皮以及基质层是一起成长的。然而，皮下组织较为柔软，它相对于较硬的表皮生长得要快一些。可想而知，皮下组织会产生一种对表皮向上顶的压力，表皮就会自然而然地向内层组织逐步地收缩和塌陷，一点点变得弯曲和褶皱，这样就可以大

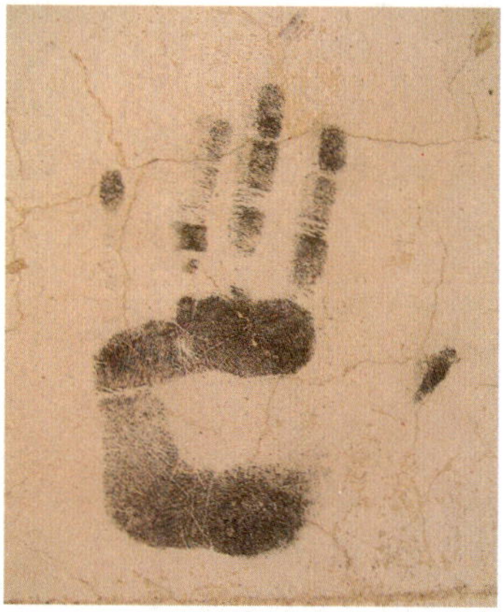

图 1-7
墙壁上的掌纹

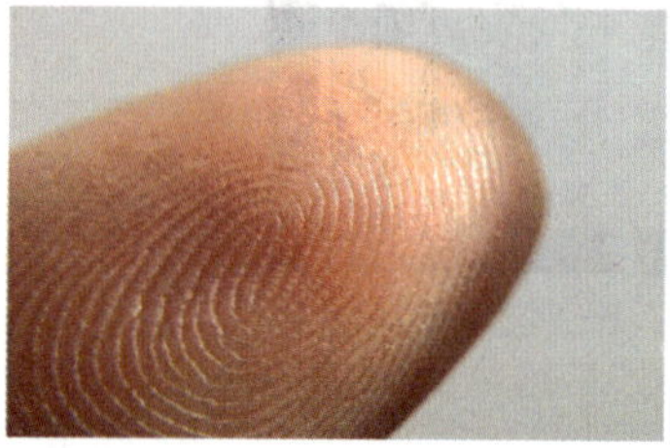

图 1-8
指纹

大缓解皮下组织带给它的压力。你看，一个使劲上顶，一个被迫下移，就形成了现在所看到的手指上弯曲和坑洼的纹路——指纹，一直到生长发育过程中止，指纹才最终定形下来。

3. 指纹，为什么不容小觑？

指纹的用途可大啦！请在放大镜下观察你的指纹，你会发现它是由皮肤上一个个的小颗粒状的褶皱组成的。你可以把这些小颗粒想象成一台台非常灵敏的微型传感器。一方面，只要你用手触摸一下身旁的物体，冷热、干湿、软硬等丰富的信息立刻就能传递给大脑。随后，大脑根据这些"可靠的情报"，迅速下达行动指令。另一方面，我们平时书写、拿捏、搓揉，为什么能够那么得心应手？指纹可以显著增强皮肤与物体之间的摩擦作用，防止物品滑落。现在，你是不是要由衷地感谢一下用途多多的指纹呢？

图 1-9　指纹的功劳

4. 数一数你有几个“斗”？

很多人在小的时候，就会玩一种叫“数一数你有几个‘斗’，几个‘簸箕’”的指纹游戏！游戏的规则是：比较一下，谁手里的“斗”最多？谁手里的“簸箕”最多？“斗”多意味着财源广进，“簸箕”多意味着勤劳向上！

显然，游戏中的“斗”指的是“斗型纹”;“簸箕”则指的是“箕型纹”。没错，通常情况下，我们人类的指纹包括箕型（loops）、斗型（whorls）和弓型（arches）三种不同的纹路类型[1]，它们的区别在于皮下组织对指肚表皮顶压方向的不同。为什么会有不同的顶压方向呢？科学研究表明，如果一个人的指头肚高而圆，那么纹路将会以螺旋型呈现。因而，不同的手指形态造就不同的纹路特征。目前，科学家已能通过建模的方法再现常见和一些罕见类型指纹的形成过程，将指纹学研究推向深入。

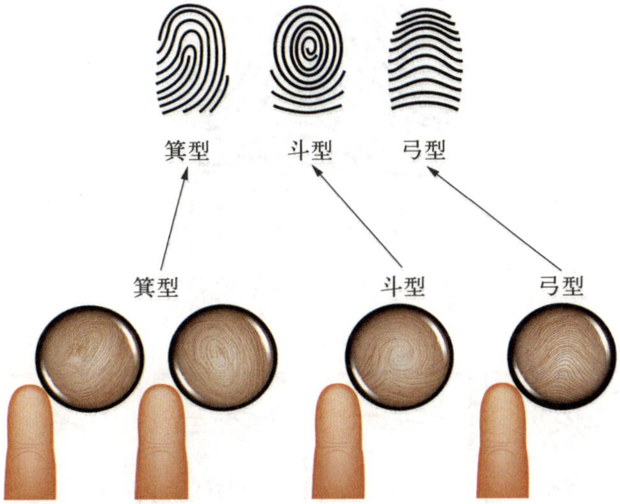

图 1–10　指纹的种类

5. 指纹的司法作用何在？

假如你在凌乱不堪的犯罪现场，发现并提取一枚“斗型纹”，而犯罪嫌疑人也同样具有“斗型纹”，那么，你能认定犯罪嫌疑人就是真正的罪犯吗？

答案是否定的。

---

[1] 研究表明，箕型纹（loops）人群占比约为60%；斗型纹（whorls）占35%；弓型纹（arches）仅有5%。

事实上，法庭科学家们能够辨认出现场指纹类型是远远不够的。要知道，除了主要的指纹类型差异之外，指纹还具有许多的纹线细节特征，这些细节特征正是进行指纹同一认定的关键所在。因此，仅仅指纹类型相同，是不能说明问题的。谨记：准确无误地指证出一个人的指纹细节特征，才是利用指纹进行身份同一认定的重要依据。

接下来，介绍有关“指纹学”的重要内容！

请你仔细观察和辨识以下常见的指纹细节，分别是：纹线起点、纹线终点、纹线结合、纹线分歧、小勾、小眼、小桥、小棒和小点九种特征。对犯罪现场遗留的指纹和犯罪嫌疑人的指纹进行同一认定就要依据这些乳突纹线细节特征，再加上它们之间的位置、关系、角度和数量的综合比较来完成。

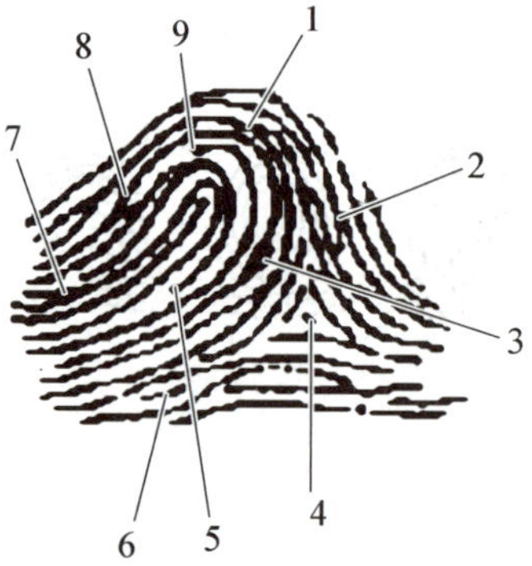

1 分歧　2 小沟　3 小眼　4 小点　5 终点
6 小棒　7 结合　8 小桥　9 起点

(a)

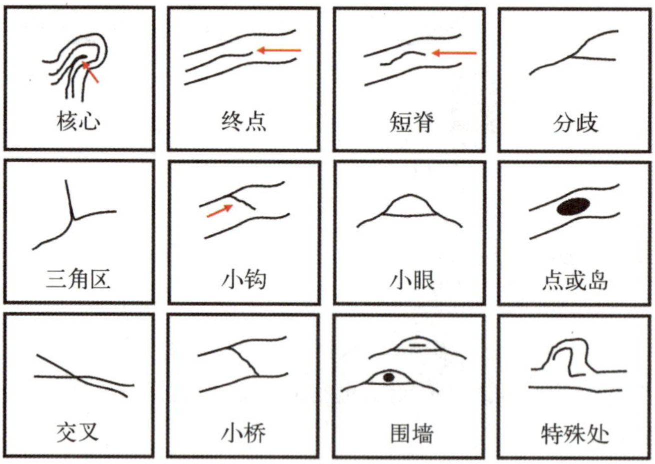

(b)

图 1–11　指纹的细节特征

古往今来，指纹的同一认定在人类追求公平正义的司法征程和实践中发挥着不可替代的重要作用。经现代科学研究证实，由于每个人的遗传基因均不相同，从而使得每个人的指纹信息也大不相同，“世界上没有两个完全相同的指纹”所说的就是这个道理。

有趣的是，英国的优生学鼻祖弗朗西斯·高尔顿曾在1892年借助详细的数理统计模型统计出两个人拥有相同指纹的概率是$1/6.4\times10^{10}$。这也就意味着到目前为止，将地球上所有的人口总数加在一起，想要找到拥有相同指纹的两个人是不可能的。

除了受遗传影响之外，环境因素对指纹唯一性的影响也不可或缺。当胎儿在母体内发育三至四个月时，指纹就已经形成，但儿童在成长期间指纹会略有改变，直到青春期14岁左右时才会定型。随后，我们每个人的手印乳突线花纹就具有特定性和不重复性了，即便是在相貌极其相似的双胞胎身上，指纹也完全不同，甚至差别迥异。另外，有些犯罪嫌疑人由于在生活中受到外力或外伤的作用，会为指纹增加新的特征，比如疤痕或纹路残缺等，这些新生成的特征也非常有助于案件侦破。

思考

为什么可以说世界上不存在两个完全相同的指纹?

6. 指纹鉴定有统一识别标准吗?

或许你会问：在进行指纹比对时，究竟多少个细节特征相同，才能认定是同一人所为呢？遗憾的是，目前全世界尚没有统一的识别标准。

虽然指纹至今仍然享有“证据之首”的盛誉，但是，目前关于指纹识别的标准一直未能有统一定论。换句话说，法庭科学家们主要是通过比对现场指纹和样本指纹是否有相同的细节特征，做出同一认定的结论，可是，至于究竟需要多少个细节特征、细节特征需要达到什么程度呢？国际上至今并没有统一的标准或共识，更多的是根据不同国家地区的不同标准，以及鉴识人员的自行判断。

比如，英国规定出示于法庭的指纹证据必须至少具有16个细节特征点；荷兰和法国要求至少具有12个细节特征点；巴黎曾规定具有17个特征点，后改为具

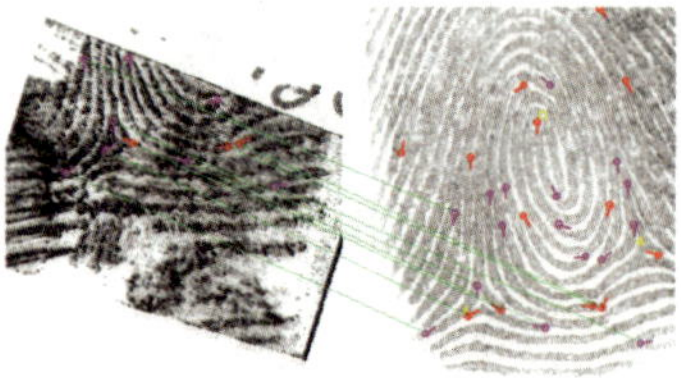

图 1–12
指纹细节特征点与同一认定标准

有12个特征点；瑞士日内瓦则为8个细节特征点。而在加拿大、美国以及澳大利亚等国，指纹鉴定完全依赖于指纹鉴定专家的意见，没有具体的规定。我国一般以7～10个细节特征吻合为认定标准。

思考

为什么在指纹鉴定领域各个国家和地区对细节特征点的要求难以统一呢？

7. 怎样发现和鉴识“潜伏纹”？

通过前面的内容，你已经了解到指纹的天然成因和它在生活中所发挥的作用了。当我们去抓握物件或者触摸物品时，由于力的相互作用，指纹印记就随之产生了。下面为你介绍一下犯罪现场中常见的几种指纹类型吧！

（1）明显纹

这是一类通过肉眼就可以直接观察到的指纹。比如，当犯罪行为人的手上沾到油漆、血液或者墨水之后，再触摸其他物品就可形成。通常，印在指纹卡或资料信笺上的纹路就属于这种类型。

图 1–13
明显纹

（2）成型纹

当犯罪行为人触摸或拿捏柔软物体的时候，往往可以留下成型纹。比如，用手接触蜡烛或者黏土时，通过印压作用所形成的指印就是成型纹。

（3）潜伏纹

这是案发现场中最常见的指纹类型了，它是借助

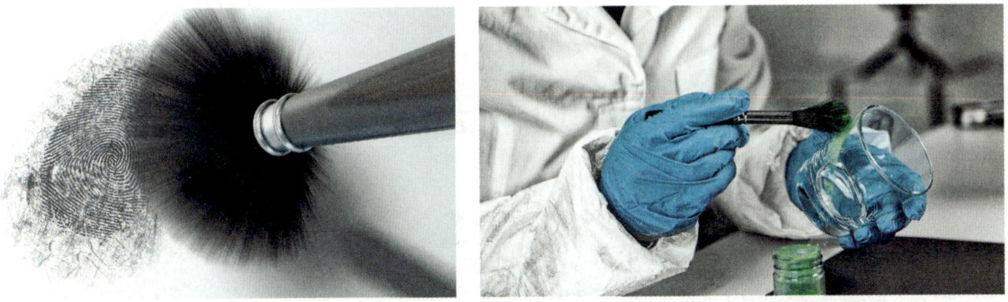

图1–14　潜伏纹的显现

犯罪行为人身体自然分泌物（如汗液等），转移形成的指纹纹路，一般情况下通过肉眼难以发现。

潜伏纹往往是手指先接触油脂、汗液或尘埃后，再接触干净的表面而留下的，虽然肉眼无法看到这些指纹，但是经过特殊的方法及使用一些特殊的化学试剂加以处理，即显现出这些潜伏的指纹。现场勘查员们最常接触的指纹就是潜伏纹。

图1–15　潜伏纹的提取与发现

思考

什么是潜指纹？它是怎样形成的？

哪些地方最有可能留下犯罪嫌疑人的指纹？

8. 拓展阅读

古代指纹与陶工年龄分析

图1–16　我国二里头遗址出土陶瓷上的指纹

图1–17　我国古代陶器上遗留的工匠指纹

陶器制作是人体（手）直接参与的生产活动之一，其中工艺流程的大多环节都有可能留下陶器生产者的指纹痕迹，这也是目前能够考察到的最多的古代指纹痕迹之一。而指纹学研究表明，指纹的诸多细节特征能够在很大程度上反映指纹遗留者所属的年龄阶段，如手指的外形轮廓和长短宽窄、纹线的宽窄密度、纹线边缘形态和清晰度、细点线出现的多少以及褶纹、皱纹的特征等。

因此，将指纹分析技术引入古代陶器研究中，能够帮助我们了解当时陶器生产者的年龄状况，甚至可以在此基础上探讨陶工年龄构成、长幼分工、陶艺传承等诸多问题。例如，Kathryn A. Kamp曾根据亚利桑那北部西纳瓜地区出土陶器上的指纹痕迹以及陶器本身的特征、质量，对当时的陶艺教育、传承进行了分析。结果显示，西纳瓜人在不同的年龄阶段会有意识地制作不同的器物以接触、学习陶艺，他们在年幼时多制作动物捏塑或小盘子等随意性较强、工艺简单的非实用器具（玩具）；年纪稍大后会练习制作一些小型但实用的器物，等技术熟练之后则开始尝试制作各种日常用品直到成为完全合格的陶工。此外，有研究者利用陶器上的指纹痕迹，成功地论证出地中海的青铜时代以及斯堪的纳维亚半岛的维京时代都存在未成年人与大人一起参与生产的现象。

9. 犯罪实验室

建立一个家庭成员“指纹库”

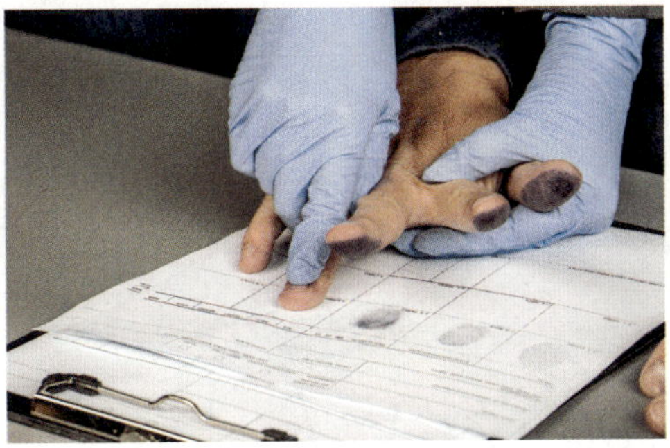

图1–18　制作指纹卡

请你使用A4纸逐一制作家庭成员指纹卡（如图1–18所示），将每一张指纹卡汇总成册，最终建立一个属于你的家庭成员的“指纹库”。

实验时间：40分钟。

实验材料：2B铅笔芯粉末（或印泥）、白色A4纸张若干、记号笔1支、尺子1把、放大镜1个。

实验步骤：

（1）先在A4纸上按照图1–18格式，用记号笔和尺子绘制出双手指纹栅格；

（2）请每一位家庭成员使用2B铅笔芯粉末（或印泥）涂抹双手手指；

（3）请每一位家庭成员将左手和右手的指纹分别按印在指纹卡上；

（4）完成后，请你和家庭成员使用放大镜仔细观察与比较彼此的指纹类型，并请你的每一位家庭成员任意选择一个指纹指出它的细节特征，并说出不同家庭成员指纹细节特征的不同之处。

注意事项：请保持卡片清洁，不要随意在指纹栅格外涂抹。

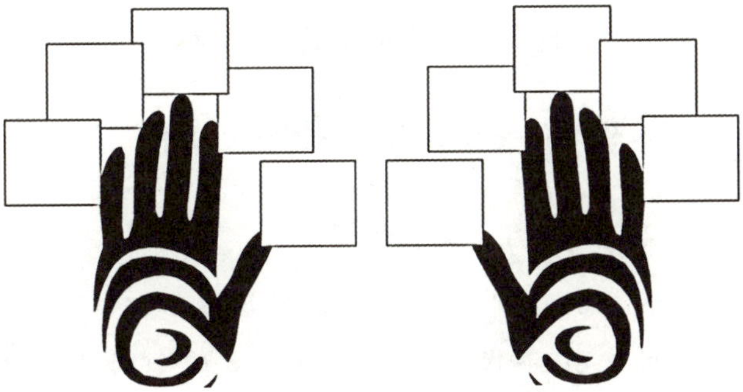

图1–19　家庭成员指纹卡示意图

把犯罪嫌疑人的指纹“揪”出来！

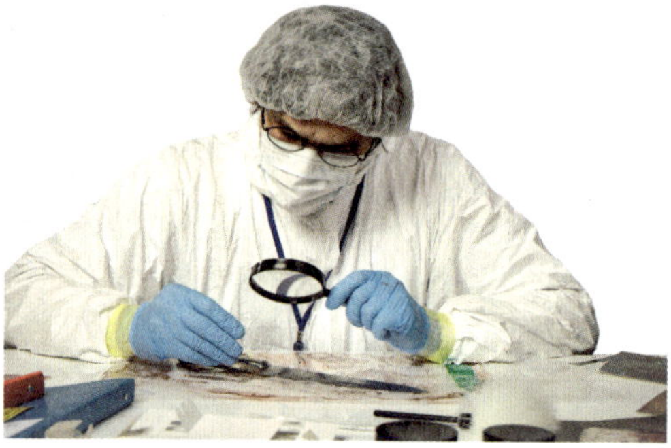

图1–20

在前面已经提到过，就全球范围而言，1896年阿根廷警方首次将指纹作为人身识别的依据，成功地运用在案件侦破的过程中。随后，指纹因其“人各不同、终身不变”的鉴识特点所发挥出的同一认定证据价值一直被世人所公认。相信，此时的你一定对指纹研究充满着兴趣，在这一节里，我们就重点围绕指纹的发现与提取展开深入地学习和讨论，看看警方是如何快速完成指纹鉴识的。

下面我们先来阅读一则发生在20世纪80年代的案情实录。

1. 犯罪现场

震惊全国的连环杀人案

指纹痕迹检验技术作为侦查技术中的一种重要技术，在古今中外的破案过程中都占据着重要的地位，由于指纹具有方便、实用、准确、快捷的特点，为侦查、起诉、审判提供了诸多有力的线索。

2012年上海市公安局的刑侦人员利用指纹找到了31年前一起连环杀人案的犯罪分子。20世纪80年代，发生了一起震惊全国的连环杀人案，当时由于各方面因素的影响，并没有找到犯罪分子，却收集到了犯罪分子的指纹，当时，刑侦人员在通风管道上提取了四枚指纹并进行保存。31年后，凭借当年保存的指纹以及现有的指纹数据库，终于找到了隐藏了31年的连环杀手。由此可见，指纹痕迹检验技术在案件侦破中起到了非常关键的作用，在破案的过程中必须要重视指纹收集，同时还应加强对指纹痕迹检验技术的研究。

2. 分析与回答

（1）如果你是现场勘查员，你会采用什么方式从通风管道上提取这四枚指纹？

在犯罪现场，警方要竭尽全力寻找所有能够指证罪犯的线索。就像“震惊全国的连环杀人案”中所描述的那样，往往当警方赶到现场的时候，罪犯已经消失得无影无踪，那么接下来该怎么办呢？

此时，指纹便是最重要的线索之一。事实上，有些指纹是可以用裸眼看到，而大部分是在现场无法直接观察到的，难以发现。那么，又该如何发现并获取这些隐匿在犯罪现场的“潜指纹”呢？通常，现场勘查员们会把可能留有潜指纹的物品收集起来带回法医实验室中进一步分析。接下来，就让我们共同走进“犯罪实验室”，学习一下法庭科学家们的指纹提取技术吧！

（2）你能解释不同显现技术的原理吗？

① 化学显现技术

（a）硝酸银显现

1887年，法国有一名叫奥贝尔（Aubert）的医生，在研究皮肤病和腺体分泌的过程中，发现将硝酸银（$AgNO_3$）溶液涂在纸上，就可以清晰地显现出汗液指纹，著名的硝酸银指纹显现技术由此诞生。其中的原理是，硝酸银能与汗液中的氯化钠（NaCl）、氯化钾（KCl）等卤化物发生化学反应，生成氯化银（AgCl）沉淀，附着在纸张上面。而后，氯化银又在日光的作用下，进一步分解为银颗粒和氯气，银颗粒的特殊光泽便可让指纹的形态显现无遗。直到现在，这种方法仍然被广泛地使用，发挥着它神奇的作用。

表1-1　指纹残留化学成分

物质来源	无机成分	有机成分
外分泌腺（Sweat or eccrine gland）	Cl^-、Na^+、K^+、Mg^{2+}、NH^{4+}、NH_3、硫化物、磷酸盐等	蛋白质、多肽、氨基酸、尿素、乳酸、肌酸酐、苯酚、胆碱、维生素等

（续表）

物质来源	无机成分	有机成分
皮脂分泌腺（sebaceous gland）		脂肪酸、蜡酯、胆固醇、角鲨烯、甘油单酯等
顶浆分泌腺（apocrine gland）	铁元素	蛋白质、碳水化合物、胆固醇

（b）碘熏显现

这种方法源自1880年的德国，它的显现效果毫不逊色于硝酸银显现法，所以一直在司法鉴定中占据着重要地位。我们都知道，碘单质受热易升华，当碘蒸气与指纹中的油脂和汗垢成分发生物理吸附时，指纹就被染色了。同时，碘蒸气也可与指纹中的不饱和脂肪酸发生化学反应，生成褐色的二碘硬脂酸。这就是碘熏显现法的作用原理。请你想一想，什么情况下选择使用碘熏法比较理想呢？没错，显现油脂类指纹。碘熏显现在浅色客体（如纸张、竹器等）上显现效果较好。

（c）茚三酮显现

茚三酮又称为宁西特林。它是英国化学家黎曼（Ruhemann）于1910年在实验中意外发现的，有趣的是，它可以和氨基酸、多肽以及蛋白质发生显色反应，作用独特。于是，1954年瑞典科学家Oden正式将茚三酮应用到指纹显现中，开创了一种新的指纹证据搜寻策略。当茚三酮与潜在汗液指印中的α–氨基酸发生化学反应后，就会生成一种紫色物质，从而显现出汗潜指印。

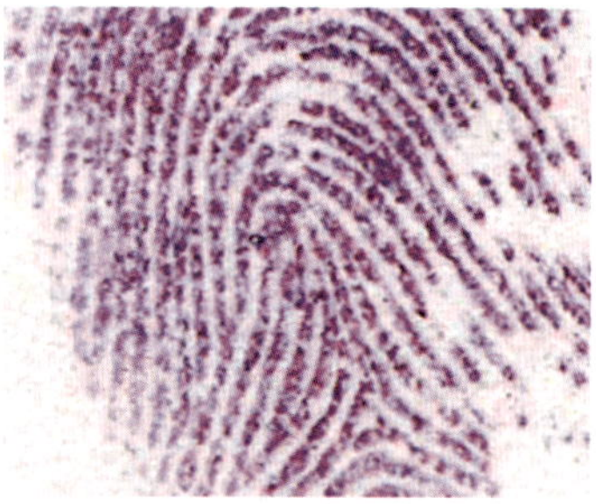

图1–21
茚三酮显现

（d）502胶显现

这种显现指纹的方法是：由于502胶能挥发出一种名叫α–氰基丙烯酸乙酯（$CH_2{=}C(CN){-}COO{-}C_2H_5$）的气体，这种气体与潜指纹中的水和氨基酸相互结合形成高分子聚合物。例如在金属、塑料、瓷器等客体上面进行502胶熏显，往往可以取得令人满意的呈现效果。

（e）TMB显现

如果你在犯罪现场发现一枚潜在的血指纹，该选择什么方法呈现呢？别急，法庭科学家们会告诉你，尝试采用TMB进行指纹鉴别。TMB，是一种名为“四甲基联苯胺”的化合物，该物质能在双氧水（H_2O_2）的存在下，与潜血指纹发生化学反应，从而生成蓝绿色的四甲基联苯胺蓝，这样就可以将潜血指纹清晰地加以呈现了。

② 物理显现技术

（a）粉末显现

在一些影视作品中，你常常会看到：到达犯罪现场之后，现场勘查员们会立即打开银白色的现场勘查箱，从里面取出毛刷，小心翼翼地在可疑物品表面来回轻轻地擦拭。其实，这就是指纹粉末显现法。因为指纹遗留物质可以与粉末发生物理和静电吸附作用，顺势将粉末附着在指纹上，从而使得指纹染色显现。

（b）光学显现

有些罪犯非常狡猾，他们的反侦查能力较强，会对留在物体上的汗液等物质进行处理，怎么办？这时，光学显现法就显得非常有效了，它针对那些不易检出或者痕迹比较陈旧的指纹，光学显现法往往能发挥出意想不到的效果。

（c）静电复印

当指纹痕迹在灰尘上时，往往难以直接进行提取，这时就可以考虑通过静电复印方式对指纹痕迹进行显现。需要注意的是，选择这种方式时，必须在提取指纹之后，进行拍照固定。

思考

玻璃杯上的潜指纹可用什么方法显现？门把手上的呢？信封上的呢？

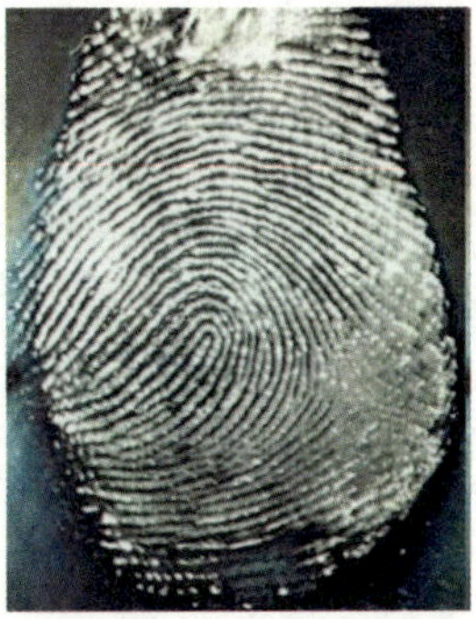

图 1–22
502 胶显现

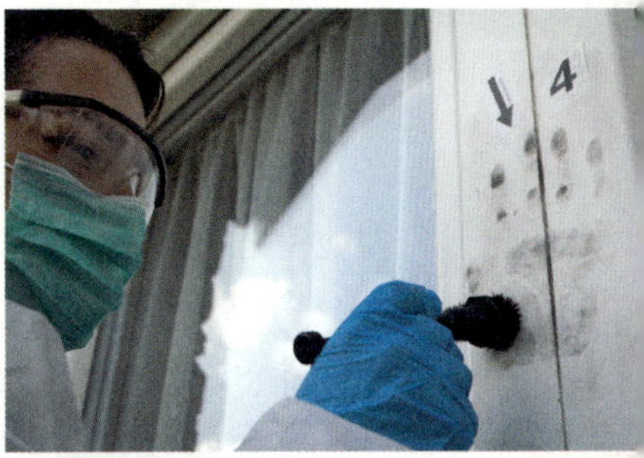

图 1–23
粉末显现

图 1–24
光学显现

3. 犯罪实验室

采集透明玻璃杯上的指纹

图 1–25　采集透明玻璃杯上的指纹

实验时间：40分钟。

实验材料：透明玻璃杯1个、透明胶带1卷、黑炭粉（或可可粉）、白色A4纸若干、毛刷1把、记号笔1支、放大镜1个、橡胶手套1副、小剪刀1把。

实验步骤：

① 请你在洁净的玻璃杯外表面按下你或身边朋友的指纹。

② 请你带上橡胶手套，将黑炭粉（或可可粉）小心地撒在指纹按捺处，并均匀地覆盖它们。

③ 请你用毛刷轻轻弹拭刚刚撒粉的区域，将相对松散的粉末刷掉后，用放大镜仔细观察指纹的显现效果。

④ 请你用小剪刀将透明胶带剪下一段，小心地贴在覆盖有粉末的指纹上，然后缓慢地将胶带从水杯表面撕下来，观察透明胶带上指纹的黏附情况。

⑤ 将黏附有指纹的胶带紧贴在白色A4纸上，这样指纹就得以保存，方便进行逐个地研究比对。

注意事项：

① 请在按捺指印之前，将每一根手指在鼻子两侧摩擦一下，因为当手上沾有较多油脂时，留下的指纹会更加清晰、分明；

② 操作时请带上橡胶手套，避免玻璃杯其他部位受到污染。

安全提示：请你在使用小剪刀时做好安全防护，避免伤害到自己或他人。

指纹鉴识的争议与挑战

图1–26

思考

作为证据之首的指纹鉴定会受到哪些争议和挑战？

长期以来，我们对指纹鉴识在司法领域所发挥的独特而积极的作用耳熟能详，但对指纹鉴识的科学性所饱受的争议和挑战却知之甚少。或许你会问：我知道很多案件都是借助犯罪嫌疑人在现场遗留的指纹来破获的，为什么指纹鉴识还会备受争议呢？

实际上，问题在于鉴识人员往往是通过对现场所提取的变形、残缺指纹进行检验，进而做出鉴定结论的。争议之处就由此而来：既然是变形或残缺的指纹，那么所得出的结论真的靠谱吗？

之前就有英国的研究人员做过一项调查：要求鉴识人员确定10对指纹是否可以作认定结论？如果认定，能够从中发现多少个相符合的细节特征点？研究人员共收到了130份答卷，然而，这些答卷的结果迥然不同。比如，在一例鉴定中，标出的特征符合点从10个到40个不等。在另一例鉴定中，符合点的数量从14个到56个不等。同时，对于能否做出认定结论，问卷结果分歧也很大。其中有一例，44%的鉴定人员认为可做认定结论，而56%的人却认为不能。

通过这份调查，研究人员们得出了一个客观结论："鉴定结论差异巨大，说明特征点的确定受很大的主观因素影响，并且专家们的个人判断有很大的差距。"因此，指纹分析和鉴定不像大多数人想象得那么可靠。正如这一研究所显示的，专家可能对同一份鉴定得出完全不同的结论。

下面，我们就通过一则国外案件实录，了解一下这位英国女警官雪莉·麦凯的不幸遭遇吧。

1. 犯罪现场

英国女警官雪莉·麦凯蒙受不白之冤

1997年1月，51岁的苏格兰老姑娘马里恩·罗斯在住宅的浴室遇刺身亡，警方怀疑是在罗斯家中工作的戴维·阿斯伯里作案。年轻的女警官雪莉·麦凯奉命去嫌疑人阿斯伯里家中调查。麦凯在嫌疑人家中发现了一个装有1 800英镑的罐子，认为有嫌疑，于是送技术部门检验。苏格兰犯罪记录办公室的四位专家鉴定此罐子上留有死者罗斯的指纹，即此罐子来自罗斯的家中或罗斯曾接触过。专家鉴定还证明，案发现场的门框上留有警官麦凯的指纹（从图片上的标示来看，有至少14个特征点相同）。从没去过该案现场、事后亦声称没去过现场的麦凯，被指控出于沽名钓誉等个人动机作了伪证。面临起诉，麦凯对指纹证据提出了质疑，她从警30年的父亲觉得她不可理喻，称"我从警30年来，就一直认为指纹鉴定是一贯正确的，千错万错都是麦凯的错"。麦凯请来了美国指纹专家沃特海姆。沃特海姆及其助手的鉴定推翻了案发现场留有麦凯指纹的前结论。麦凯终于成为第一位在法庭上成功战败指纹技术的人。司法部部长吉姆·华莱士为此在苏格兰国会当众向警官麦凯道歉。

2. 分析与回答

（1）为什么从警30年的父亲会觉得他的女儿雪莉·麦凯是不可理喻的？

（2）如果你是沃特海姆，该如何推翻现场遗留有麦凯指纹的前结论？

图 1-27

通过以上介绍，想必你对指纹证据的看法更加客观了。因此，在分析指纹证据时，应格外小心谨慎地加以对待，否则可能得出南辕北辙的结论。可以看出，目前关于指纹鉴定的技术规则仍然需要法庭科学家们不断地进行深入研究，相信在不久的将来，在指纹鉴定领域会有更加令人满意和信服的标准出台。

3. 犯罪实验室

根据手印长度推算嫌疑人身高

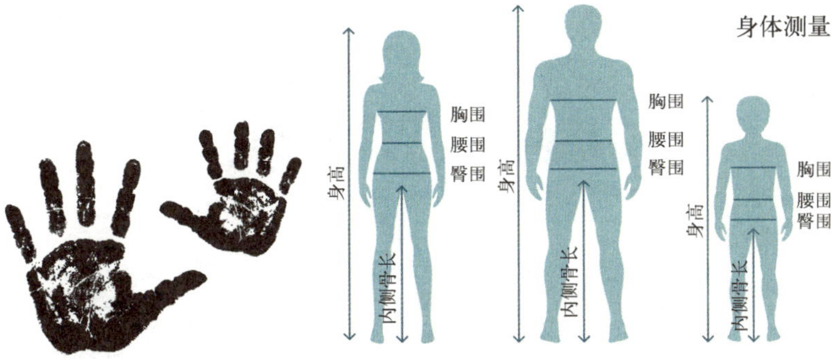

图 1-28　推算嫌疑人身高

请你模拟布置一个小型犯罪现场，邀请你的三位好朋友留下他们的手印，根据现场测量的手印长度，推算“犯罪嫌疑人”的身高。

实验时间： 40分钟。

实验材料： 黑炭粉（或可可粉）、卷尺一盒、记号笔若干、白色A4纸若干、计算器1个。

实验步骤：

（1）请为每一位朋友单独准备一张A4纸，制作“嫌疑人”档案；分别备注他们的姓名、性别和年龄。

（2）请每个人分别用一只手，涂沾适量黑炭粉（或可可粉），在备注自己姓名的A4纸上按压出清晰的手掌印记。

（3）使用卷尺，依次测量每一个人的手掌长度（从手掌底部到中指尖端）；同时，测量他们的身高。

（4）请你计算每一个人的手掌长度与身高的比例，你发现规律了吗？

（5）通过统计与分析，尝试找到一个合理的手掌长度与身高比例关系的推算公式。

注意事项：

（1）请统一使用厘米作为测量单位。

（2）如果能邀请到更多的人参加就更好了！

安全提示：使用卷尺测量时要小心，请避免卷尺边缘伤害到自己或他人。

图1–29

法庭科学领域核心术语解析

1. 人物称谓

法庭科学家 又称物证技术专家、司法鉴定专家、科学鉴识专家等，指的是专门研究和运用医学、生物学、物理学、化学等自然科学的原理和方法在司法活动中的应用的专家学者。

现场勘查员 又称犯罪现场勘查人员，指的是针对与犯罪有关的场所、物品、人身、尸体进行勘验或者检查的具有法律资格的专门人员。现场勘查员具备现场勘验、检查的专业知识和专业技能，具备现场勘验、检查资格。既包括勘查指挥员，也包括勘查技术人员等，还包括那些在侦查人员的主持下进行勘验、检查的接受指派或者聘请的具有专门知识的人。

犯罪嫌疑人 在法院庭审程序之前，处于被追诉罪行的具有犯罪嫌疑的公民。

犯罪行为人 实施犯罪行为，侵害其他公民合法人身权利、财产权利、隐私权利或国家管理秩序的人。

2. 专业名词

证据 用来证明案件事实的依据。

证人 知悉案情，且能辨别是非、正确表达的人。

同一认定 同一认定理论是侦查学、司法鉴定等学科的基础理论，指的是依据对象特征来判断两次以上出现的对象是否为同一个客体的认识活动。

犯罪现场 又称刑事案件现场，指的是犯罪行为人实施犯罪行为的场所，以及遗留与犯罪有关的痕迹和物品的一切场所。

犯罪重建 对犯罪过程中各种行为的确定。在对物证和犯罪现场记录进行谨慎而专业的审查之后，才允许进行犯罪重建。犯罪现场的系统记录资料是进行犯罪分析的基础。

犯罪实验室 又称刑事科学技术实验室、刑事司法实验室、司法鉴定实验室等，本身并没有严格的法律界定。犯罪实验室是主要进行与侦查破案有关的人身、物品、痕迹等专门性勘验、检查、实验等活动的实验场所。主要包括物证技术实验室、毒物化学实验室、DNA实验室、法医实验室、司法精神医学实验室、声像资料实验室等。

图1–30

第2章 辨迹追踪的“神眼”老马

让证据说话，对历史负责。

——［美国］华裔神探李昌钰

重点关注

- 足迹痕迹
- 足迹特征
- 足迹显现
- 足迹提取

关键术语

- 步幅
- 步态
- 步法追踪
- 痕迹测量
- 鞋底磨损痕
- 鞋印模型

▶ 图 2-1

1. 犯罪现场

有一年，农历腊月廿九深夜，内蒙古赤峰市公安局接到群众报案，报告一个乡村供销社分销店发生了一起盗窃案件，侦查人员随即赶到事发现场。经过仔细辨认，在现场发现了两种可疑的足迹，令人遗憾的是，追踪到门外足迹就变得杂乱无序了。在场的侦查人员感到毫无头绪，经过斟酌之后，立即向刑警队长推荐有辨迹追踪神探之称的“神眼”老马帮助破案。

老马到场后，认真测量了这两种足迹，反复端详、琢磨起来，天刚蒙蒙亮，他便带来侦查人员一起顺迹追踪，一直追到另一村庄的某家门口，发现院内有两个男人，经过公安人员审讯，罪犯交代了作案经过，公安人员起获了赃物……

2. 分析与回答

（1）老马为什么能够准确追踪到犯罪嫌疑人的下落？

（2）如果你是老马，你怎样测量和辨识现场遗留的足迹？

这个故事里所提到的“老马”，就是曾经声名远扬的神探马玉林。他是内蒙古赤峰人，由于家境贫寒，从小为地主放羊。为确保羊群安全，做到不丢一只、不少一只，他就开动脑筋。通过认真观察、比较和琢磨，将羊的大小、肥瘦、毛色、特性等体态特征与羊蹄印建立关联，久而久之，练出一手“看蹄印，识体征”的硬功夫。所以他放羊时很少查数，只要跟在羊群后面看蹄印，便知是否丢失，或丢了哪只，顺蹄印追踪，不论远近，准能找回。

(a)　　(b)

图2–2　羊蹄与羊蹄印

据报道，由于老马对踪迹的追寻能力异乎常人，渐渐地不但能追踪牛、马、羊的蹄印，就连人的脚印也能出色地判别，比如通过脚印判断人的性别、高矮、胖瘦、年龄、体态等。后来，马玉林被公安局选中，成为一位名副其实的“辨迹追踪”专家。

图2-3

老马的辨踪秘诀是什么？

不错，老马正是得益于长期的码踪实践，在他头脑中积累了一套完整的辨踪经验，从脚印的轻重、步态、步幅、虚边、压力、带土等情况，即可分析出人的性别、职业、身材、习惯、年龄、身体特征等，而且在沙土上、硬地上、草地上、水上、砾石地上、雪地上、河水中以及雨天如何辨迹追踪，都摸索出了规律，形成较完整的步法追踪技术。1993年，“马玉林研究会”成立，进一步面向全国推广与探讨老马的足迹检验机理，为守护人民的幸福平安做出保障。

你瞧，可别小看平日里不起眼的脚印，这或深或浅的印记里，可是隐藏着数不清的学问哩！

思考

根据一个鞋印，你能推断出有关这只鞋的哪些信息？

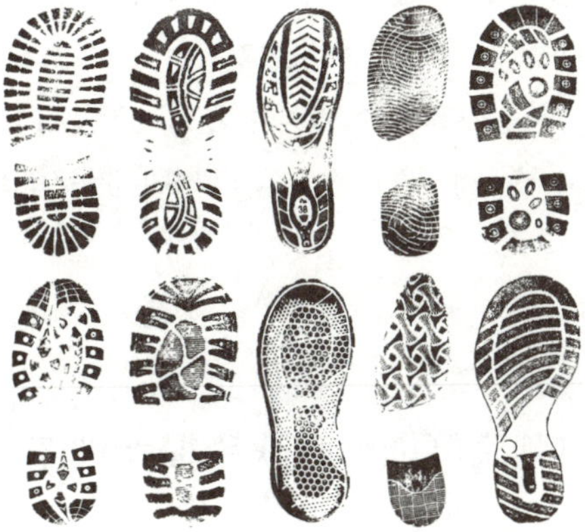

图2-4　形态各异的鞋子底纹

足迹建功

图2–5

像指纹一样，足迹也是一种重要的痕迹证据，它经常出现在犯罪现场。相较于指纹，足迹常常能反映出犯罪嫌疑人在现场的动态行为特征，从而富有极高的证明价值。不仅有利于重现作案过程，还能有助于判断犯罪嫌疑人的人身特点与运动习惯特征，对缩小侦查范围和查缉犯罪嫌疑人的意义实在不可小觑。

接下来，请你阅读发生在20世纪90年代的一起失窃案，看看现场勘查员们是怎样运用鞋印特征，迅速破获这起惊心动魄的手榴弹被盗案的。

1. 犯罪现场

用鞋底磨损痕破获手榴弹被盗案

1996年5月26日下午3点12分，急促的电话铃声惊动了四川省长寿县局领导和全体公安干警。县人武装部紧急报告：下午三洞沟实弹训练场，一箱30枚手榴弹被盗，要求勘查人员火速前往现场。

现场位于长寿县凤城镇三洞5组后河西岸坡上，是县人武部实弹训练场，周围一片蔬菜地。据了解，中午13：20在现场堆放了8箱手榴弹，除其中一只箱子里有20枚外，其余7箱全未启封。当值班干部洗手回来时突然发现少了一箱手榴弹，在离手榴弹箱2公尺的菜地里，留下了一串新鲜的脚印。

技术组长痕检助理工程师张华梁认真细致地勘查现场，寻找着罪犯留下的蛛丝马迹，根据鞋印的规律特点判定此鞋印属于塑料泡沫凉鞋所留。观察鞋印前掌压力面较重，后跟部挫动后形成坑状，整个鞋印最深处达到2.4 cm，显系罪犯负重行走形成（一箱手榴弹重23 kg）。鞋印明显特征为横贯通条状花纹，右掌前沿第六条横纹外侧1.4 cm处有一凸痕，面积为0.7 cm×0.4 cm，呈一头大一头小的斜角状，由此点距后跟第22条横纹外侧2.7 cm处有一凸痕，面积为1.3 cm×0.3 cm，呈斜外三角状，断开横纹棱杠。

鞋印横穿菜土直至30公尺外的大路上消失，在不远处的橘树林里又断断续续出现，最终在离现场150公尺的左家湾一家房屋北侧林地消失。张华梁将沿途鞋印与现场鞋印对比认定属同一鞋所留，遂提出将这家列入重点排查对象。但经搜查无线索。休息时张华梁看到对面有一人手捧着下巴翘着脚坐在那里。那人脚上的一双泡沫凉鞋引起了张华梁的注意，一种职业敏感使张华梁马上联想到现场的鞋印，随即便一步跨过去抓住那人问道："你叫什么名字？"那人回答："杨坚强。""把你脚上的鞋子脱下来！"张华梁将鞋翻过来一看激动得大声喊道："就是他！"在场的人都惊呆了，河街派出所的同志马上将其带走审查。张华梁迅速将鞋在菜土里做了现场实验，其花纹特征、鞋底磨损程度与现场鞋印完全吻合。

下午5点10分，铁证如山，杨坚强交代了全部作案经过，并带着干警将藏在离现场1 000公尺的山坡一干粪坑中的一箱还未启封的手榴弹取了出来。

经干警审问得知，16岁的杨坚强是长寿中学初三学生，他将手榴弹偷来后准备在河沟炸鱼……一场风波终于平息了下来。

图2–6

2. 分析与回答

（1）请你详细描述一下，本案现场遗留足迹的特征都有哪些？

（2）如果你是现场勘查员，你认为哪些特征对本案破获有直接价值？

现场勘查员们出色的表现真是令人称赞！本案之所以能够快速破获，离不开足迹证据的功劳。现场菜地里所发现的那一串新鲜的脚印——根据鞋印的规律特点判定此鞋印属于塑料泡沫凉鞋所留；观察鞋印前掌压力面较重，后跟部挫动后形成坑状，整个鞋印最深处达到2.4 cm，显系罪犯负重行走形成……这些正是本案破获的重要线索！从而进一步将犯罪嫌疑人与案件现场联系在了一起。

此外，除了鞋印形态，有时现场勘查员们还需对现场足迹进行细致分析，进一步推测犯罪嫌疑人大致的体貌特征，如性别、年龄、身高、体形等侦查线索。因而，在现场勘查过程中，对现场足迹的发现、识别与取证是必不可少的。

思考

你认为一个新鞋形成的痕迹和一个穿过几个月的鞋子形成的痕迹，哪个痕迹更有价值？为什么？

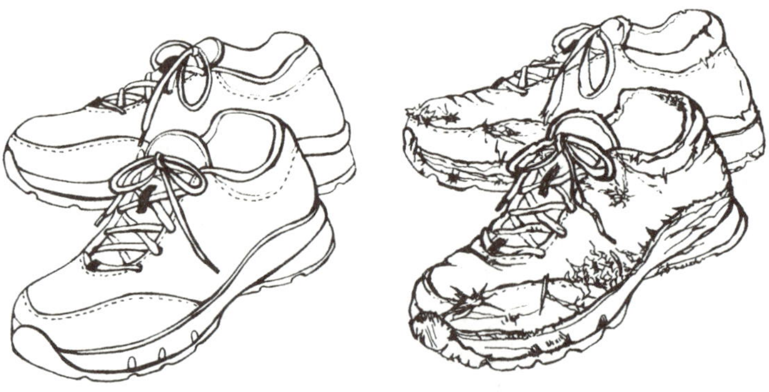

图2–7　同一款式的新旧鞋子

逃向何方？

图2-8

俗话说："千里之行，始于足下。"通常情况下，但凡到达犯罪现场的人，势必会留下足迹，就连现场勘查人员的足迹也不例外。所以，常常能够在犯罪现场发现数量较多的足迹，不仅有犯罪嫌疑人的，还有勘查人员的，甚至是路人的。

你是不是感觉到，既然有如此多的足迹，侦破案件就没有什么问题了？请不要盲目乐观，有时候由于人员混杂而导致的足迹数量过多，并不见得有利于案件侦破。很显然，与案情无关的足迹，往往会增加破案的难度，这就要考验勘查人员的辨识能力了，因为只有发现和辨识出那些真正属于犯罪嫌疑人所遗留的足迹，才是关键！

1. 有发现足迹的好办法吗？

当然有。在学习这些方法之前，你需要先初步了解一下现场足迹的常见种类和一般特征。比如，现场遗留的立体足迹及有色平面足迹通常是较为明显的，一眼就可以辨识出来。因为它们与承受客体的色泽反差较大，相对容易被发现。而对于某些颜色较浅、反差较小的足迹，特别是无色汗液赤足印以及潜血足迹等，发现难度就非常大了。这就要借助特定的方法，尽可能多地发现现场遗留的足迹。

(a) (b)

图 2–9 犯罪嫌疑人的鞋印

2. 足迹显现技术有哪些?

（1）配光观察 假如犯罪现场遗留有立体的足迹或者有色平面的足迹，可以用肉眼直接观察，当然，这种情形较为少见。大多数情况下，现场会遗留某些色泽反差较小的足迹，不细致观察就很难发现。比如，遗留在无色水泥路面上的平面灰尘足迹。这种情况就需要借助光线或者勘查灯、手电筒等发光工具，对现场足迹进行观察和寻找。

（2）静电复印 有的时候，对于那些不易用肉眼进行观察的足迹，还可以选择使用静电复印的方法进行显现。比如，针对现场遗留的平面粉尘足迹显现，效果就非常理想。当地面较为光滑，同时现场足迹保护相对完好的情况下，如果选用静电复印法往往可以加快现场勘验的速度，一方面可以通过静电吸附仪显现某些特定的部位，另一方面可以将复印下来的足迹

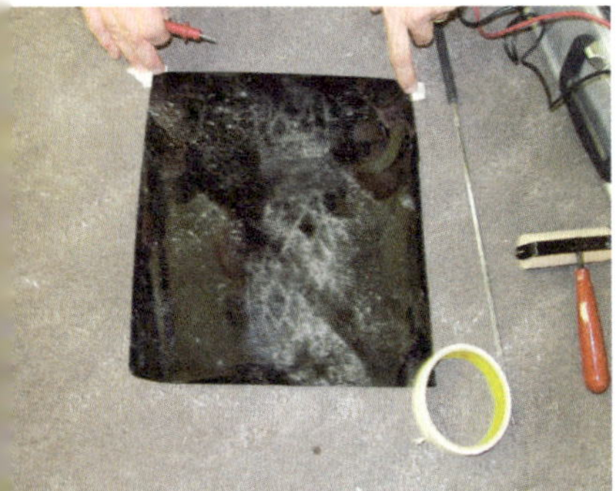

图 2–10
静电复印

带回实验室进行保存和测量。

（3）化学显现 和指纹类似，足迹显现也可以用专门的化学试剂进行。比如，可以将盐酸与无水乙醇调配而成的溶液均匀地喷洒在待显客体表面，待干燥后，再将铁氰化钾（俗称赤血盐，化学式$K_3[Fe(CN)_6]$）溶液喷洒在待显客体表面，利用溶液能与灰尘中铁元素反应的原理，来显现出蓝绿色的足迹。足迹中含铁成分越多，显现出的蓝色越清晰。

图2-11
化学显现

思考

不同的足迹显现技术原理各是什么？各自具有哪些优势？

图2-12 粉末显现

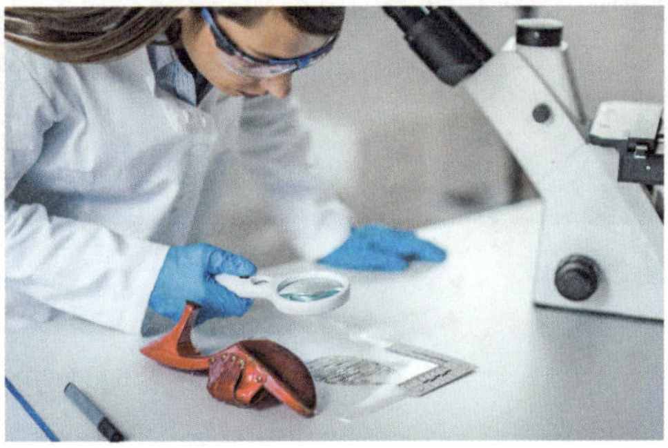

图2-13 鞋印比对

机智识足

图2–14

在犯罪现场，准确判断与鉴别哪些足迹是犯罪嫌疑人所遗留的至关重要。不过，现场勘查员们常常会遇到一些棘手的问题。因为，有些现场遗留的足迹数量较多、形态纷杂，有可能是犯罪嫌疑人的，也有可能是受害人或者无关人员的，这就需要视具体情况而定了。

比如，现场勘查员们常常会结合案件的具体信息和现场环境、足迹特点等各种情况进行全面的分析和甄别。快速准确地识别判断，可以为收集犯罪嫌疑人的足迹提供高效、有力的一手证据，缩短破案时间，尽快将犯罪嫌疑人缉拿归案。

现在就请你了解一下，常用的犯罪嫌疑人足迹判断和提取方法吧！

图2-15　犯罪现场遗留的混杂足迹

1. 如何判断犯罪嫌疑人的足迹?

(1)请你确定：现场足迹分布情况与作案行为是否吻合?

假如，你要侦查一件翻窗入室案，就要仔细地在窗台上展开搜查，搜寻是否有脚尖向内的足迹遗留，因为脚尖向内的足迹可以初步预判犯罪嫌疑人进入现场的方式，如果两者相互吻合，基本可以确定足迹为犯罪嫌疑人所留。那么，要是盗窃案件呢?你就需要在被盗目标物或者被翻动过的物品周围仔细地搜寻地面，所发现的足迹多为犯罪嫌疑人所留。如果你要侦破一起纵火案，那么，纵火点附近的地面以及引燃物周围所分布的足迹就要重点勘查了。

(2)请你确认：现场足迹的特征与犯罪活动是否吻合?

有趣的是，犯罪嫌疑人在实施犯罪活动中，往往内心都是较为紧张的。所以，现场遗留足迹的步态、步幅等特征常常可以反映出这种独特的心理状态。当犯罪嫌疑人接近犯罪地点时，为了不引起他人的注意，必然蹑手蹑脚、时走时停，反映在足迹上的特征也是一脚重、一脚轻等，步幅也相对较短；当犯罪嫌疑人实施完犯罪行为之后，逃离现场的足迹留痕往往较重、步幅较长。当你掌握了这些特征，现场搜寻足迹就可有据可循了。

(3)请你确认：现场足迹新旧程度与案发时间是否吻合?

当然，研判现场遗留足迹的新旧程度是十分必要的。因为，足迹形成时间与案件时间是否一致，将有助于推断遗留足迹的破案价值。假如，现场勘查工作是在案发后的第一时间进行的，所发现的足迹边缘与花纹又是较为清晰的，那么，该足迹为犯罪嫌疑人所留的可能性就较大。相反，如果现场上发现已经干涸的陈旧足迹，就可以将其排除了。不过，值得注意的是，足迹的新旧程度的变化比较容易受到现场实际情况的制约。比如，现场环境的湿度、天气状况等都会对足迹新旧程度的判断造成一定的影响。

（4）请你确认：现场足迹与其他物证间是否相互联系？

假如，你身处盗窃现场，当发现保险柜被撬，并且在留有手印或撬破工具痕迹的相应部位发现足迹，那么，就可以推断这应是犯罪嫌疑人所留。如果足迹附近有散落的被盗物品，也可判断为犯罪嫌疑人的足迹。当然，还可以根据足迹中的附着物来研判，比如在足迹中发现附着物（如油漆、面粉、墨汁、煤灰等）来源于案发现场，基本可以判断足迹属于犯罪嫌疑人。

除此之外，就是要想办法通过排除案发后进入现场人员的足迹，来锁定犯罪嫌疑人的足迹。案发后，受害人以及与案件无关的人员往往也有可能进入现场。通过甄别这些人员的足迹，与现场足迹进行比对，排除无关者的足迹，现场中剩下的足迹基本可以锁定为犯罪嫌疑人所遗留。

? 思考

假如你要侦破一件入室盗窃案，你将如何确定犯罪嫌疑人足迹?

图2–16

2. 如何提取犯罪嫌疑人的足迹？

经过一系列的判断和分析之后，一旦确定了犯罪嫌疑人所遗留的现场足迹，就要想办法选择适宜的方法固定、提取对应的足迹，开展后续的调查和研究了。在接下来的内容里，你将学习到一些常见足迹的固定或提取方法。

（1）拍照摄影

在影视作品的镜头里，但凡有勘查犯罪现场的场面，必然少不了照相机"咔嚓咔嚓"的声响和镁光灯不停闪烁的光亮。的确，拍照摄影是现场勘查员们现场取证的看家本领。就提取足迹而言，拍照摄影既可以对现场足迹进行固定和保全，又是一种提取现场足迹的专门方法。无论何种足迹，都应先拍照固定，再采取其他方法予以提取，有些现场足迹只能使用摄影技术进行提取。请注意：拍照的时候，相机镜头光轴与足迹平面应保持垂直，仔细调配好光线，力争使足迹形态特征清晰完整地记录下来。

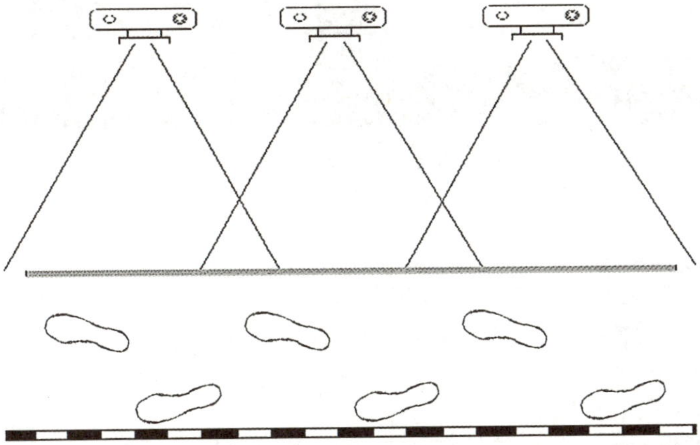

图2–17　成行足迹的直线连续比例拍摄法

（2）制模提取

如果在犯罪现场发现有立体足迹，那么将足迹经过摄影固定后，就必须制作足迹模型进行提取了，现场勘查员们常常利用石膏粉灌注的方法提取立体足迹，这种方法特征反映清晰、操作方式简便。除上述提取立体足迹的方法外，还可以根据现场实际情况，采用其他制模材料对立体足迹进行制模提取，比如硫黄、硅橡胶、石蜡、弹性藻酸钠糊剂等都可以作为立体足迹提取剂。

图2–18　制模提取

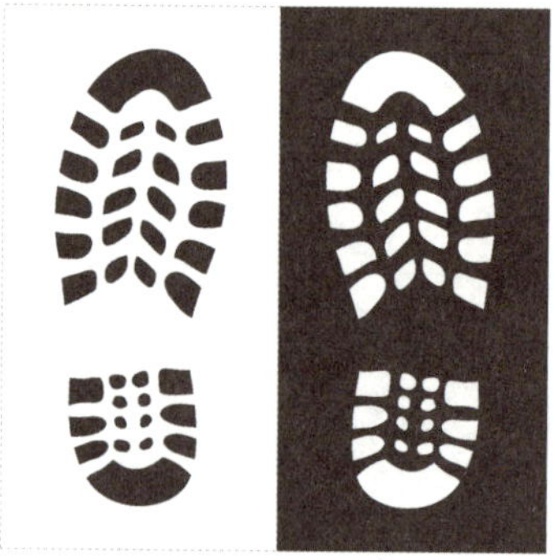

图2–19
两只鞋底印

（3）原物提取

还有一类足迹需要考虑，比如遗留在衣物、床单、被褥、纸张、桌椅等客体上面的足迹，这些客体往往体积较小、重量较轻，为了有效保持足迹的原始状态，便于分析和检验，在条件允许的情况下，常常需要提取原物。

思考

请你对比图2–19所示的两只鞋底的鞋印，哪些特征可以帮助你把它们区分开来？

表2–1　国家标准码对应数据

脚　长	225	230	235	240	245	250	255	260	265	270
脚　围	210	215	220	225	230	235	240	245	250	255
欧洲码	2.5	3	3.5	4	4.5	5	5.5	6	6.5	7
中国码	35	36	37	38	39	40	41	42	43	44
日本码	225	230	235	240	245	250	255	260	265	270

3. 犯罪实验室

制作你的鞋印模型

图2–20　制作鞋印模型

实验原理：当熟石膏（$2CaSO_4 \cdot H_2O$）溶于水之后，就可以快速地凝结，一旦它干涸下来，附着在足迹上面的石膏模型就制作完成了。

实验时间：第一天60分钟；第二天40分钟。

实验材料：废旧鞋盒1个（或长的硬纸板）、熟石膏粉、滑石粉、小木棍若干、你自己的鞋子1双、密封塑料袋、毛刷1把、剪刀1把、A4纸若干、有松软泥土的场地。

实验步骤：

（1）请你找到一处具有松软泥土的场地，并用力踩出一个清晰的鞋印；

（2）请你在鞋印上，洒上少许滑石粉，避免泥土松动，保护鞋印的完整；

（3）使用剪刀将废旧鞋盒进行裁剪，将裁剪出的较长的硬纸板，插入鞋印周围的土壤中作挡板，防止接下来倾倒在鞋印上的石膏液向外溢出；

（4）根据熟石膏使用说明，将熟石膏粉与水按一定比例混合在密封塑料袋中，并用手揉捏，使得两者充分混合均匀；

（5）把制备好的新鲜液态石膏小心倒出，让其完全覆盖鞋印后，在石膏液上面横纵放置一些小木棍以作支撑，继续倒入石膏液至厚度在6厘米左右；

（6）干燥30分钟（根据实际情况可延长干燥时间），小心将干燥成型的石膏模型从鞋盒中取出，放在室内的A4纸上，过夜干燥一整个晚上。

（7）用毛刷轻轻地将松散泥土从石膏上刷掉，认真观察研究你的鞋印模型。

注意事项：熟石膏粉与水的配置比例尤为重要，用手揉捏将两者进行混合时，感觉到软硬程度与奶酪接近就差不多了，如果手感较硬，需要再加适量的水进一步搅拌。

安全提示：请小心使用剪刀，避免伤害自己或他人；防止熟石膏接触眼睛。

人迹追踪新技术——步态识别

步态是一种行为特征，它是人行走时协调的、周期性的姿态，是人类内部的思想意识通过外部身体组成协调配合地执行，它具有身份识别的唯一性。

图2–21

你可以试想一下，每个人的腿骨长度、肌肉强度、重心高度以及运动神经灵敏度都不尽相同，所以这些因素共同决定了个体步态的唯一性和稳定性，即便是一个人想刻意模仿另一个人的步态，恐怕在短时间内也无法完成。

同时，将步态识别应用于人迹识别，还有一个非常重要的优势，那就是它对识别的距离要求不高。有别于指纹识别、足迹识别以及人脸识别等对距离要求较高的个体识别方式，步态识别可以借助远距离视频监控来完成，从视频监控中借助智能化方式分析行人的走路姿势等特征，就可以迅速找出目标行人，对其身份进行验证。因此，步态识别作为一门新的生物识别技术，依靠其独特的优势成为当今公共安全及人迹追踪领域的研究重点。

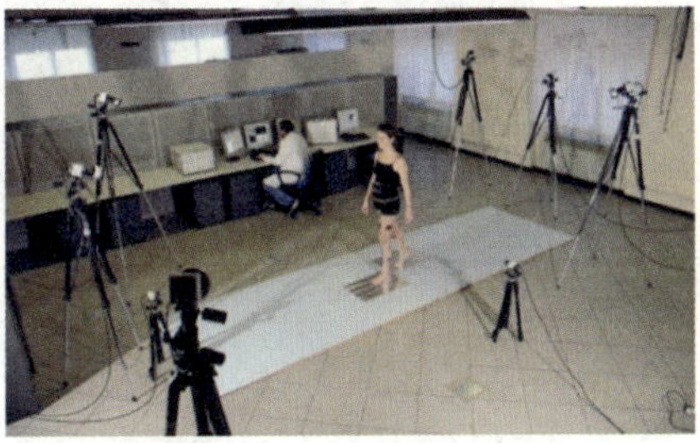

图2–22　步态识别研究

图2–23

第3章 探寻雁过之痕

凡接触都必留痕迹。

——[法国]埃德蒙·洛卡德

重点关注

- 洛卡德原理

关键术语

- 微量物证
- 物质交换
- 证据破坏

图3-1

DO NOT CRO

1. 犯罪现场

Diqin牌的褐色塑料绳和10根纤维的故事

1975年1月10日，爱尔兰的摩奇将18岁的艾丽丝强奸后杀害，并把尸体扔进了都柏林以东的一条河里。10天后，尸体被发现，警方从死者的衬衣和牛仔裤上发现了10根可能来自凶手衣物上的纤维。

3个月后，16岁少女本尼（另一受害者）的尸体被发现。死者双手被一条不常见的褐色塑料绳捆着。调查结果，这种绳子是Diqin牌的，用塑料纤维加工而成，生产商说，此种塑料绳在1972年就停产了。

经过长达8个多月的侦查，警方最终锁定了犯罪嫌疑人，于1976年冬天将摩奇逮捕。在搜查其住处时，警方在一间简陋的储藏室里找到一团Diqin牌子的褐色带子。在实验室里，技术人员从摩奇曾经穿过的25件衣物中分别提出了纤维样本进行检验，结果表明艾丽丝衣物上发现的10根外来纤维与嫌疑人摩奇的衣服纤维相符。而摩奇家中搜到的那团Diqin牌子的带子也与捆绑本尼的带子完全相同，从而证明摩奇就是杀害两名少女的凶手。1976年冬天，法院认定摩奇犯下谋杀两名年轻妇女以及强奸另外20多名妇女的罪行。

2. 分析与回答

（1）警方凭借什么证据认定摩奇就是真凶？

（2）Diqin牌的褐色带子和10根纤维各发挥了什么作用？

摩奇的滔天罪行终于可以得到正义的审判了！他无论如何都不会想到，那团Diqin牌子的带子竟然将他绳之以法。在此，我们要感谢警方的努力，他们严谨、细致、专业的侦查真是令人钦佩，巧妙地借助一根褐色的带子和10根纤维的线索，就追踪到了凶手，为被害少女们伸张了正义。

事实上，许多犯罪分子为了避免泄露自己的身份，总会将自己即将实施的犯罪行为仔细考虑，从而想尽一切办法确保自己不会在现场留下任何痕迹！然而，犯罪分子们错了，他们不可能不留下痕迹！因为法国最伟大的法庭科学家洛卡德的物质交换原理告诉我们：**无论他们走到哪里，无论他们接触什么，无论他们留下什么，哪怕考虑得多么周全、多么巧妙，他们都必将遗留下证据**！比如，指纹、血迹；再比如细小的毛发、纤维、油漆、玻璃、土壤等，就连小到不起眼的灰尘都将发挥出与其体积不相称的非常重要的作用。对，这就是犯罪现场的“蛛丝马迹”——微量物证！

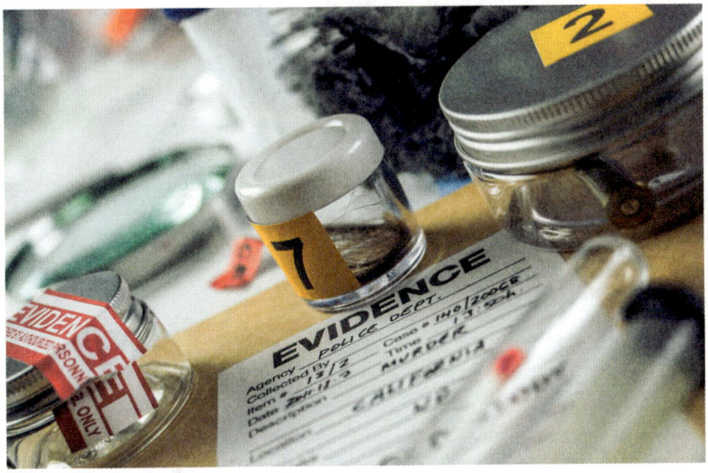

图3–2

第1节

洛卡德物质交换原理

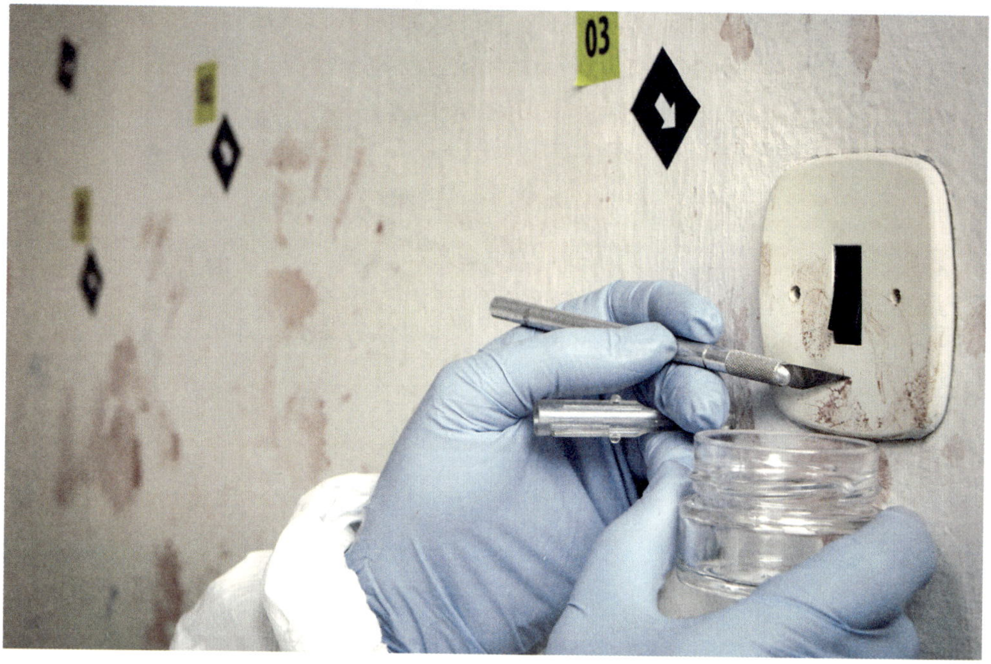

图3–3

在开始案件调查之前，勘查人员首先要做的就是收集证据。无论是室内的、还是室外的，或者是任何移动的犯罪现场，现场勘查员必须像捡“芝麻”一样逐一搜索和清点犯罪现场，生怕放过任何有价值的“蛛丝马迹”。或许，你要问：倘若罪犯手段高明，或者反侦查能力极强，他们总会竭尽所能、想方设法地不在犯罪现场留任何痕迹，这可怎么办？事实上，你大可不必担心，因为无论罪犯是谁，无论他有多么大的本事，无论他多么神机妙算，都必定会在现场留下破绽。“每次接触都会留下痕迹！”这就是著名的洛卡德物质交换原理。

“洛卡德物质交换原理”（又名洛卡德原理），最早由法国著名刑事侦查学家、司法鉴定学家和警察技术实验室先驱埃德蒙·洛卡德于20世纪初撰写的《刑事侦查的方法》一书中提出。洛卡德认为，犯罪行为本质上来说是一个物质交换的过程。因为犯罪行为人作为一个物质实体，在实施犯罪过程中总是跟各种各样的其他物质实体发生接触。简单理解，就是只要犯罪现场两个物体发生接触，就一定会产生物质转移现象，也就是在现场既会被带走一些东西，也会留下一些东西。

20世纪后期，为了证明洛卡德交换原理的有效性，加利福尼亚大学伯克利分校的犯罪学教授鲍尔·柯尔克博士论述了证据交换对犯罪重建的重要性，他指出："无论犯罪行为人走到何处，或者他接触了什么、留下了什么，即使他毫无觉察，也必然转化为证明其行为过程的无声证据。这些证据不仅仅包括指纹或者足迹，还包括了毛发、衣物纤维、玻璃碎片、工具痕迹、漆片，以及罪犯所留下或带走的血迹或精斑。所有的这些，还有罗列范围之外的更多物质都可以成为证明其犯罪事实的证据。而这些证据不可能像证言那样会存在遗忘之处。"

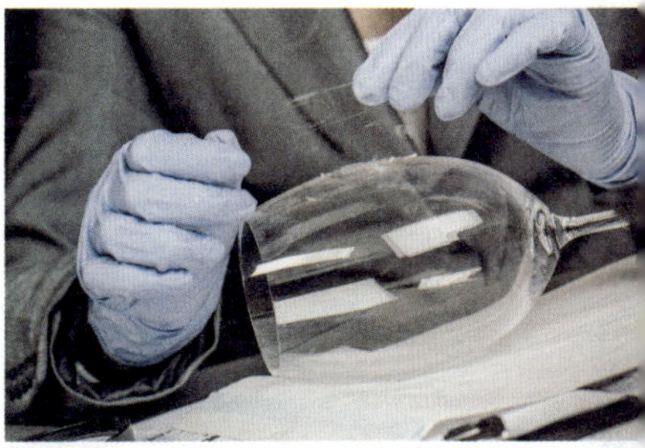

图 3–4
微量物证的提取

洛卡德物质交换原理的提出，推动了犯罪侦查学的快速发展，使得全球司法领域深刻地意识到物证在判明大多数犯罪事件过程中至关重要的作用，降低了人们在实施犯罪侦查时对招供的依赖程度，就连目击证人的言辞也不像以前那么有说服力和可信力了，物证逐渐成为最为可靠的证据类型之一。

接下来，请你全面地认识一下洛卡德物质交换原理的深层含义吧。具体而言，该原理可分为两种物质交换情形。

（1）痕迹性物质交换

就是当人体与物体相互接触后，就会发生的表面形态的交换。举例来说吧，像犯罪现场留下的指纹、足迹、作案工具留下的痕迹以及因暴力行为造成的划痕、抓痕等，就属于痕迹性物质交换。

（2）实物性物质交换

又分为有形物体物质交换和无形物体物质交换。

① 有形物体的物质交换

这种交换包括微观物体的互换和宏观物体的互换。例如，微观物体的互换就是在犯罪过程中出现的微粒脱落、微粒黏走，如泥土、纤维、碎屑、生物细胞的转移；而宏观物体的互换则是指作案人遗留物品于现场或者从现场带走的物品等，如财物、器具的转移。

② 无形物体的物质交换

主要是指不同气体的互换，如有毒与无毒气体互换、刺激性气味遗留等。像警犬依靠灵敏的嗅觉带领缉查人员追踪凶手，就属于对无形物质的搜索和寻找。

你可别小看洛卡德物质交换原理，在这看似简单的原理背后，其实蕴含着许多的科学原理和现象，比如你在物理课上学到的能量守恒定律、惯性定律、蒸发作用、物质吸附原理等；还包括你在化学课上掌握的发光发热、变味生色、氧化还原原理等。这些基础学科所提供和展现的知识和方法，是确保洛卡德原理普适性和科学性的重要支撑和依据！凭借着洛卡德原理，我们就可以将犯罪嫌疑人和现场紧密地联系起来，破解犯罪过程的来龙去脉，将真正的罪犯绳之以法！

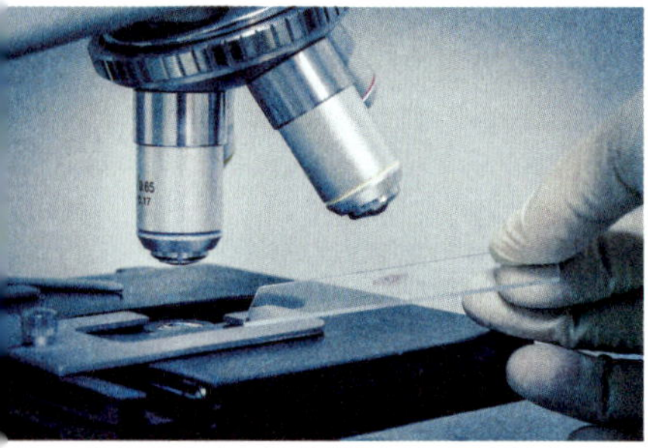

图 3–5
对微量物证进行分析

? 思考

你能用自己的话解释“洛卡德物质交换原理”吗？

物质交换的类型有哪些？哪些物质容易相互交换？

第2节

微量物证的威力

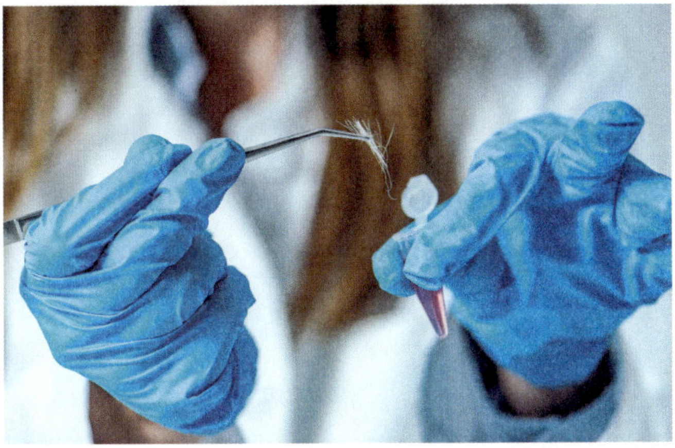

图3–6

根据洛卡德物质交换原理，你现在一定能理解，在前两章里所涉及的指纹和足迹证据应该属于痕迹性物质交换的范畴，而本章开篇《Diqin牌的褐色塑料绳和10根纤维的故事》一文中的塑料带和纤维，又属于什么类型的物质交换呢?

没错，是有形物质的微观物体互换，也就是我们常常提到的：微量物证。

1. 为什么说微量物证是破案的“神枪利器”?

所谓“微量物证”，就是在犯罪活动中，与犯罪有关联、能认定犯罪事实真相的、物小量少，甚至用肉眼难以看见的细微物质。你千万不要忽视或轻视这些小得不起眼的东西，就像上文提及的褐色塑料带和纤维那样，这些细微的物质往往能将嫌疑人、被害人

图3–7
拿破仑画像

或犯罪现场紧密联系起来，因为在这些物质里隐藏着线索，找到了它们，就可以明确新一步的侦查方向和目标。

长久以来，法国皇帝拿破仑的死因之谜牵动着不少人的神经。直到1974年，瑞典牙医斯坦·福希维德对拿破仑的头发进行了一系列分析检验之后，证实了这位功勋卓著的法国皇帝死于砷中毒，这个发现让全世界为之震惊。同时，这一事实成为早期法庭科学家开展微量物证实验所办理的著名案件。也正是从那时起，微量物证在司法过程中的作用引起了人们的浓厚兴趣，世界各地的法庭科学家们对微量物证更加重视和关注，由此便开启了微量物证科学的快速发展时期。20世纪中期之后，恰逢科学技术的快速发展时期，法庭科学领域广泛引进各种尖端的实验仪器，为一大批微量物证实验室的建立与兴起提供了强大的技术支撑，像以信息技术为支撑的油漆数据库、玻璃数据库在各个国家及地区也相继建立起来。

不得不承认，有些犯罪分子作案的手法高明至极，他们似乎算计好了一切，不仅在现场遗留的物证少，痕迹也非常隐蔽。如果现场勘查员们只注意那些容易找到的、显露在表面上的物证，显然已经无力满足侦查复杂化犯罪行为的需求。现如今，现场勘查员和法庭科学家们将“微量物证检验”视为宝藏，探寻犯罪现场的蛛丝马迹已成为现场重建的“神枪利器”。

接下来，就请你阅读一则《草籽作证》的犯罪实录，看一看究竟是什么让犯罪嫌疑人在微量物证面前供认不讳的。

2. 犯罪现场

草 籽 作 证

1942年的纽约，一位名叫非道夫·特里曼的纽约人带着他的狗在中心公园锻炼身体，他们跑进了一处茂盛的草丛中，在低矮的山茱萸树枝下，有东西绊了非道夫一下，他低头一看，竟然是一具年轻的女尸！死者是被勒死的，没有被强奸的迹象。尸体没有手包且身无分文，说明有可能被抢劫过。但是尸体肿胀的脖子上的一条金项链仍在，这令人迷惑不解，因为很少有抢劫之后会留下财物而离开。

案发后，警察局的侦探约瑟夫·哈克基特和约翰·克罗斯伯就此案展开了调查，经侦查发现死者名叫路易斯·奥莫多瓦，24岁，和她的母亲居住在布鲁克斯，是一位女服务员。她的家人说从1942年11月1日那天起，她就失踪了。他们还介绍了路易斯·奥莫多瓦的情况，她嫁给了一个名叫阿内巴尔·奥莫多瓦的人，此

(a)

(b)

图3–8 草籽

人5个月前还在一艘小船上做水手，几个星期前，因为他同其他女人鬼混，路易斯·奥莫多瓦离开了他。

阿内巴尔·奥莫多瓦得知妻子路易斯·奥莫多瓦遇害的消息后耸了耸肩说："她把我的生活搞得一团糟，她打了我的一个女朋友，咒骂过另一个女友，她死了也活该，但她的死和我没关系。"现有证据似乎支持阿尔巴尔·奥莫多瓦，法医托马斯·冈萨雷斯推断路易斯的死亡时间是11月1日晚9点到10点，可此时奥莫多瓦正和路易斯打过的那个叫鲁巴·佩利斯的姑娘在舞厅跳舞。另外，还有许多别的目击者能证明他当时的确在舞厅。这么多的证人证明他不在现场，侦探只好从别的方面入手。路易斯的父母交出了奥莫多瓦寄给他女儿的恐吓信，从恐吓信的内容看，完全有可能是奥莫多瓦这个色情狂杀害了路易斯。

另外还有一种可能，舞厅到犯罪现场的距离只有100多米，是不是奥莫多瓦中途趁人不注意溜出了舞厅，杀害了事先在中心公园等他的妻子，然后在无人知晓的情况下返回了舞厅呢？

法庭科学实验证明了他们的怀疑是正确的。国家化学毒物学实验室的负责人亚历山大·盖特勒在检验现场照片时发现尸体周围的草很特别。他专门把草的照片放大观察。巧合的是，同样类型的草籽在奥莫多瓦的衣服口袋及裤脚处也被发现，可是他坚持说已有两年没有去过中心公园了。他说，口袋中的草籽可能是最近到布朗克斯的特里蒙特公园留下的。可是他错了，生物学院的约瑟夫·克伯兰德教授说此案的关键问题就出在草上。此种草极其稀少，仅在长岛的两个地方生长，而在西切斯特镇，也只有三个地方有这种草。在纽约市只有中心公园有此草。

奥莫多瓦慌了神，马上改口说，前两个月，即9月去过中心公园。这真是搬起石头砸自己的脚！因为这种草开花晚，最早也得10月中旬，所以奥莫多瓦不可能在9月份拾到这种草的种子。

在事实面前，奥莫多瓦无法辩驳，终于交代了自己的罪行。他在跳舞时安排他的妻子到公园见面，趁人不注意来到公园，他们在公园吵了一架，然后他粗暴地勒杀了他的妻子。后来在法庭上，他有翻供称自己是被逼承认罪行，他是无罪的。但是这已无济于事，他的死刑判决得到陪审团的一致通过，奥莫多瓦当时变得非常疯狂，咆哮着，后悔没从头到脚清理犯罪痕迹，9名警卫上前才制伏了他。1943年9月16日，奥莫多瓦被处以电刑。这起令人震惊的案件通过植物学知识揭示了凶手不在现场的伪装。

3. 分析与回答

（1）亚历山大·盖特勒在检验现场照片时发现了什么？

（2）为什么说奥莫多瓦不可能在9月的中心公园里拾到这种草的种子？

（3）广泛存在的“微量物证”触手可及吗？

《草籽作证》的侦破过程真是扣人心弦，国家化学毒物学实验室的负责人亚历山大·盖特勒的重要发现更是让我们敬佩不已。小小的草籽，竟能让百般抵赖的奥莫多瓦在事实面前无法辩驳，只好乖乖地低头认罪。那么，除了草籽之外，还有哪些微量物质值得在身处犯罪现场时去关注呢？

看到这里，或许你已经迫不及待地想研究一番了！现在，请你全面地了解一下微量物证吧！与痕迹物证相比，微量物证的来源十分广泛，而且种类繁多。

（1）具有化学属性的微量物证：油漆、涂料、塑料、油类、人造纤维、矿物、玻璃、土壤等。

（2）具有生物属性的微量物证：苔藓、花粉、种子、杂草、毛发、浮游生物等。

（3）具有生活属性的微量物证：化妆品、药品及其他小型的生活用品等。

这些微量物质，在我们身边随处可见，只要符合体小量微特征的物质，都可以被称为“微量物证”。

① 油漆

油漆类微量物证主要用来判断被喷油漆的物品与其他物品之间是否发生过接触、接触程度大小等情况。当然，如果两个相互碰撞的物品都涂有油漆，那么两物品之间就有可能存在方向相对的双重油漆转移痕迹。最值得关注的是，所搜寻到的油漆检材是否来源于特定的物品。你可以通过油漆的颜色、数量、厚度以及借助分析仪器检验化学物质的种类对油漆证据进行综合评估。当然，围绕现场油漆碎片之间的相对关系，进而重建犯罪现场也具有非凡的意义。

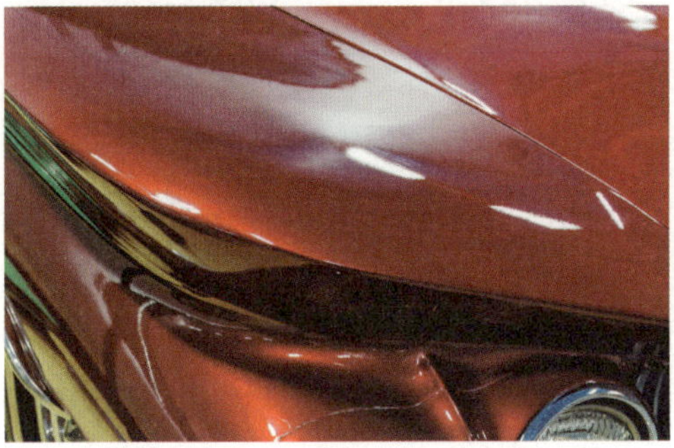

(a)

(b)

图3–9　汽车外壳上的油漆

② 玻璃

玻璃在现代生活中占据着重要的地位。比如，各式各样的玻璃制饮料瓶、风格迥异的建筑玻璃，穿梭在大街小巷的交通工具上也都少不了玻璃。然而，玻璃却有一个弱点——容易破碎，即便是钢化玻璃或者防弹玻璃，在一定条件下也难逃破碎的“命运”。一旦破碎，微量玻璃颗粒便会随意飞溅，溅到犯罪分子的衣服上、鞋子里等可以波及的部位。由此，为刑侦专家开展同一性认定提供了来源依据。同时，不同的玻璃其密度、折射系数、散射、荧光以及组成元素的种类与含量不尽相同，这些特性有助于分析犯罪行为的可能性。

(a)

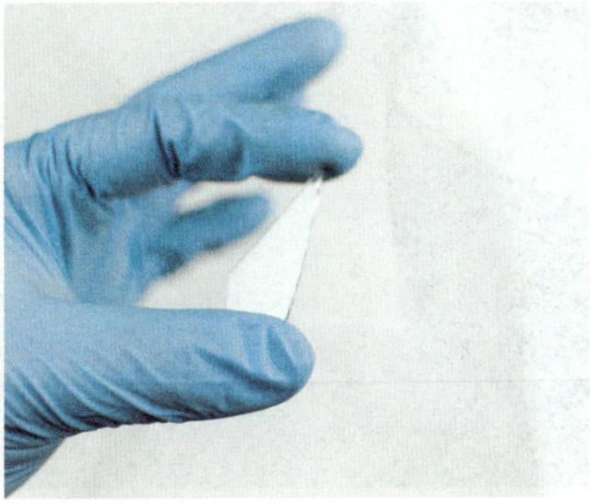

(b)

图3–10　破碎的玻璃

图3-11
土壤

图3-12
土样采集

③ 土壤

可不要小看泥土的作用和威力，往往只需要几微克的土壤就可以对它们的颜色、纹理、矿物成分与特定密度梯度下的行为进行对比分析了。要知道，土壤形成于地面岩石长期的风化，它是一种由固体、液体和气体三相物质组成的多孔体。其中，矿物质占固体重量的95%～99%，是土壤的“骨架”，蕴含着硅、铝、铁、钙、镁等十几种元素。有机物主要来源于动物残肢和分解物。由此可见，土壤虽然不起眼，却蕴藏着万千的世界。或许，你还能发现昆虫的外骨骼碎片、蝴蝶的鳞屑等极具价值的组分呢！不同类型和组成的土壤，代表着不同的地域相关性，因此，你也可以根据土壤的组成特征，推断犯罪行为实施的第一现场。

④ 灰尘

在我们生活的环境中，灰尘无处不在。灰尘主要由矿物颗粒与植物颗粒组成，当然还会涉及一些其他的物质微粒，像细微的纺织物纤维等。灰尘在犯罪现场重建过程中的重要价值在于其独特性，灰尘成分越是独特，就越具有成为证据的价值。比如，在犯罪现场发现了微米级的上皮细胞，或者是工业特种扬尘，这些都是独特的、富有价值的灰尘成分。

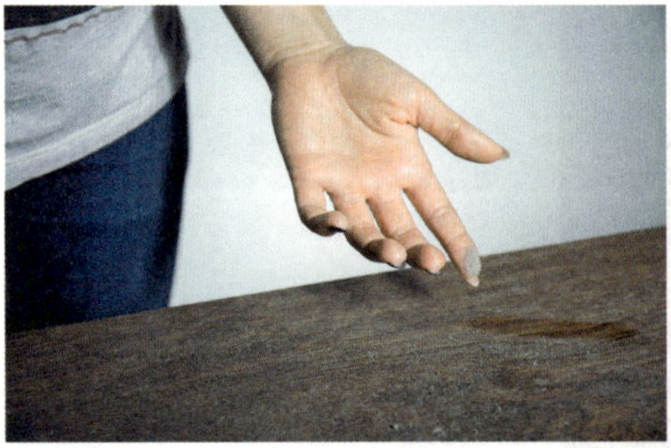

(a)

(b)

图3-13 不同形态的灰尘

⑤ 孢粉

这里所说的孢粉，实际上是孢子植物的孢子和种子植物的花粉的简称。通过对搜集到的孢粉进行检验，可以查证孢粉及其母体植物分布的地域特征，从而为法庭科学家们推断犯罪现场和证实犯罪行为提供有利的证据。众所周知，植物的开花季节和花期长短不尽相同，据此可以推断案发时间。或许你要问，植物体的花粉难道就不会腐烂变质吗？我们需要了解一下花粉的生物特性，花粉粒外壁主要成分为孢粉素，孢粉素这种有机化合物极难氧化，它的抗酸、抗酶解能力都很强，遇到高温、高压也难以破坏花粉的外壁结构，因此它可以长期保存。而且，花粉体态轻盈、数量繁多，非常容易附着在客体的表面并且难于清除脱离。显然，孢粉具有其他微量物证难以比拟的生化特性。

图3–14　孢子植物（苔藓）的生命周期

⑥ 纤维

人们的服饰款式繁多，材质也各式各样，纤维生产工艺的不断发展功不可没。你知道纤维的种类吗？

（a）生物纤维：如羊毛、蚕丝等；

（b）植物纤维：如棉、麻等；

（c）矿物纤维：如玻璃纤维等；

（d）人造纤维：如黏胶纤维、醋酸纤维等；

（e）混合纤维：如涤纶、锦纶、氯纶、腈纶等。

你可以借助显微镜对纤维的形态进行辨别区分，因为纤维的种类不同，其表面形态也不相同。比如，羊毛是一种动物纤维，可以从表面观察到鳞片；而棉是天然纤维，表面是扁平的呈条带状。由于许多服饰是用有色纤维编制，因此，纤维上的染料种类及其相对含量也是法庭科学家们分析推断案情的重要科学依据。

图3–15　人造纤维

图3–16　天然纤维

现在，你已经知道了许多关于微量物证的知识了，接下来请你通过阅读《Frances Tizzone遇害案调查》，进一步增强你对这些“小家伙儿们”在案件侦破过程中所发挥作用的理解。

4. 犯罪现场

Frances Tizzone遇害案调查

Frances Tizzone 遇害案，案发时间为1995年，地点在澳大利亚悉尼。被害人衣物完好，且没有遭受性侵的迹象。她身穿工作夹克、工作裤和蓝上衣——似乎并没有什么有价值的纤维供专家检验。但值得注意的是，她穿着一双当时流行的登山靴，而且靴子的鞋底有些特别。从案件的结果来看，侦破全案的关键时刻，就在那位独具洞察力的现场勘查人员发现黏在被害人鞋底纤维的时候。他将纤维黏在鞋底的方式和形态进行了详尽的拍照固定，很好地记录下了这一在后来的定案中起到重要作用的关键微量物证。然后他又将黏有纤维的鞋妥善封装保存，确保黏在上边的纤维不会脱落。

随着案件调查过程的深入，侦查人员的注意力集中到了死者的前男友John

Serratore身上——调查显示，Serratore在死者失踪当天曾经约她出来见面。另外，Serratore对Tizzone已心存不满并纠缠不休。Serratore有一辆丰田CRX跑车，经过详细分析比对后认定，在车内地毯上提取的3种纤维样本与在死者鞋上发现的60多种纤维中的3种，属于同种。随后通过对丰田公司的咨询得知，此款车型只进口到澳大利亚200辆，并且车内地毯仅用于这一种车型。然后，警方对这一型号车辆进行逐一排查，排除了其余车主的嫌疑。综合纤维检验、厂家咨询和警方排查三项结果，强有力的证据指向表明死者曾经在嫌疑人的车子里待过。

但是，死者在其前男友车里待过是正常的，不足以认定其前男友是凶手。接下来最重要的问题，不是马上对嫌疑人进行同一认定，而是确定纤维是何时黏到死者鞋子上的，以及它们已经在鞋子上附着了多久。通过选取与嫌疑人车内地毯相同的地毯和与死者所穿鞋子鞋底相同的鞋子进行侦查实验表明，首先，留在死者鞋底的地毯纤维相当多，由于走动或其他原因造成的纤维脱落很少；其次，在不同表面，如公路或草地上行走时，黏在鞋底的纤维会在短短几分钟之内脱落殆尽。

5. 分析与回答

（1）天然纤维和合成纤维的主要区别是什么？

（2）怎样把车子和鞋子上的纤维与犯罪现场联系起来呢？

在这个案件中，警方经过缜密的推断，最终确认了受害人所接触的3根纤维的来源——犯罪嫌疑人汽车内的地毯，这就是本案的重要突破点。为什么能如此肯定？相信你心里已经有了答案。毫无疑问，此案中关于纤维的提取和分析，再次证明了微量物证是最有力的证据类型之一。天网恢恢，疏而不漏！最终，John Serratore被澳大利亚法院以谋杀罪判处20年监禁，受到了应有的惩罚。

? 思考

假如你是一名实战经验丰富的现场勘查员，需要设法在犯罪现场的一间厨房地板上提取物证，请说明如何记录物证以及如何从鞋印上提取微量物证。

6. 犯罪实验室

土 样 分 析

实验时间： 第一天30分钟；第二天50分钟。

实验材料： 3处不同地点得到的土样、白色A4纸若干、洁净的塑料袋若干、放大镜1把、记号笔1支、小铲子3把、200 mL量筒3个、电子天平1台。

图3-17　土样分析

实验步骤：

（1）选择3处相距较远且土壤成分明显不同的地方。

（2）在3处地点依次用小铲子搜集一些泥土，并装入塑料袋里，分别标记为1号样品、2号样品、3号样品，并从前3个样品中任选一种作为犯罪现场样品。

（3）用量筒分别量取1号样品、2号样品、3号样品和犯罪现场样品各200 mL，使用电子天平进行称量并记录。

（4）将称量过的样品，依次倾倒于白色A4纸上，过夜干燥。

（5）第二天，将干燥后的样品再次称量并记录，与第一天称量结果比较。

（6）称量之后，将土样从量筒中取出，分别倾倒于4张白纸上，并标记。

（7）用放大镜仔细观察与鉴别四份样品，包括颜色的深浅、谷物多少、石子差异、腐败植物特点等。

土样分析表

编　号	第一天重量	第二天重量	颜　色	成分特点	其　他
犯罪现场					
样品1					
样品2					
样品3					

注意事项： 在考虑采样地点时，要尽量选择能体现土壤差异性的地点。

安全提示： 采样过程中，请注意交通安全，关注采样地点及周边的危险因素。

逮住它！难又何妨？

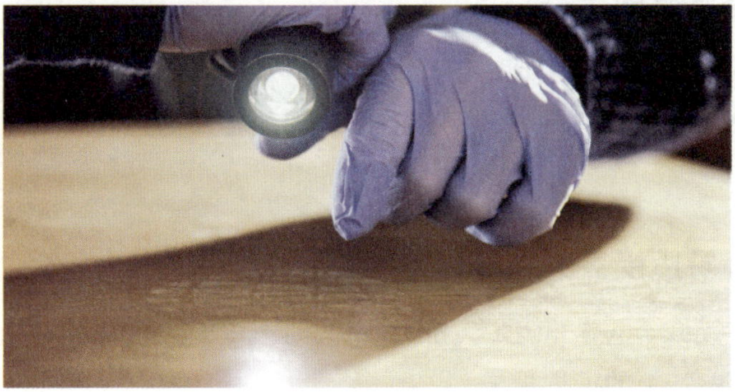

图3–18

不出意外，犯罪嫌疑人必然会在现场留下痕迹，或者同时将现场的痕迹带走！就像在上一节讲到的那样，土壤、纤维、孢粉等微量物质都将成为判定犯罪行为发生的有利证据。

然而，不尽如人意的是，如果在犯罪现场不仔细勘查，就难以发现，甚至发现后也很难用肉眼辨识。而且，难上加难的是，除了微量物证量少、体微、难于发现之外，现场勘查员们在提取微量物证时，还将

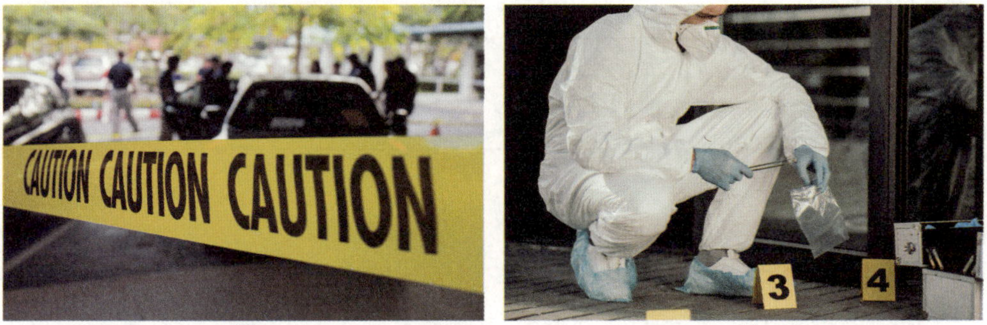

(a) (b)

图3–19

面临着一系列的挑战！

1. 面对怎样的困难与挑战?

挑战1：微量物证容易受到污染

比如，当现场勘查员抵达现场时，发现的可疑物中并不是所有的都可以用来作为物证。其中，微量物证往往会附着在其他物体上面，因此容易受到周围环境的污染。

挑战2：微量物证容易遭受丢失

必须小心谨慎地采集、提取、包装和运送它们，如果稍不小心，就有可能造成微量物证的丢失，造成无法弥补的证据损失。

挑战3：微量物证具有不完整性

包括金属屑、玻璃残渣、纤维个体在内的微量物证，通常以支离破碎的形态分散在案发现场，在分析的过程中，需要与其他证据多方面结合，作出综合分析判断。

当然，微量物证虽然在发现、提取、运输过程中都存在一定的难度，但它也有较为突出的优点，那就是出现概率非常高，因为微量物证种类繁多、很容易被涉案人员带来带去，像泥土、灰尘、纤维等都是日常生活中难以隔离的物质，一旦被发现，将具有巨大的破案价值。

思考

提取微量物证主要存在哪些困难?

2. 难? 其实也不难!

下面有一个发生在我国古代的趣闻，看看判官是如何发现和辨识这些物质的。

据史料记载，清朝康熙年间的一天，有一位屠夫和一位盲人扭打在一起，未果，便一同前往县衙说理。屠夫非常气愤地禀告："大人，这个瞎子偷了我放在箩筐里的铜钱。"盲人连忙否认说："这个屠夫是故意欺负我，想抢我的钱。"此时，只见县衙里的判官不慌不忙地端来一盆清水，将铜钱扔在水里。即刻，水面上就浮起了油花，判官义正辞严地说："钱是屠夫的！"由于屠夫经常与油接触，手上有油，拿钱时油必然留在钱上，而盲人手上无油，油不溶于水且比水轻，因此浮于水面，所以判官得出上述结论。

看了这个故事，相信你一定感触良多吧！要想成为一名能够守护百姓安宁的判官，也要善于运用法庭科学中的学问，否则，公平正义又从何而来呢？由此看来，即便微量物证难以发现，只要方法得当，必然能将隐匿至深的它们巧妙呈现。在这个发生在我国古代的故事里，判官就利用油的密度比水小的常识，轻而易举地从钱币上找到了能证明归属问题的油脂证据，实在是高明！

事实上，微量物证的寻找与发现并不是随意随机进行的，而是遵循着一定的方法。比如，它们可能隐藏在涉案人员的衣服、鞋帽或者携带的物品里；还可能会附着在身体、作案工具或者需要攀附的障碍物上。

3. 怎样有效捕捉"微量物证"？

图3–20

由于微量物证量少体小，现场勘查员往往在现场难以立刻对这些细微证据下定结论，必要的时候，会邀请法庭科学家协助。不过，在现场他们首先要认真完成两步非常重要的操作。

第一步：观察与记录

首先借助放大镜进行观察，描述与记录观察对象的形状、大小、颜色、位置、方向等反映微量物证在现场的特征和状态的指标。

第二步：小心封装

将搜集到的微量物证，小心地封装在检材袋或检材瓶中，妥善保存之后，送往实验室去做进一步的分析检验。

在实验室里，就可以对检材进行全面的确认和识别了，比如，可以先从宏观上分别测量它们的比重、密度、硬度或者pH等指标。然后，经过对这些物质的特性进行评估之后，对其“量体裁衣”，选择适宜的仪器和方法进行科学鉴识。

有时，微量物证的数量可以小到微毫克级别甚至更小级别，也有许多证据需要进行无损检测。这就需要动用先进的仪器进行检验了。比如，除了普通的显微

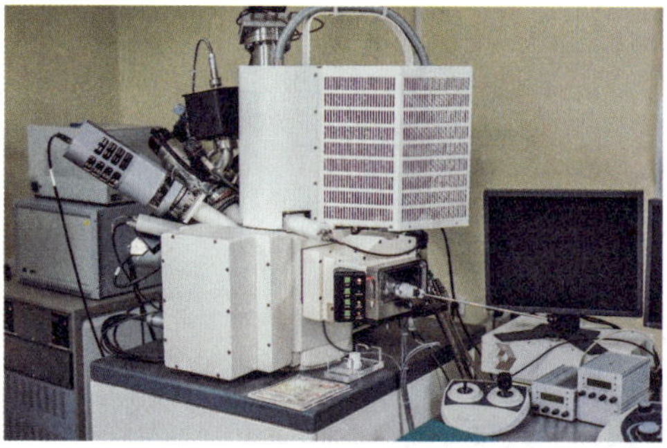

(a)

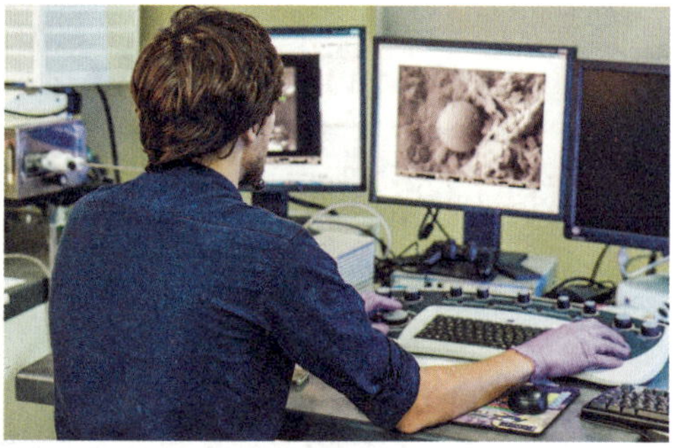

(b)

图3–21　扫描电子显微镜

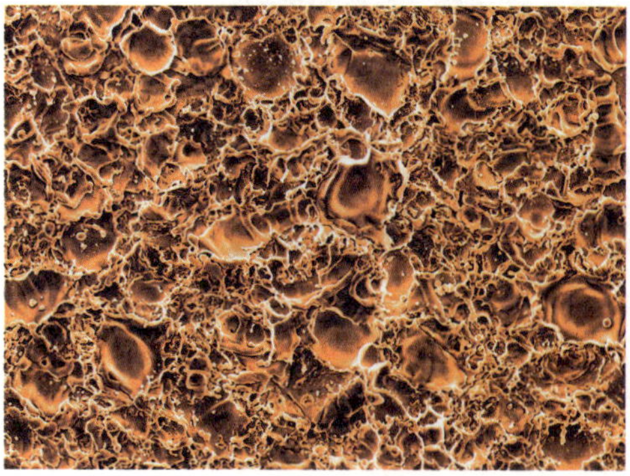

图3–22　金靶的扫描电镜图

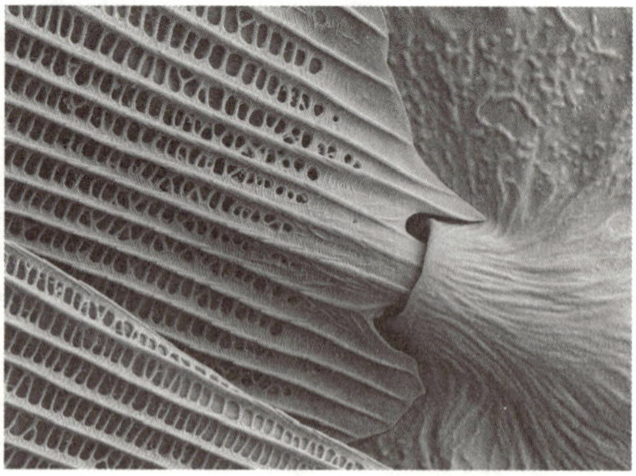

图3–23　蝴蝶翅膀的扫描电镜图

镜之外，还有电子扫描显微镜，它可以发射电子束，照射到极其细微的物质上面，将所扫描的景象放大十几万倍以上，帮助法庭科学家准确鉴别。

对于处在溶液中的毒物或其他化合物来说，科学家可以使用分光光度计、色谱仪、质谱仪、核磁共振仪等先进的设备对其进行准确的识别。比如，通过紫外分光光度计可以测定溶液中的各种物质对紫外线的吸收，常常被用于毒物和有机物成分分析；通过气相色谱–质谱联用的方式，可以鉴别未知挥发物的成分。

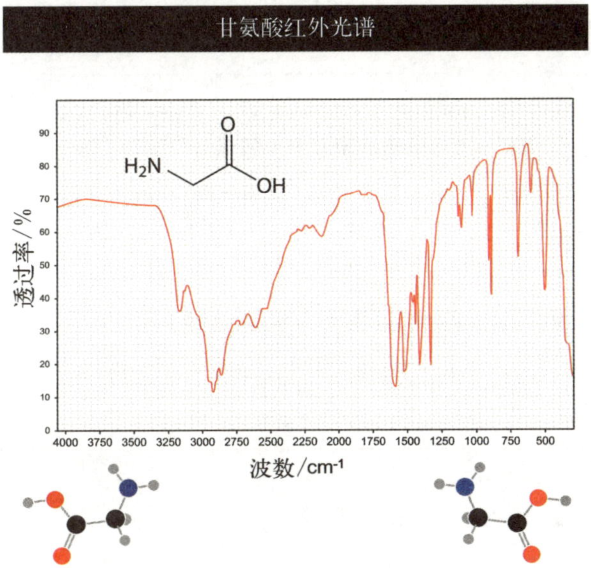

图3–24　红外光谱图

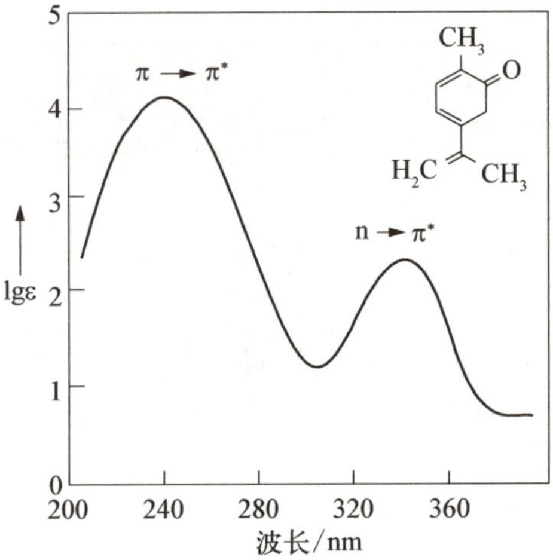

图3–25　紫外光谱图

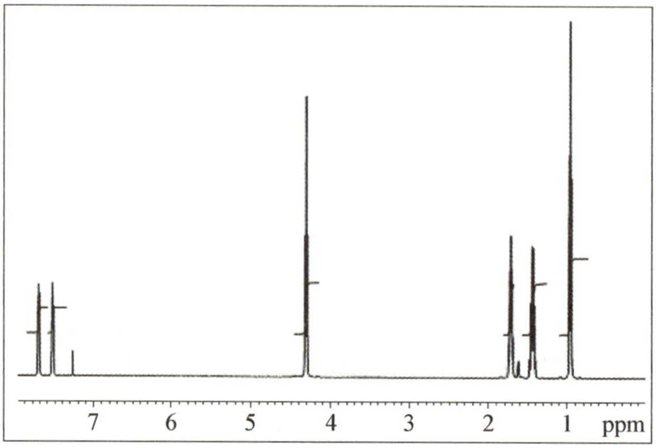

图3-26　核磁共振谱图（邻苯二甲酸二丁酯）

目前，发射光谱分析、原子吸收光谱、中子活化分析、X射线分析等一大批先进、快速、定量化的现代分析仪器已被法庭科学研究领域广泛采用，这使得法庭科学家们如虎添翼，让狡猾的犯罪分子插翅难逃！

思考

现场勘查员搜集微量物证的重要步骤有哪些?

哪些方法常被用于检验微量物证?

4. 犯罪实验室

墨迹研究

实验时间： 40分钟。

实验材料： 剪刀1把、200 mL烧杯1只、咖啡滤纸、尺子1把、2B铅笔1支、

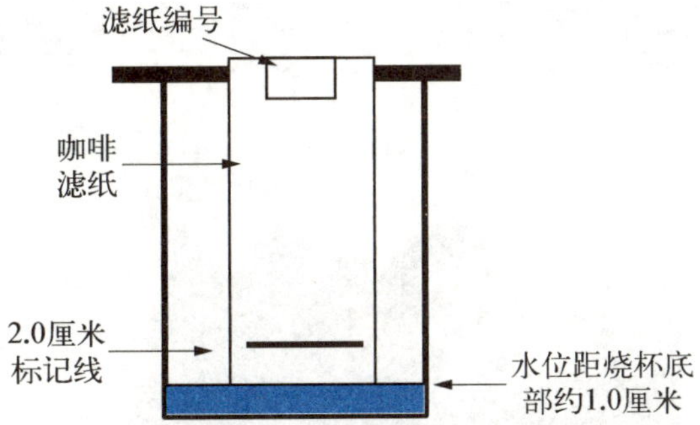

图3–27　实验方案示意图

3种不同品牌同一颜色的水溶性墨水笔。

实验步骤：

（1）把咖啡滤纸剪成1张3.0厘米宽的纸条；

（2）在纸条上，距底部2.0厘米的地方，用2B铅笔画一条与滤纸底边相平行的直线；

（3）沿着直线，依次用3个不同品牌同一颜色的水溶性墨水笔的笔尖等间距地画3个大小相同的粗圆点（分别命名为1号、2号、3号）。

（4）从这3个墨水笔中任意挑选1支，假定为犯罪嫌疑人使用过的墨水笔，在2.0厘米标记线上再点一个同等大小的粗圆点（命名为4号点）；

（5）把水倒入烧杯中，水面距离烧杯底部大约1.0厘米；

（6）把纸条一端浸入水中，水覆盖纸条1.0厘米处，观察水慢慢渗透纸条，一直到纸条顶部。

（7）请观察纸条上的4个粗圆点所发生变化的异同之处。

注意事项：在步骤（4）中，请千万不要让水的液面触及你画的圆点。

性侵防范与安全指南

图3–28

1. 重案现场

20世纪美国第一大案
——警示后人的系列少女被害案

1974年6月里的一天，美国华盛顿州西雅图市的森默斯湖滨公园里游人如织。沙滩上，青年男女嬉笑欢闹，恣意享受着和煦的湖风与初夏的阳光，各式泳装将洁白的沙滩点缀得五彩斑斓。一头金发，身材修长迷人的少女丽莎俯身趴在气垫床上，在等她的男朋友。他买饮料去了，说好马上就回来。

这时，一位陌生而英俊的男人来到她的面前，一条打着石膏的手臂吊在胸前。“嗨。”小伙子笑着跟她打招呼，她注意到他有开朗诚挚的笑容。“我叫泰德。能帮帮我把帆船弄上汽车吗？你瞧我这手……”泰德抬了抬吊在胸前的右臂，又朝停在不远处的一辆黄色福特小车努了努嘴。丽莎同情地看了看这个漂亮小伙子，站了起来：“走吧。”

他俩来到那辆福特车旁，泰德伸手打开车门，示意丽莎上车。可是丽莎却犹豫了。她四下张望着：“且慢，你的船在哪儿？”“船？”泰德好玩地咧嘴一笑：“你知道，那不过是邀请姑娘的一种方式而已！”

丽莎有些发窘地绯红了脸，但她决定实话实说：“哦，我在等我的男朋友，对不起。不过……”她又补上一句，“你会交好运的。”说完丽莎笑着扭身跑开了。

次日早晨，西雅图地方电视台播出一条报道，警方接到报案，昨日两名少女在森默斯湖滨公园失踪，希望知情人提供线索。当失踪少女的照片在荧屏上出现时，丽莎顷刻间被一种巨大的恐怖笼罩了：其中一个正是昨天在海滨跟泰德在一起的推单车的女孩子！

两名失踪少女分别名叫珍妮和丹尼丝。丽莎到警察局去了，极尽所能地提供了那个自称泰德的青年男子的一切。两个月后，两名失踪少女已经腐烂的尸体在市郊伊西洼附近的峡谷中被发现，经法医鉴定，两人均系被强奸后用钝器击碎颅骨致死。珍妮和丹尼丝的遗照被贴到了市警察局刑侦队凶杀组办公室的墙上。

在她们前面还有6位蒙难者，都是20岁上下，年轻美貌的少女。她们多是在大学校园、餐厅或夜间街头失踪，其中4人的尸骨于次年3月在附近的泰莱山发现，另外2人至今不知芳归何处。凶杀组组长卡博警官从作案对象及手段判定，这几起凶杀案均系同一人所为。几起案件的发生，导致几个月来，西雅图每个家中有少女的家庭谈之色变！

根据丽莎提供的线索，卡博警长发出通告，要求全州所有拥有黄色福特小车及名叫泰德的男子限期来警察局登记。

这场20世纪70年代中期震动全美的大追捕就此拉开了序幕。

就在刑警们布下天罗地网之时，菲德罗·邦迪·泰德却正收拾行囊，准备逃出这张罗网。

他要离开西雅图到犹他州盐湖城大学法律系读书去了。在一般人眼里，这个英俊强壮、头脑敏捷、热情开朗的年轻人20多年的人生历程，堪为一幅青年楷模的锦绣画卷：他敬爱父母，每逢母亲节总忘不了给母亲送去一大束康乃馨；他对妻子，一位传统虔诚的摩门教家庭的独养女凯西及他们5岁的女儿温柔体贴，呵护备至。他虽然只是一家社会机构的普通工作人员，却非籍籍无名之辈，他懂得如何跟各方打交道，是地方上不少名流家庭的常客，在新闻界也有不少朋友；他甚至问津政治活动，曾以最年轻的工作人员的身份，进入了参议员爱德华·肯尼迪的竞选班子而崭露头角，被视为“有上进心”“前程远大”的有为青年！

这时，案情开始发生了戏剧性的转折。西雅图方面，持续不断的奸杀案突然戛然而止，而盐湖城以及所在的犹他州、相邻的科罗拉多州等地的警察，却为不间断的少女失踪案弄得寝食难安。三州警方开始联手调查，搜捕泰德的法网艰难缓慢却准确有效地一点点收拢……

一起偶然事件戏剧性地结束了这一切。

1975年4月的一个深夜，盐湖城一辆巡逻车在值勤中发现一辆可疑车辆，当警员要求其停车接受检查时，车主竟驾车逃跑。警方制服了他，在其后备箱中查出一副警用手铐，车主遂遭拘捕。其所持证件表明，该男子名叫菲德罗·邦迪，是西雅图市人。

经西雅图卡博警长确认，此人正是在他的疑犯档案中。经过电脑分析，受害人指认，毛发、精液鉴定，这名男子正是杀人魔头泰德。

1976年2月，犹他州法庭做出判决：泰德犯绑架及谋杀罪名成立，此为一级重罪，不得保释。旋即，他又被押解至科罗拉多州，为滑雪教练韦妮被奸杀一案受审，罪名同样成立，被该州拘押，等候判决。追捕者们终于可以松一口气了。

然而，1977年12月30日晚，泰德从其羁押处科罗拉多州监狱的单人牢房中越狱潜逃。

1978年年初，佛罗里达州迈阿密市的一些大学校园运动场、学生宿舍、酒吧舞厅中，频频出现一名青年男子。他谈吐风趣，气度迷人，却独来独往，这名青年男子便是越狱潜逃，已被美联邦调查局列入全美十大通缉要犯之列的泰德。

一个深夜，迈阿密市一幢女大学生公寓，惨案再度发生。共有4名女学生遇害，全系奸后被粗重的柴斧刀劈而死。不久，该市一名年仅12岁的幼女又告失踪！

但泰德毕竟已是穷途末路，在该市警方的一次大搜捕中，泰德再次也是最后一次落入法网。但求一死以了罪恶一生的泰德这回不再申辩，他的坦然招供向世人揭开了此案的真实面目。当被问及有多少少女被奸于其手时，他神情漠然地答以“三位数”，即以百为计量单位！

1979年7月31日，佛罗里达州法庭对泰德做出了终审判决：死刑，州长拒绝赦免。这起持续5年、蒙难者尸骨成山、亲属们泪流成河的20世纪第一大案，曾把美国全国卷入一场噩梦之中。正如《纽约时报》曾就此案发表的评论所说：“这是对美国法律和整个社会的嘲弄！”

2. 分析与回答

（1）警方通过什么方法认定“菲德罗·邦迪”正是杀人狂魔泰德呢？

（2）为什么泰德要以“帮他把帆船弄上汽车”为理由邀请女孩子上他的汽车？

（3）丽莎为什么不继续帮助泰德，选择转身跑开，你认为她当时是怎么考虑的？

（4）为什么被视为有远大前程的有为青年“泰德”会走上邪恶的犯罪之路？

（5）假如你遇到了类似的求助，你又该怎么反应和处理呢？

这是一场20世纪70年代中期曾震动全美的大追捕，虽然罪不可赦的泰德最终以绑架、谋杀等一级重罪罪名锒铛入狱，并接受了法律的严惩，但正处于花样年华却无辜离去的年轻生命们却再也无法挽回……

从本章中所讲述的摩奇案、John Serratore案，再到泰德案，还有本书绪论中提到的章莹颖案，这些令人惊悚的案情一次次地警醒着我们每一位善良的人：**任何时候都不要忘记潜在的危险，无论你身处何地！因为，在我们身处的世界，虽然充满着善良和美好，但邪恶和威胁也同样存在。**

正因如此，在本节内容里，我们需要重点谈一谈“性犯罪”及其防范。

3. 什么是“性犯罪”？

相信，当你认真地阅读了《20世纪美国第一大案》中记录和描述的一切，案件中泰德一系列触目惊心、令人发指的犯罪行为，一定会让你不寒而栗。或许，

图3–30 女性要警惕可能来自室内、室外和网络上的性侵犯风险

图3–29

事实让你简直难以接受；或许，你在尽力设想如何才能避免这一切的发生；或许，你曾想要是那些少女像丽莎那样，拒绝登上泰德的汽车该多好；或许……

我们会设想许多“或许”，但事实就是这么发生了。现在，你需要正视这样的现实，性犯罪仍然是严重危害当今社会治安的一类犯罪，并且性犯罪容易演化为其他类型犯罪或与其他类型复合，造成恶劣影响。

性犯罪种类较多，一般分为以下几种类型 :（1）强奸案件。指违背当事人意愿，使用暴力、胁迫或其他手段，强行与当事人发生性行为的犯罪案件。（2）强制猥亵妇女、儿童案件，指使用暴力、胁迫或其他方法实施猥亵、侮辱妇女儿童的犯罪案件。（3）组织、强迫、容留卖淫案件。指违反公序良俗、使用暴力、胁迫或其他手段，以性行为为交易的犯罪案件。

不难发现，无论是发生在我国内蒙古的“呼格案”，还是中国访问学者章莹颖在美遇害案，都与性犯罪有着密不可分的关联。为此，我们需要防患于未然，当下一个“泰德”出现在你身边，你该怎么做？这并非是危言耸听，互联网上的一系列的相关报道会作出证明。所以，从现在开始，你就要不断地增强自己的安全意识，不断地提高自己的防范能力，不断地演练能够保护自己的紧急措施。

思考

性犯罪有哪些种类?

4. 怎样做才能防患于未然?

性侵防范与安全指南

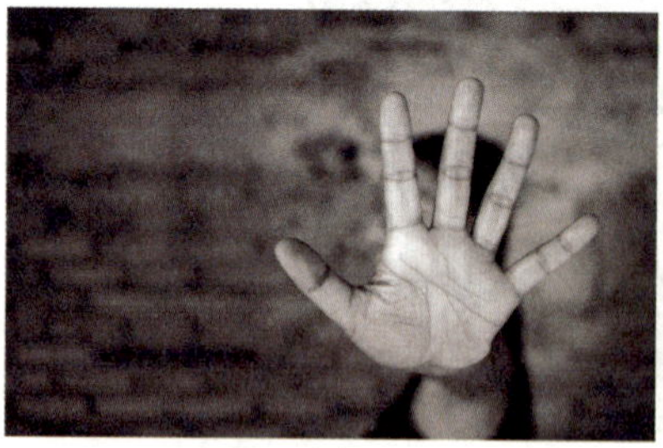

(a)

(b)

图 3–31

现在，就请你仔细阅读关于“性侵防范”的安全指南，这些材料中所提供的方法和措施非常有针对性，而且两份材料中的内容相互补充。对于女性读者而言更为重要！切记：请你反复阅读，并做要点记录，直至将这些要点熟记于心，并不断巩固，防止遗忘。

材料1：如何防范性侵?

（1）请在你认为今后需要着重加强提高的事项前的“□”中打“√”。

□ 请记住：你的身体属于自己，任何人都无权抚摸或伤害，面对性侵犯时可以向信赖的成年人或警察求助。

□ 外出必须了解环境，知道安全路线，并确保自己待在光线好的区域。如果发现自己处于危险中，要喊“救火”，而不是喊“救命”和“强奸”。

□ 平时注意关好门窗，对上门服务或维修人员等要求他们先出示证件。

□ 强奸案有季节高发段和时辰高发段，尤其在夏季上半夜，要避免外出。

□ 不要裸露衣着，培养朴素大方、积极向上的健康审美观。

□ 不要认为，强奸犯主要是孤僻、性欲不满足的人所为。调查研究证明，男性强奸犯中有60%已婚，有着正常的性关系。他们性侵儿童，原因之一是性变态，原因之二是他们有可乘之机。

□ 无论在哪里，都应该随时跟家长保持联系，应该有一个时间表、联系方式和联系人。

□ 在公共场合，如车站、花园或马路边等，如果陌生人请你喝饮料，应该谢绝。

□ 如果被性侵，不要难为情，为了得到帮助，必须学会求助，最好在48小时之内向司法机关报告，这样可能及时得到司法机关的保护。

（2）分析与回答：

材料1中，你能做到的要点有哪些？你做得不好的要点又有哪些？

材料2：如何防范性侵?

（1）请在你认为今后需要着重加强提高的事项前的“□”中打“√”。

第一，要学会自重。

□ 不要早恋，早恋最容易成为色狼的目标，尤其不要以发生性行为来表示自己的忠诚和爱心，那是自毁前程的愚蠢行为。这主要针对女生而言。

□ 不要听信网友的甜言蜜语，更不要轻易与网友见面，特别是不能到陌生的地方与网友见面。即便与同性网友约会，也要谨慎。因为网络本身就是虚拟的，男网民用女性名字骗网友也是常有的。

- ☐ 不要传看淫秽的书刊、画册、录像等，特别是成熟异性给予的，你要知道给未成年人传看淫秽物品的人都包藏祸心。
- ☐ 不要与异性一起谈论涉及色情的笑语、趣闻等。
- ☐ 女生在公共场所不宜穿过于暴露的衣服，也不要有轻浮的举止，否则容易成为色狼的目标。

第二，交往要学会辨识。

- ☐ 女生与男性交往时，切勿饮酒，更不能过量，以防酒后失身，酿成终身悔恨。
- ☐ 非公共场合，不要轻易接受异性的物品，即使是茶水、饮料也要警惕，以防被人下药。
- ☐ 女生对大献殷勤的男人要警惕，不要被花言巧语和物质利益所迷惑。若发现异性的挑逗行为、轻浮言行，要态度鲜明，并及时斥责，设法摆脱，必要时可向老师、同学求援或拨打“110”。
- ☐ 有过错被不轨的异性发现后，切莫用性来“私了”，那样绝对不会“了”，只会“剪不断，理还乱”。
- ☐ 当患病或有其他原因时，不要轻信神汉、巫婆或者有特异功能的人通过性行为、抚摸隐秘部位进行所谓的治疗，那绝对是骗人的。

第三，要学会自我保护。

- ☐ 夜间不要只身一人去异性同学的家，异性老师的家、宿舍或办公室，如果确有必要，要有人同行或者有所戒备，更不能在单身的异性家过夜。如对你有随意行为的，即使再熟悉的人或其他与你有血缘关系的异性也要引起警惕，不可大意。
- ☐ 女生夜晚不要与陌生男人同行，如发现有陌生男人尾随或跟踪时，要设法摆脱，或及时报警。
- ☐ 女生如果住集体宿舍，节假日期间，其他同学都回家后你最好不要一个人住宿。平常回宿舍就寝时，要留心门窗是否敞开，防止有犯罪分子潜伏伺机作案。如果夜间有人敲门，要问清是谁再开门。如发现有人想撬门砸窗闯入，要及时呼救，并准备可供搏斗的东西。如果宿舍里有女同学被侵害，其他同伴不要做旁观者，在齐声呼救无效的情况下，要齐心协力对犯罪分子进行反抗，一旦被辱，要极力保存证据，及时报案，防止自己再次受害。

□ 女生夜晚出门走路时要选择路中间和有灯光处，以防有人从角落出来袭击，更不要随意搭乘陌生男人的机动车辆，更不能夜晚独自一人乘出租车去郊外。

□ 如一个人感到危险，马上向人多的地方奔跑，如饭店、商场。不要往小胡同里跑，也不要往电话亭里跑，因为犯罪分子很容易把女生堵在里面。

□ 女生如遇汽车停在你前面威胁，要沿着与车头相反的方向奔跑，并大声呼救。

□ 注意分辨身边人的行为，一般情况下，一些犯罪分子往往是从对你表现友好开始，这时你要在提高警惕的同时快速辨识伸向你的手，是友善的手还是“魔掌”。

（2）分析与回答

材料2中，你能做到的要点有哪些？你做得不好的要点又有哪些？

材料3：如何防范性侵？

（1）请在你认为今后需要着重加强提高的事项前的“□”中打“√”。

□ 不坐黑车，不与不认识的人一起拼车

一个人打车时，不论时间早晚，请记下车牌号、出租车司机的姓名，然后尽量在乘车途中打电话与他人保持联系，尽可能提及自己的位置。

□ 天黑回家坐电梯，选靠按钮的门边

留心与你同乘电梯的陌生人，比如神色诡异、有打量你的动作、迟迟不按楼层、站在你正后方，这时，按下最近的楼层，下电梯，随时准备大声呼救。

□ 遇装扮熟人强拽，请大声简洁重复呼救

尽量保持冷静，才不会被路人误以为你才是不正常的那一个；尽量大声、清晰地呼救，如“人贩子，打110”，不要随口谩骂，事倍功半；尽量向看上去会提供帮助的两个特定人求助，被帮助的可能性更大。

□ 帮助别人的同时也要留个心眼

即使是小孩、老人、孕妇，他们的孱弱外表下也许掩盖着陷阱。不要随陌生人去他指定的地点；尽量在周围人多的情况下帮助他人；无法提供帮助时，拨110。

□ 慎用定位工具，保护个人隐私

尽量不要使用微博、微信上的定位工具，不要把自己的行踪挂在公共平台上，防止被跟踪狂之类的人盯上。

□ 给独自在家的女生的建议

有陌生人敲门，最好不要开门，更不能向其暴露你独自在家。网购时尽量把包裹寄到单位而非家里，收件后，把快递单撕碎或涂黑再丢弃。

家里有电器或设施坏掉，一定找物业或官方维修人员，不要找路边小店的人上门修理。约定上门时间后，也要尽量找可信赖的男性陪你，不要给维修人员造成你是独居的印象。

□ 给独自开车的女生的建议

车边如有可疑人员，观察一会儿再上下车。

上车后锁上所有车门，遇到陌生人问话，车窗只摇下1/3。车上尽量不放置贵重物品和大量现金。

□ 女生最好的武器是自己

与男性施害者正面相对时，用膝盖攻击其下体。

施害者从后面勾住你脖子时，用力掐其手臂内侧。

突然被施害者拦胸抱住，用力向上击打其下巴。

挣脱以后，以最快速度跑开求救，不要与施害者过多纠缠。

（2）分析与回答

材料3中，你能做到的要点有哪些？你做得不好的要点又有哪些？

? 思考

请你认真对比材料1、2与3，分别介绍一下内容上的相同点与不同点。

请讨论与补充材料中尚未提及的可能情况。并注明防范注意事项。

5. 犯罪实验室

性犯罪案件分析研究

假如你是一位法庭科学家，主要研究方向是“性犯罪的防范与避险”。请你通过网络或其他途径查阅资料，搜集8～10起涉及强奸案件的新闻素材或相关案例，然后在父母和好朋友的帮助下，对这些素材与案例进行深入的分析与研究，与他们一起分享你的研究发现，帮助人们增强安全意识和人身防范能力。

研究1：这些侵害在发生时间、地点及场合等方面有什么特点？

研究2：案件之间的相关性如何？是否可以尝试提出分类依据？

研究3：你能用犯罪心理学知识解释犯罪分子的心理动机吗？

研究4：受害人在遇到上述情况时，应当如何应对以避免侵害发生？

图3–32

第4章 带阵亡士兵回家！

DNA分析是公正可靠的，正如用望远镜看恒星，它不是生物化学中的一门课程，也不是用放大镜放大的奇观，而是一种认识事物本质的途径。

——［美国］巴里·舍

重点关注

- DNA鉴定
- 基因分型
- 基因频率

关键术语

- DNA
- 线粒体DNA
- 等位基因
- DNA遗传多态性
- RFLP
- PCR
- STR

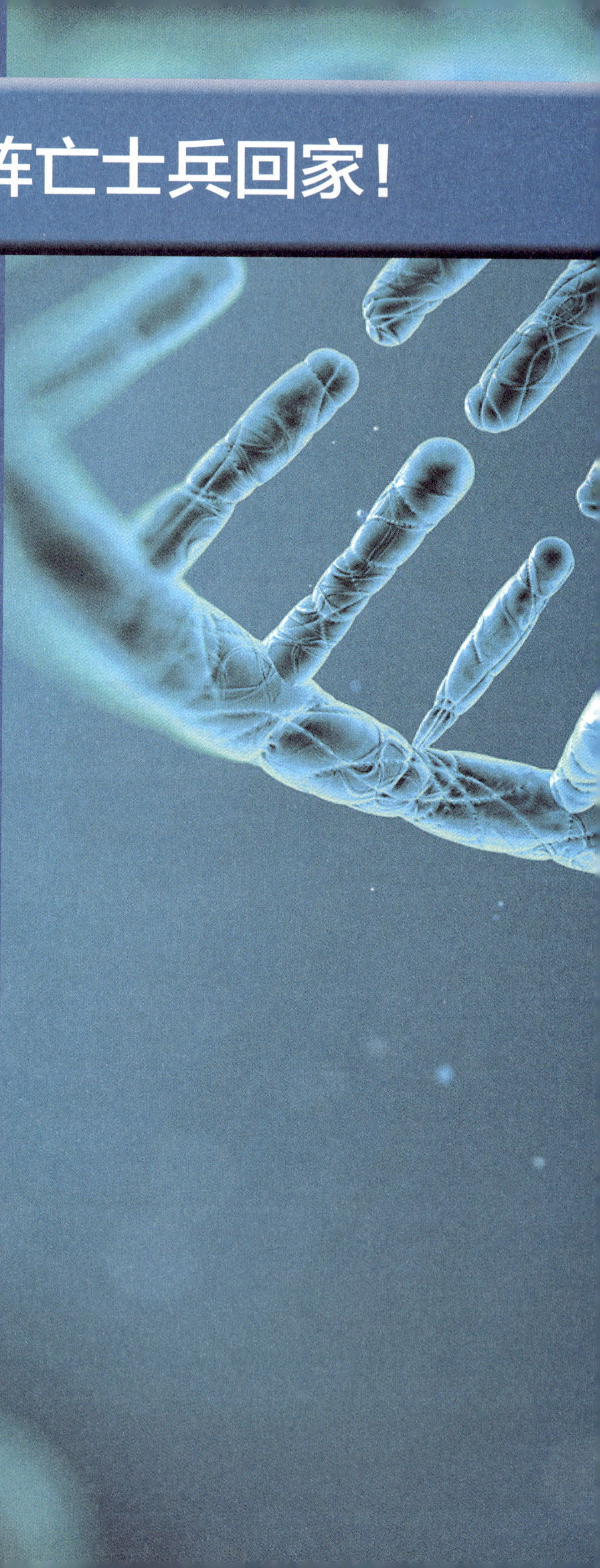

图4-1

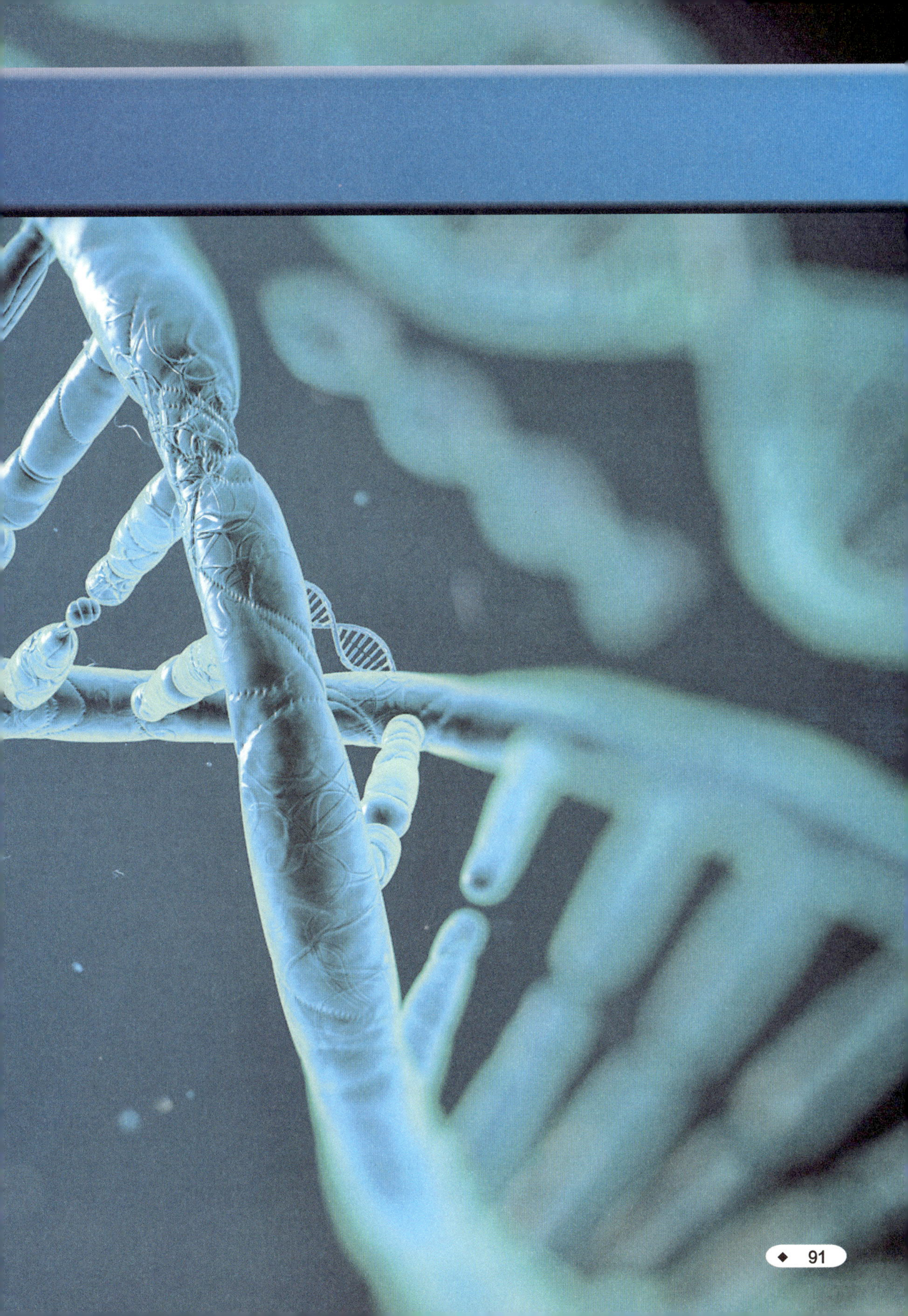

1. 历史谜团

(a)

(b)

图4–2

带阵亡士兵回家

1994年10月9日，美国沃特康姆县医学检验办公室接到报告，在华盛顿桑德格拉斯厄（Thunder Glacier）贝克山（Mount Baker）发现了海军飞机坠毁地点。由于降雪量低于平均水平、气候异常温暖及夏季干燥等综合因素，使得该地冰河融化，露出了失事地。经过检查军队的飞行记录，提示失事飞机是美国海军扎在魏德贝（Whidbey）岛海军飞行基地的PV–1飞机。该飞机于1943年8月一次常规训练飞行时失踪。1994年，三个由美国空军和海军指挥的独立搜索小组负责收集了350块骨骼碎片，重约14.7千克。在坠机现场发现的唯一完好无损、可认定个体的东西是一个军队的金属ID标签，同时一顶白色海军军帽上面模糊地写着一名乘组人员的姓。根据人类学评估，发现骨骼中的元素成倍增加，表明死者不止一人。显然，用人类学技术对这些不完整的破碎遗骸进行个体识别是不可能的。

2. 分析与回答

你觉得鉴定专家该通过什么方法来确定这些阵亡士兵的身份呢?

没错，就是DNA鉴定！随后，这些遗骸就被送往美国国防部DNA实验室进行检验，通过PCR技术扩增出线粒体DNA（mtDNA），进一步获取DNA序列与母系家庭提供参照血样中的DNA信息做参照鉴定，明确鉴定出机组人员的身份。

你知道吗？在我们的身体里，有着一样能决定我们人体特征的神奇物质，那就是DNA。你在影视作品里经常能看到DNA亲子鉴定的剧情，如果两者DNA相似度在99.99%以上，就可认为接受检测的两人为亲子关系无误。

早在20世纪80年代，随着DNA鉴定技术的发展，DNA分型越来越广泛地被运用于司法鉴定当中，以其独特的科学性、精确性和排他性，为证据甄别、身份确认、嫌疑人锁定和案件侦破提供强有力的技术支撑。

众所周知，包括指纹在内的绝大多数证据都会随时间推移而消失，或者受天气、温度、人为等因素条件的变化而失去原有价值。然而，DNA证据往往不会受上述条件影响，即便是埋葬在地下多年的尸骨，也可能通过DNA检测确定受害人的身份信息。因此，DNA证据被誉为司法领域的“证据之王”。

“证据之王”有什么非凡之处？法庭科学家们又是如何鉴识它的呢？接下来，就请你继续跟随我们一起学习和研究吧！

? 思考

为什么科学家选择使用mtDNA来确定遗骸的身份?

第1节

神奇的遗传代码

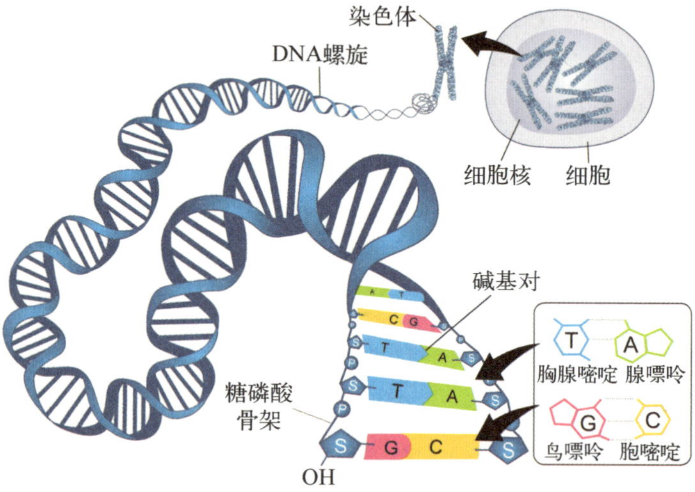

图4–3　DNA结构

1. 什么是DNA？

DNA是脱氧核糖核酸（Deoxyribonucleic acid）的简称，又称“去氧核糖核酸”，它是一类几乎存在于所有有机生命体细胞内的化合物。

现在，我们一起来了解一下DNA的神奇之处吧！以人为例，人的生命机体由组织、器官组成，而组织和器官是由更基本的生命单位——细胞组成。一般人大约由100万亿个细胞组成。一般科学界认为“细胞是基本的生命系统”，换句话说，细胞就是构成生命的最基本的生命单元。

细胞内有存储遗传信息区域——细胞核；有产生能量的动力工厂——线粒体；还有蛋白质的加工合成场所——高尔基体等。其中，细胞核中有生命遗传的物质DNA，线粒体中也有来自母系细胞质中的DNA。也就是说，DNA可以从细胞内的两个区域中找到，分别是细胞核和线粒体。其中，线粒体DNA我们会在后面的内容里详细谈到。

下面，我们先来学习细胞核DNA。

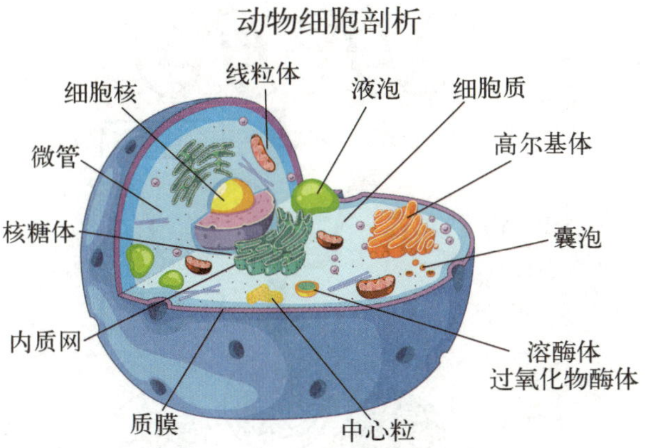

图4–4　细胞结构

1953年，沃森（Watson）和克里克（Crick）两位青年科学家，在前人研究工作的基础上，提出了DNA双螺旋结构模型，并指出了这个模型的核心是双螺旋结构中的碱基互补配对规律，以及DNA信息可自我复制的DNA半保留复制机制。这是一个伟大的发现，它开启了分子生物学时代，使遗传的研究深入分子层次，“生命之谜”被解开，人们清楚地了解到遗传信息的构成和传递的途径。

图4–5　细胞核DNA双螺旋结构模型

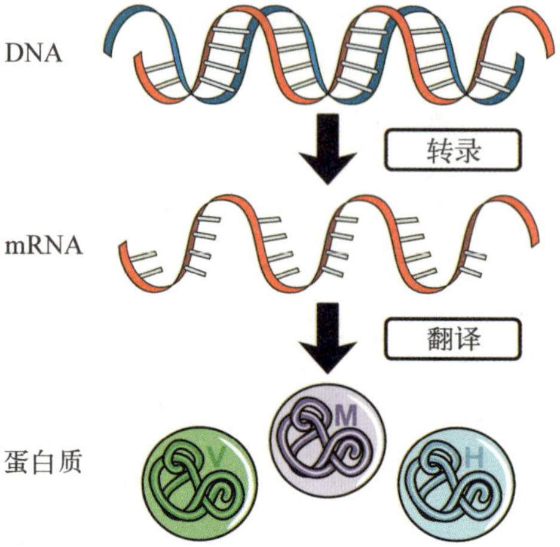

图 4–6　遗传中心法则（Central Dogma）[1]

的确，事实证明，细胞核DNA是一种具有遗传特质的物质。比如，在男性的精子和女性的卵子里，各自含有个体DNA的一半，当精子和卵子相遇时，DNA链会相互结合在一起。发育中的胎儿就含有完整的DNA了：一半来自母亲，一半来自父亲。因此，一个人的个性特征全部都来自父母双方。

细胞核DNA结构独特，人们通常称之为DNA双螺旋。不过，有些时候，人们愿意把它比作"两根缠绕在一起的意大利面条"；还有的人会把它形容为"一架很长、很长的螺旋楼梯"，真是非常有趣！

我们就以"螺旋楼梯"为例子吧！你看，有许多横着的"台阶"将梯子两侧的螺杆彼此相连，每个台阶都是由两个互补的部分组成，它们相互紧密地连接在一起。你需要掌握的是，在法庭科学领域，DNA两侧的螺杆并不重要，因为这是人人都有且一模一样的地方。值得关注的地方在于"台阶"。因为每一个"台阶"都是由两个碱基或核苷酸组成，所以每个"台阶"由一对碱基对组成，而由于每个人的个体差异，"螺旋楼梯"里面所包含的"台阶"编码是不一样的。

一共有四种碱基可以相互配对，两两形成一个"台阶"，这四种碱基分别是：腺嘌呤（adenine，简称A）、鸟嘌呤（guanine，简称G）、胞嘧啶（cytosine，简称C）和胸腺嘧啶（thymine，简称T）。当然，有一点你需要清楚，由于不同碱基自身化学结构的影响，并不是任意两个碱基都可以结合，只有某些碱基才能相互配对。

[1] 遗传中心法则是指遗传信息从DNA传递给RNA（Ribonucleic Acid，核糖核酸），再传递给蛋白质，即完成遗传信息的转录和翻译的过程。

比如，A（腺嘌呤）只能与T（胸腺嘧啶）结合；而G（鸟嘌呤）只能与C（胞嘧啶）结合。同样的原因，碱基更不能自己与自己配对结合。一条人体DNA链包含数百万个碱基对，每一个碱基对都遵守着这个规则，没有例外。

细胞核DNA也被喻为“生命蓝图”，它所包含的指令和编码信息，可以指导建构细胞内其他化合物的合成，比如蛋白质、核糖核酸（RNA，Ribonucleic Acid）。因此，DNA可以被看作所有生物化学分子中最基本的一类分子，影响个体的生命进程，同时，通过DNA半保留复制机制将这些信息代代相传。

2. 为什么DNA可以成为法庭证据?

法庭科学家们主要是利用不同人之间的DNA差异来完成个体识别的。最重要的差异当属DNA的多态性了，DNA是具有高度多态的生物大分子，在人类的46条染色体中，有许多位点的DNA长度和序列都存在不同程度的多态性。

科学家们的鉴定工作就是围绕DNA高度多态性的部分进行展开的。DNA多态性的内容，我们将在后面深入讨论。还有一点值得注意，就是你身体内的DNA都是一样的，无论是你的血液中的DNA，还是你头发里，甚至是唾液中的，都完全一样，而且它们在一生中难以改变。因此特别有利于侦破案件的是从犯罪现场获取DNA。

3. 基因、基因座、等位基因分别是什么?

为了有助于你深入地理解DNA证据的鉴识原理，在这里，还需要为你补充一些遗传学的相关内容。

众所周知，人体中有22对常染色体和一对性染色体（XY）。通常情况下，体细胞中的染色体是以二倍体的形式存在的，即每个细胞中有两套染色体。其中，一套来自父亲，一套来自母亲，形成成对的染色体。我们把这些成对的染色体，称为“同源染色体”（Homologous）。

你看，每条同源染色体中的DNA分子长链，都是由两条DNA单链通过碱基互补“杂交”的形式组成。虽然同源染色体具有相同的长度和基因结构，但其“基因序列”并不完全相同。

那么“基因”又是什么呢？它其实就是一个DNA片段。具体来说，科学家把DNA分成编码区和非编码区。位于“编码区”的DNA叫作“基因”。“基因”包

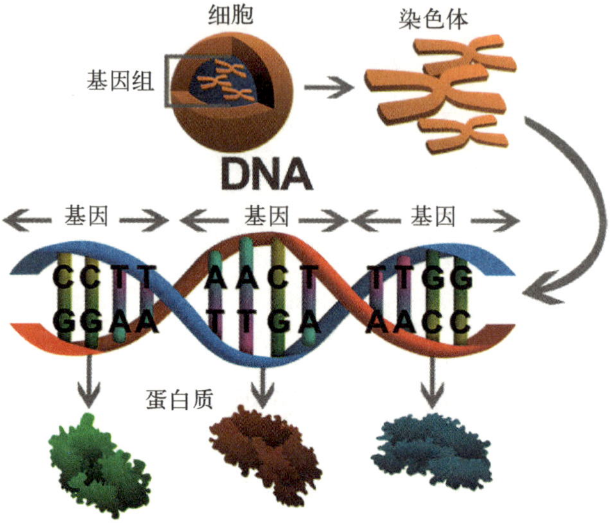

图4–7　DNA、染色体与基因

含细胞合成蛋白质所需要的必需信息。

不过，基因只占人体全部DNA的5%，染色体中大部分DNA序列是非编码区的DNA，常被称为“垃圾DNA”。因为这些DNA不包含制造蛋白质的指令，或者是只能制造出无转译RNA能力的DNA。

编码区DNA（基因）或非编码区的DNA标记在染色体上的位置，称为“基因座”（Locus）。同源染色体的对应基因座位置是相同的，其上基因称为“等位基因”。比如，有的人头发是黑色的，有的则是棕色或者红色的，这些个体特征差异其实都是由“等位基因”决定的。

(a)　　(b)

图4–8　决定个体特征的“等位基因”

谈到“等位基因”，我们要纪念一位伟大的生物学先驱、遗传学之父——孟德尔。事实上，早在19世纪，奥地利生物学家孟德尔（1822—1884）就通过豌豆杂交实验，解释了生命个体的某个遗传特性传递给后代时所遵循的一般规律，这就是历史上著名的“孟德尔定律”。当时，孟德尔就使用“基因”这一名词，作为一个特定遗传单元，尽管当时还不能确定基因究竟是什么物质。

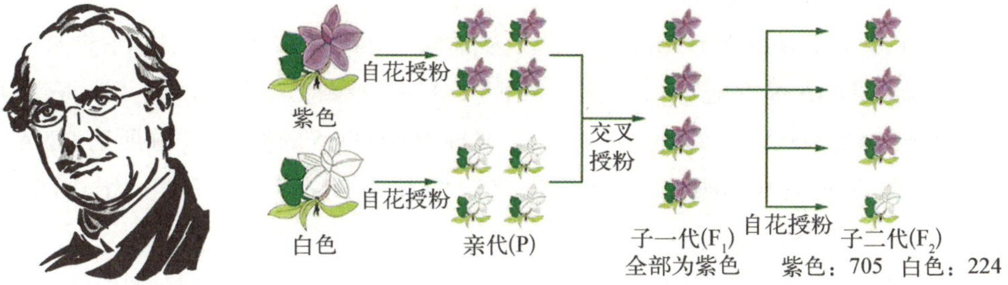

图4–9 孟德尔与遗传定律

(a) (b)

图4–10

现代科学终于揭开了基因的神秘面纱：它就是DNA分子中的一段核苷酸序列，正如前面描述的那样——“编码区DNA序列”。如下所示：

–G–C–C–T–T–A–T–T–C–T–G–C–G–T–T–A–C–A–T–A–C–G–A–A–

–C–G–G–A–A–T–A–A–G–A–C–G–C–A–A–T–G–T–A–T–G–C–T–T–

图4–11 编码区DNA序列

上面所展示的碱基对序列，就代表着一段基因序列。当然，真实的基因序列比你想象得还要长很多。研究表明，人体内的一个基因就可能含有几万个，甚至高达几十万个碱基对。更令人振奋的是，2003年，来自全球多个国家和地区的科学家们通过人类基因组计划（Human Genome Project, HGP）已经对人类染色体（指单倍体）中所包含的30亿个碱基对组成的核苷酸序列完成测序，这项规模宏大的科学探索工程，是揭示人类生命密码的一次伟大尝试。

4. 什么是线粒体DNA？

相信你已经对细胞核DNA有了较为深刻的了解。的确，法庭科学家们常使用细胞核DNA追踪犯罪嫌疑人。然而，还有一种特殊的DNA类型，它就是位于细胞核外DNA。幸运的是，尽管这种类型DNA的数量只占所有DNA的0.25%，但在破案中功勋显赫，这就是“线粒体DNA”（mitochondrial DNA，mtDNA）。

正如本章开篇《带阵亡士兵回家》中所描述的那样，当法庭科学家们遇到用于分析的细胞核DNA由于时间和环境等综合因素发生了降解和退化时，能够采用线粒体DNA进行分析鉴定也是一种不错的选择。

这是为什么呢？让我们先来认识一下线粒体DNA的特点与功能吧！

线粒体DNA位于细胞质中的线粒体细胞器中，它携带有编码蛋白质和RNA的基因，是人类基因组的一部分。人体不同组织细胞的代谢不同，所含的线粒体数目及mtDNA复制数也有所不同，数目在数百至数万之间。

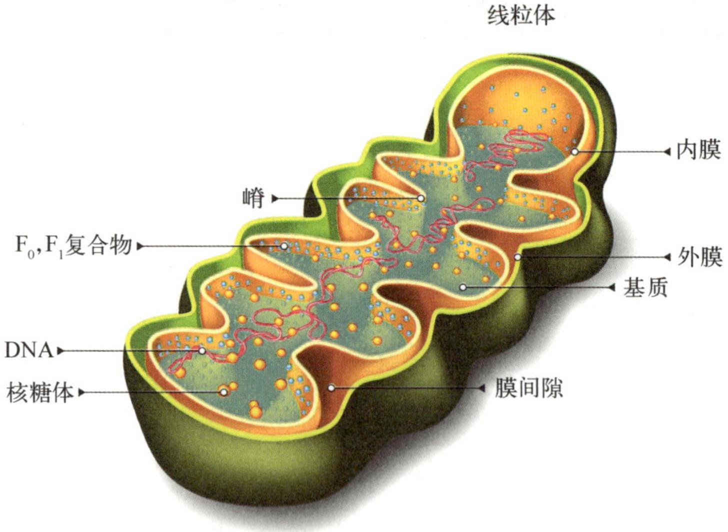

图4-12　肩负供能使命的线粒体

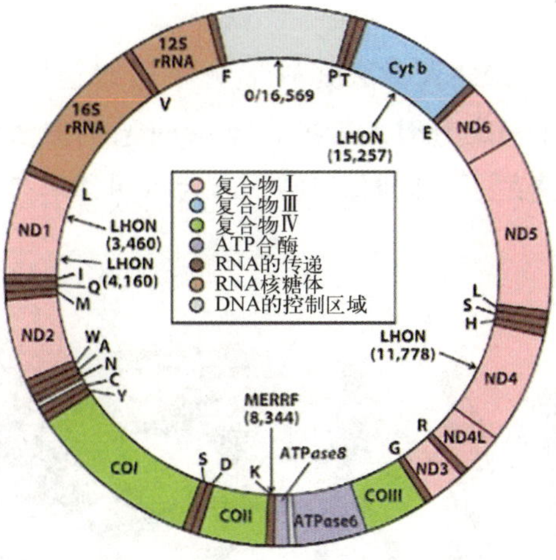

图4–13　环形结构的线粒体DNA

（1）副本众多，有利于收集

在每个细胞中，细胞核仅有一个，但线粒体却有成千上万个，这些线粒体肩负着细胞内能量生产的使命，而线粒体DNA则协助线粒体完成这一特殊任务。由于一个细胞内线粒体数目众多，线粒体DNA也就存在成千上万个副本。

（2）环形结构，不容易降解

线粒体DNA与核DNA的结构迥然不同，它不是双螺旋结构，而是环形结构，不容易发生退化或降解。

（3）高度可变，有助于分析

研究发现，在人类线粒体DNA中一共有37个基因，在法庭科学领域相对重要的部分大约由1 100个碱基对组成，它们位于线粒体DNA中两个较为集中的区域，没有遗传密码功能。这些区域是高度可变的，对DNA比较非常有用。虽然线粒体DNA在没有血缘关系的人群中有很大的变异，但是只有这两个区域表现出这种变异。

（4）母系遗传，易追溯关系

十分有价值的是，线粒体DNA只能从母亲那里遗传而来，没有来自父亲的任何贡献，这使得线粒体DNA分型成为追溯一个人父母关系的有效工具。也就是说，在每个家庭里，兄弟姐妹之间的线粒体DNA，和他们的母亲、外婆都是一样的。

综上所述，这就是mtDNA在法庭科学领域与细胞核DNA价值不同的秘密所在了。相信此时，你一定会对《带阵亡士兵回家》中法庭科学家们所选用的mtDNA分析方案格外清楚了。同时，通过mtDNA可以有效地排查犯罪嫌疑人的血缘与身世。

(a)　　(b)

图4–14

尤其是基于mtDNA的分析能够在探究母系遗传脉络信息方面发挥出不可替代的作用，在法庭科学领域之外，历史学家、人类学家们也纷纷被吸引着开展mtDNA研究，用于探索各民族、各地区母系血缘关系、历史故事、迁徙路线等信息，为揭开更加波澜壮阔的人类历史画卷注入新的活力。

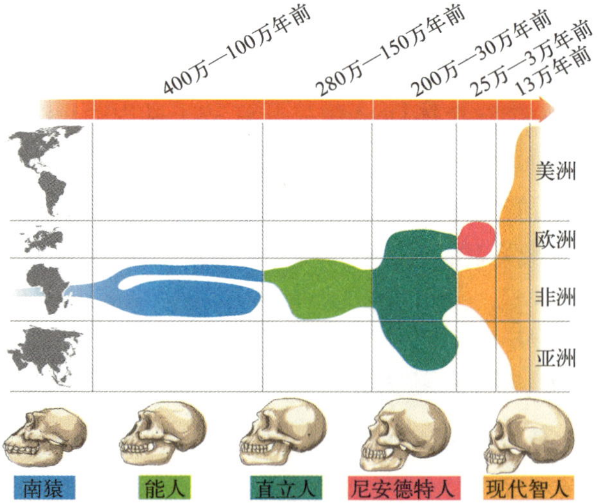

图4–15　人类进化时间表

(a)

(b)

图4–16

5. 拓展阅读

确定曹操家族的DNA

2009年，河南省安阳市对外宣称发现曹操墓。随后，复旦大学人类遗传学实验室宣布，拟用DNA技术开展对曹操家族的DNA研究。

该研究首先需要锁定曹操的DNA特性。从2009年起，复旦大学专家课题组在全国各地采集了79个曹姓家族280名男性的静脉血样本，最终样本总量超过1 000例。

与此同时，课题组通过对上海图书馆馆藏家谱、民间家谱等各种历史文献的搜集分析，找出曹操后代可能的线索。课题组对筛选出的8个曹氏族群进行DNA检测。经Y染色体DNA全序列检测，研究人员最终发现其中6个家族属于O2*–M268的基因类型，这6支O2*–M268类型样本的祖先交汇点在距今2 000年至1 800年前，这正是曹操生活的年代。

这些家族共同检出了一个非常罕见的染色体类型，这个比例在全国人口只占到5%左右。假定他们都是仿冒的曹操后人，那么巧合概率就等于这个基因型所占人口比例的乘积，也就是5%的5次方，所以说，他们假冒的可能性只有千万分之三。因此在法医学上可以认定，他们是真实的曹操后代。

根据现代基因和古DNA双重验证，课题组得出最终结论：100%确定曹操家族DNA。家谱记载为曹操直系后代的现代8个独立家族中，有6个家族的Y染色体为少见的O2*–M268，显著性达到$P=9\times10^{-5}$，证明曹操的Y染色体是该类型。此次复旦大学课题组对曹操后代的追寻，第一次从基因层面验证了许多同姓人群在千百年前确实是一家。而生命科学和历史学的跨学科合作，也将有助于更多历史谜团的揭开。

6. 分析与回答

人类学家该如何科学地采集血液样本？

怎么证明曹操的Y染色体是O2*–M268基因类型？

为什么说他们是假冒的曹操后人的可能性只有千万分之三？

观沧海

—曹操(汉)

东临碣石，以观沧海。
水何澹澹，山岛竦峙。
树木丛生，百草丰茂。
秋风萧瑟，洪波涌起。
日月之行，若出其中。
星汉灿烂，若出其里。
幸甚至哉，歌以咏志。

图4–17

DNA鉴定中的学问

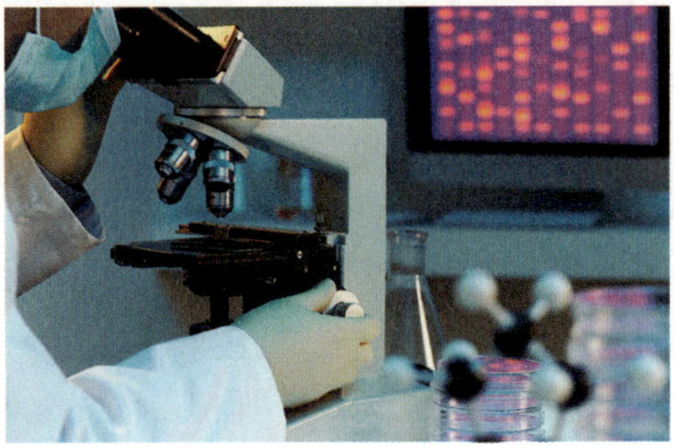

图4-18

1. 为什么DNA被视为证据界的“黄金标准”？

20世纪80年代，首例DNA证据被成功运用于司法实践，而后就迅速走向法庭科学的中心舞台，发挥着其在同一认定方面天然不可比拟的优势。

有两个激动人心的时刻值得铭记。据报道，1985年英国莱斯特大学的遗传学家亚历克·杰弗里（Alec Jeffrey）第一次将DNA鉴定用于亲子鉴定以确定父权关系；第二年，也就是1986年，杰弗里首次在英格兰利用DNA证据将罪犯绳之以法。

图4-19

时至今日，对DNA证据的提取和分析，已经成为世界各国司法实践过程的日常所需，尤其是在每个刑事案件的司法过程中更是必不可少。就连各种由于自然原因导致的灾害性事件也少不了DNA证据的身影，如突如其来的地震、海啸引起的人员大量伤亡等。由此可见，DNA证据可视为20世纪法庭科学最重要的突破与发展，被称为证据界的“黄金标准”。

2. DNA证据从何而来?

值得欣慰的是，犯罪嫌疑人在作案现场活动过程中，通常情况下，都会留下各种各样的痕迹物证。比如，在暴力犯罪的案发现场，DNA证据可以从血迹、毛发、精斑中采集。即便是一个再普通不过的案发现场，像手套、烟头、饮料瓶、头套、润唇膏、眼镜、衬衫、鞋子、唾沫、汗液、尿液、面巾纸等但凡有可能与身体发生接触的物品，都是DNA证据的来源之处。

在犯罪现场，只要能够仔细勘查，含有DNA的物品是不难发现的。通过分析研究，进一步来筛选和确定哪些是与犯罪行为关联的痕迹物证，最后再交予法庭科学家进行DNA鉴定，锁定嫌疑人，确定下一步的行动方向和侦查目标。

下面讲述的是一个带有传奇色彩的故事，请你看一看机智神勇的女法医是如何通过寻找犯罪现场的蛛丝马迹来走出侦查困局的，又是如何将犯罪嫌疑人牢牢锁定于方寸之间的？

3. 犯罪现场

女法医吉林娟巧借蚊子破解犯罪“密码”

2014年6-7月间，江苏省滨海县正红镇、五汛镇，响水县小尖镇等地发生多起车内财物被盗案。接到报案后，吉林娟赶到现场进行勘查。“现场很乱，嫌疑

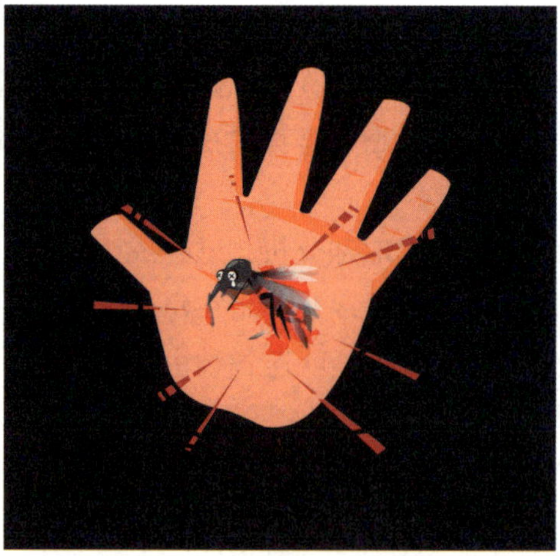

图4-20

人留下的痕迹被破坏得很厉害。”吉林娟回忆，但她并没有放弃，几乎是一寸一寸地对现场进行搜索。在勘查即将结束时，被窃财物车辆挡风玻璃上的一只“死蚊子”进入了吉林娟的视线。

“从当时蚊子的状态看，被打死时间不长，很可能就是在嫌疑人作案期间。”吉林娟脑海中立即浮现一个大胆的猜想——也许嫌疑人正在作案时，这只讨厌的蚊子狠狠地咬了他一口，而他则恼羞成怒，将蚊子拍死在挡风玻璃上。一想到此处，吉林娟立即用棉签提取蚊子体内残留血液，装入了勘查袋。经过DNA检测，吉林娟找到了蚊子体内血液的主人——曹某。而他正是8起系列砸车盗窃案的嫌疑人。

4. 分析与回答

（1）女法医吉林娟是通过什么方法牢牢锁定犯罪嫌疑人的？

（2）如果当时你也在犯罪现场，你能够第一时间发现线索吗？

思考

法庭科学家获取DNA的途径有哪些？

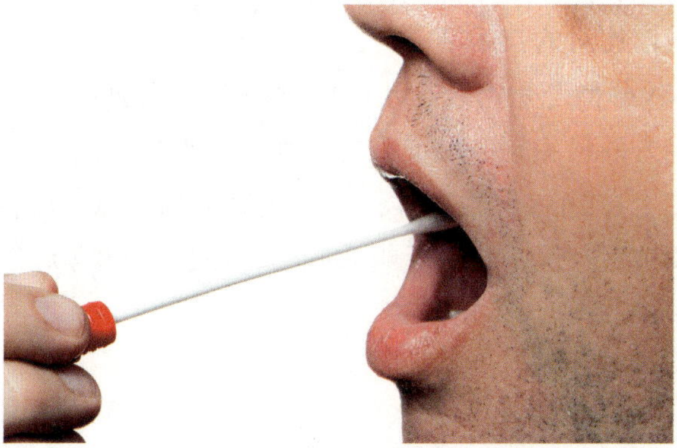

图4–21　口腔中DNA样本采集

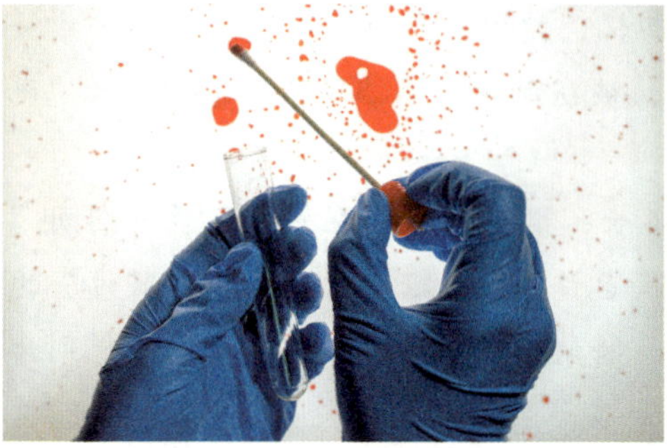

图4-22　血迹DNA样本采集

图4-23　容器上DNA样本采集

在上面的案例中智慧的女法医吉林娟竟然从一只被犯罪嫌疑人随手拍死的蚊子体内找到了嫌疑人的DNA。此案的侦破过程简直妙不可言！

或许，你会认为，如果那个罪犯知道了这一幕，他一定会对拍死那只蚊子悔恨不已。不过，请你别忘了洛卡德物质交换原理，即便这名罪犯不去拍死那只叮咬他的蚊子，他也一定会留下其他的罪证，被警方捕获是必定的事。

5. 如何对DNA证据进行鉴定呢?

那么，像吉林娟那样的法庭科学家们是如何对DNA证据进行技术鉴定的呢？其核心原理又是什么呢？首先，先进行一个知识铺垫。

科学界对DNA证据鉴定技术有一个专门的称谓，叫“DNA分型”。它主要是利用DNA的多态性，通过各种分型比对的技术手段，对具有特定性的DNA遗传标记进行的分型图谱比对的技术活动。

可以说，“DNA分型”是迄今为止遗传学在个体识别领域里最高的一门技术，称它为在同一认定方面最尖端、最准确的技术，一点也不过分。

下面的这起发生在2018年的案件，曾经震惊全国，每一位善良的人，都希望警方能在第一时间破案，尽早将凶手缉拿归案，以告慰那位无辜的被害年轻人。

6. 社会热点案件

空姐遇害案犯罪嫌疑人已确认身亡

针对“空姐乘滴滴车遇害”一案，郑州市公安局官方微博2019年5月12日发布通报称，警方已对打捞出的尸体DNA样本完成鉴定，确定是杀害空姐李某珠的犯罪嫌疑人刘某华。5月6日凌晨，祥鹏航空公司空姐李某珠在郑州市航空港区搭乘网约车途中被害。据了解，遇害空姐系山东济南人，今年21岁，身高1米74，是家中独生女。警方表示，网约车司机刘某华有重大作案嫌疑，其可能作案后弃车跳河。据中国新闻网报道，5月12日4时30分许，警方在郑州市西三环附近一河渠内打捞出一具尸体。郑州市公安局官方微博发布通报称，已对打捞出的尸体DNA样本完成鉴定，与此前在案发现场搜集的嫌疑人刘某华DNA样本分型一致，可以确认，此次打捞出的尸体确是杀害空姐李某珠的犯罪嫌疑人刘某华。案件至此告破，愿受害者安息。

7. 分析与回答

（1）警方通过什么技术准确锁定了犯罪嫌疑人？

（2）我们又该怎样避免类似案件的发生呢？

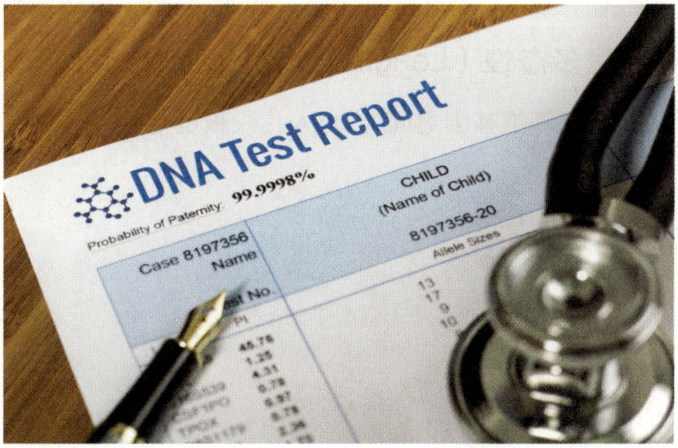

图4–24

上述案件的发生令人扼腕！我们在为年轻逝者感到悲痛之余，更应谨记在心："什么时候都不要忘记潜在的危险。"

此案中，那位作恶多端的犯罪嫌疑人，自以为能够跳入河中一了百了、死无对证，实则愚蠢至极！殊不知，警方对嫌疑人体内的DNA和犯罪现场所遗留的DNA进行分型比对之后，此案就迅速告破了！警方是怎样确认的呢？现在，我们就接着本章第一节中提到的DNA多态性继续讲起，深入讨论DNA分型的问题。

8. 什么是DNA遗传多态性？

遗传学研究告诉我们，每一个人类正常个体都有22对常染色体和一对性染色体（XX或XY）。这23对染色体，每一对染色体有一半来自父亲，另一半来自母亲，它们共同组成了同源染色体。因而，我们也继承了他们的生理、心理和情感特征，这些特征就被定义在染色体上面的基因密码中。

你还记得等位基因吗？在同源染色体上，对应位置基因座上的基因就是等位基因。别忘了，等位基因既可以由具有遗传信息的“编码”基因构成，也可由不具有遗传信息的“非编码”基因组成。像鼻梁的高低、眼睛的大小、肤色的深浅或者头发的曲直等个性化特征正是由“编码”基因所携带的遗传密码所决定。

基因的遗传密码，或者说基因类型差异，就是通过碱基对序列顺序来实现的，碱基对的序列顺序不同，遗传密码就不同。

这些处于相同基因座位置上的等位基因类型差异，就是“遗传多态性”（Genetic Polymorphism）。从结构上来看，DNA的多态性可分为两大类：一类是“DNA长度多态性”，另一类是“DNA序列多态性”。

（1）DNA长度多态性（Length Polymorphism）

在同一个基因座上等位基因之间的DNA片段长度是不一样的，这种差异就是长度多态性。

下面就是三条不同的DNA片段，分别是：

−TGTA−TGTA−
−ACAT−ACAT−

DNA片段1

−TGTA−TGTA−TGTA−TGTA−
−ACAT−ACAT−ACAT−ACAT−

DNA片段2

−TGTA−TGTA−TGTA−TGTA−TGTA−TGTA−
−ACAT−ACAT−ACAT−ACAT−ACAT−ACAT−

DNA片段3

图4−25　DNA片段

仔细观察，就不难发现，上面的三条DNA片段，都包含相同的碱基对序列：

−TGTA−
−ACAT−

这个相同的碱基对序列，在第一个片段里重复了两次，在第二个里重复了四次，而在第三个里重复了六次，这种情况被称为“串联重复”。

（2）DNA序列多态性（Sequence Polymorphism）

还有一种DNA多态性的情况，就是在一个基因座上，由于不同个体DNA序列中一个或多个碱基的差异而构成的多态性，请你仔细检查下面的两个DNA短链上的碱基对序列有什么不同：

TCG**T**TTAG AGC**A**AATC	TCG**G**TTAG AGC**C**AATC

这种不同的情况，就属于DNA序列多态性。

法庭科学家正是根据DNA遗传多态性，展开对DNA证据的分型调查。当你理解了这个原理要点，就可以继续参与讨论DNA分型的常见技术了。

? 思考

什么是DNA分型?

什么是DNA遗传多态性?

DNA长度多态性与序列多态性有什么不同?

9. DNA常用分析技术都有哪些?

（1）第一代DNA分析技术：限制性片段长度多态性法（RFLP）

在前面的讲述中，你已获知一个有关DNA证据应用于司法实践的标志性时间节点——1985年。这是英国莱斯特大学的遗传学家亚历克·杰弗里首次开展亲子鉴定的时间，它所使用的方法正是“DNA指纹”技术。

什么是DNA指纹呢？亚历克·杰弗里认为不同个体的DNA序列不同，正如他们的指纹不同一样，因此对DNA序列进行分型比对，就可以进行个体身份识别。

具体来说，1985年杰弗里所采样的“DNA指纹”技术，是第一代DNA分析技术——多基因座RFLP探针技术，即限制性片段长度多态性技术（restriction fragment length polymorphism，RFLP）。这是一种传统的分子生物学检测技术，后来被广泛地应用于突变分析、基因诊断、基因定位等各个方面。

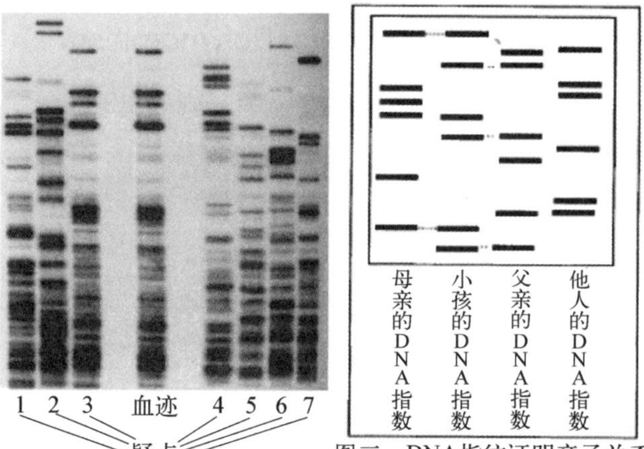

图二：DNA指纹证明亲子关系

图4–26 DNA证明亲子关系

我们知道，DNA是一种具有长链结构的生物大分子，科学家们通过限制性内切酶对DNA样本进行酶切，随后才能得到多态性的DNA序列。这些限制性的

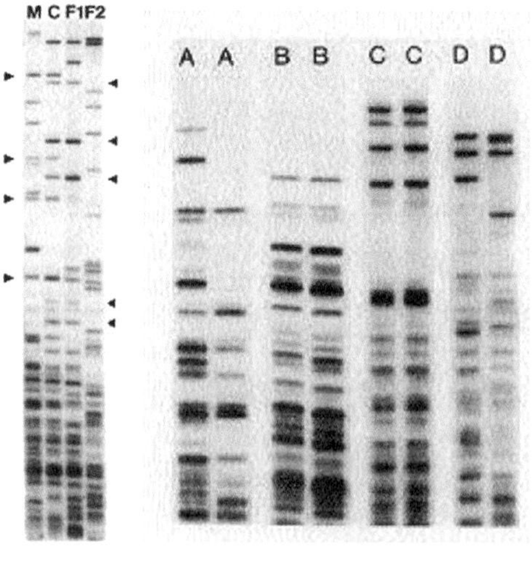

图4–27 用DNA证据认定犯罪嫌疑人

DNA片段，它们在数量和长度上是不尽相同的。接下来，科学家们再通过电泳技术，对这些DNA片段进行分离，使其发生具有了人身识别的DNA多态性现象。然而，由于RFLP法操作较为繁杂、周期较长、实验条件要求高等不足，其大范围使用推广就受到了局限。

（2）第二代DNA分析技术：聚合酶链式反应法（PCR）

目前，在全球，法庭科学家们广泛使用的DNA分析方法，是一种叫作“聚合酶链式反应”（Polymerase Chain Reaction，简称PCR）的技术。这种技术可以将特异DNA序列片段在体外进行快速扩增，在短时间内复制成百上千的目标DNA序列，这种能够高效获取大量单一DNA片段的技术，无论是在分子生物学研究中，还是在法庭科学实践中都具有举足轻重的意义。

尤其是对于那些数量少、年代久远的DNA证据样本开展研究，利用PCR技术对特异性的DNA多态性位点（长度多态或序列多态的短串联重复序列DNA—STR[1]基因组）进行体外扩增，更是一项划时代的技术突破。

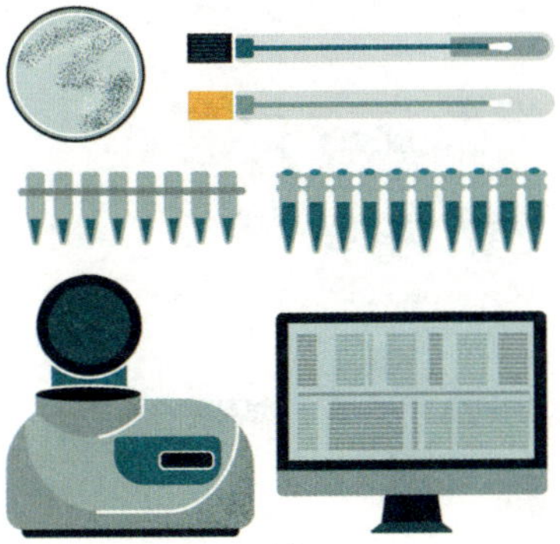
(a)

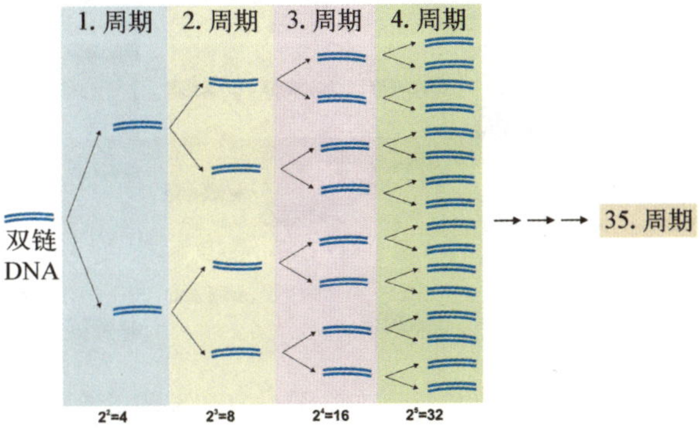

(b)

图4–28　PCR过程示意图

当然，无论是采用RFLP法，还是选择PCR法对DNA样本进行分型，都离不开DNA电泳技术（Electrophoresis）的支持。DNA电泳，是借助电场力的作用，将带电DNA片段进行分离的一种分子生物学技术。常用的DNA电泳分为：琼脂糖凝胶电泳、丙烯酰胺凝胶电泳和毛细管电泳。

---

[1] 短串联重复序列（short tandem repeats, STR），又称简单重复序列（simple tandem repeats,STR），它在人类基因组中储备丰富，分布广泛，重复单位短，仅为2～6 bp，一般最常见的为4 bp，其长度多态性来源于个体重复单位重复次数的不同，其等位基因片段长度多在400 bp以下，灵敏度高。

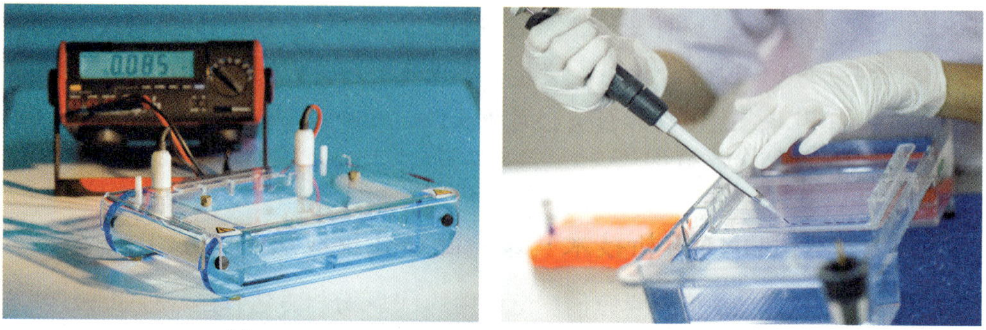

(a) (b)

图 4–29　凝胶电泳仪

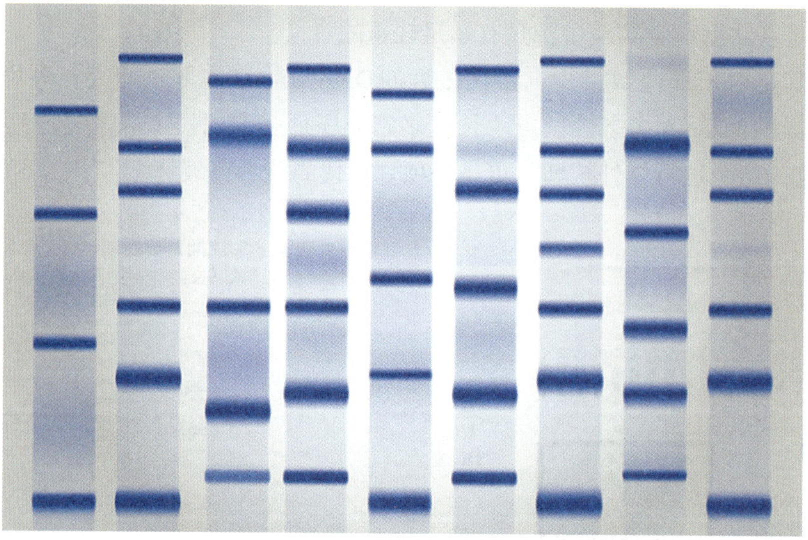

图 4–30　凝胶电泳 DNA 分型图谱

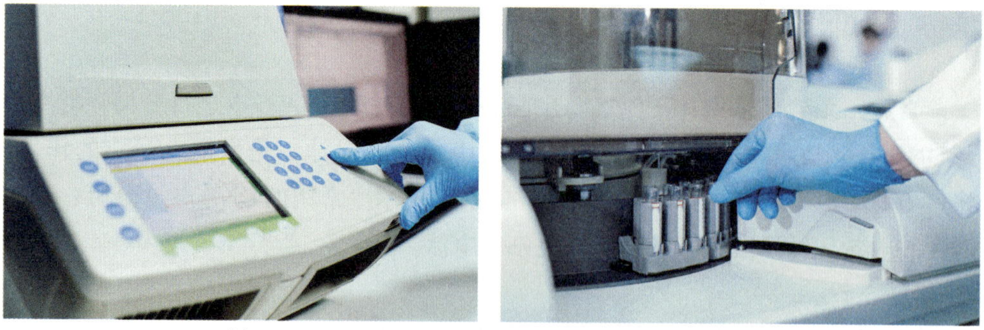

(a) (b)

图 4–31　毛细管电泳仪

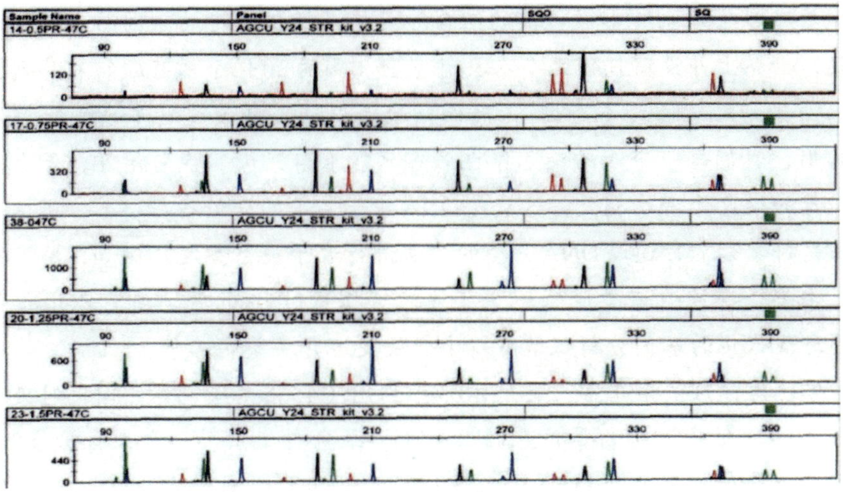

图4–32　毛细管电泳DNA分型图谱

? 思考

第一代和第二代的DNA分型技术原理各有什么特点?

亚历克·杰弗里是怎样运用RFLP法认定犯罪嫌疑人的?

10. 拓展阅读

亲子鉴定与DNA分型

据测算，在每一个人类个体的染色体系统中大约有30亿个碱基对。要知道，

(a)　　(b)

图4–33　亲子鉴定与DNA分型

这些碱基对在生殖细胞形成之前的组合和互换是随机进行的。因而，可以十分肯定地说，世界上并没有任何两个人具有完全相同的30亿个核苷酸组成序列，这就是前面所提到的“遗传多态性”。然而，毫无疑问，即使遗传多态性能够发挥巨大的作用，我们每一个人的染色体也必然只能来自父母。换句话说，子女的染色体与父母的染色体密切相关，这就是DNA亲子鉴定的理论基础。

法庭科学家常常通过DNA分型的方法进行亲子关系鉴定。例如，鉴定对象的血液、毛发、唾液或者口腔细胞等其他能够携带DNA的物质都可以用于亲子鉴定，通过现代化的基因分析仪就可以十分便捷地开展鉴定工作。

具体地说，每一个正常人类个体都有23对（46条）染色体，同一对染色体同一位置上的一对基因称为等位基因，一般一个来自父亲，一个来自母亲。通常，法庭科学家会选择若干个DNA位点进行鉴定，如果检测到某个DNA位点的等位基因，一个与母亲相同，另一个就应与父亲相同，否则就存在疑问了。

如果所选取的DNA位点的检测结果一样，就可以确定亲子关系了。如果有3个以上的位点不同，则可排除亲子关系，有一两个位点不同，则应考虑基因突变的可能，这个时候，需要加做一些位点的检测进行辨别。DNA亲子鉴定，否定亲子关系的准确率几近100%，肯定亲子关系的准确率可达到99.99%。

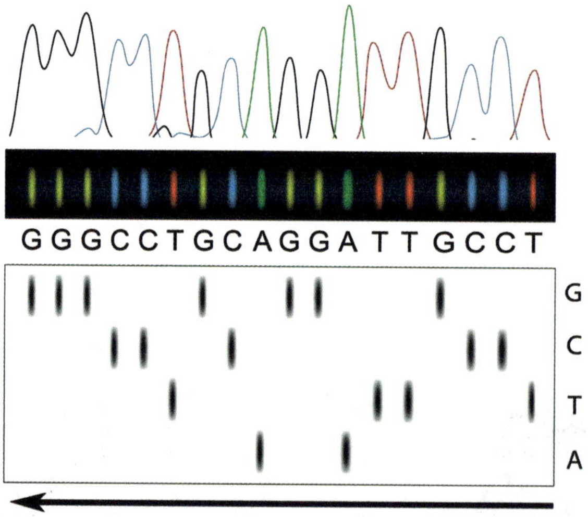

图4–34

法庭审判中的难题

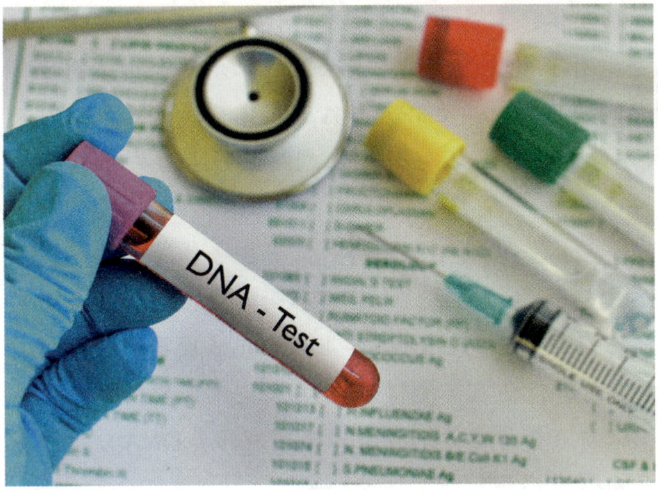

图4–35

1. 历史谜团

离奇的人类“嵌合体”之案

2002年，美国籍妇女Lydia Fairchild在怀孕时离婚，因而申请社会救济并向医院申请DNA鉴定以证明与其孩子的亲子关系。但鉴定报告的结果却出乎意料，鉴定结果显示孩子不是她生的，DNA报告显示她和她的孩子完全没有血缘关系。她认为是医院弄错了，因此向医院申请第二次鉴定，但结果和上一份的相同。这样，Fairchild不但没有成功申请救济，反而被控诱拐他人的小孩和诈骗社会福利，并被强迫与她的孩子分开。而医院保存的孩子的出生证明却被法庭所忽视。

当Fairchild准备生第三个孩子时，法官要求见证人全程录像，并保证她与孩子的血样样本被立即送往鉴定实验室化验。两个星期后，报告出炉，怪事再次发生，她也不是第三个孩子的母亲。后来，科学家发现原来Fairchild是一位人类嵌合体，她的头发和皮肤的DNA和她的子宫组织的DNA完全不同；也就是说，在她的身体不同的器官有着不同的染色体，最后法院撤销了起诉。

奇美拉（Chimera），意为嵌合体，本是希腊神话中的怪物，狮头、羊身、蛇尾，用到现代，表示一个人身上有不同的基因组。嵌合体现象是一个个体有遗传上的不同的细胞系，即其身体内有2套、甚至3套DNA遗传体系。这是一个有趣而又比较困难的DNA分型技术难题。根据不完全统计，现在全球总共有30宗嵌合人的个案。

嵌合体可以通过骨髓移植、输血或者天生而获得。如果嵌合体是天生的，他们的后代会因为继受他们身体中不同的细胞系，而具有不同的遗传系统。天生嵌合体个体在他们不同的身体组织里会有不同的DNA，当来自犯罪现场生物证据的DNA分型和嫌疑样本的DNA不同时，就有可能得出DNA分型不匹配的结论，从而导致错误的排除。或者说，来自嵌合体个体的分型因为其有两套DNA分型而实际检测可能只发现其中的一套而得出错误排除的结论。

2. 分析与回答

（1）为什么不能把DNA检验结论看作“万能的”和“唯一的”？

（2）为什么DNA鉴定结论也会遭遇挫败？

要不是这位可怜的妈妈Lydia Fairchild用第三个孩子出生的事实加以佐证，可能根本就没有人能理解她当初面对两次DNA鉴定结果时错综复杂的心情。法官错了吗？ DNA鉴定结果错了吗？还是DNA鉴定的方法错了？

毫无疑问，通过这个案件，我们深刻地认识到：虽然DNA证据被称为法庭科学界的“黄金标准”，但难免也有“百密一疏”的可能性。

现如今，随着DNA鉴定技术被广泛应用于现场侦查，人们对这项技术的有效性深信不疑，甚至根本没有人去怀疑DNA鉴定结论是否有失准的可能。经过这一章的学习，或许你已经有所思索了。没错，“DNA证据”和“指纹证据”虽然都能够很好地用来进行同一认定，但也不能赋予它们浓郁的“神秘化”色彩，毕竟DNA鉴定程序是在人的全程主导和参与下进行的。

图4–36　O·J·辛普森（O. J. Simpson）

再举一个著名的侦查案例吧。1995年，华裔神探李昌钰博士曾经作为辩护方专家证人之一，参与全球知名的辛普森涉嫌杀妻案[1]，他对DNA鉴定证据的产生过程提出了科学质疑。比如，发现用于血液分析的袜子上竟然含有高浓度的防腐剂；警方检验人员在保存血迹样本时，没有将血迹风干就放入了证据袋；检察官所提取的重要血迹物证，是由助手代劳，而不是自己亲自操作。因此，李昌钰博士认为案件中所获得的DNA鉴定证据，存在保全失当的做法，同时在采集、送检和鉴定过程中有受到污染的可能性。

由此可见，在侦查过程中，如果司法人员出现类似Lydia Fairchild案中的科学认知偏差，或者由于DNA证据分析程序存在问题而导致DNA证据结果失去可信性、准确性，那么DNA证据的证明力就会大为削减或丧失，这就会为当事双方带来无法弥补的损失或创伤。

显然，人类在使用DNA证据进行司法活动的历史征程中，应始终持有一颗科学之心，周全客观地对案情进行缜密考量，才能让DNA证据无愧于“证据之王”的美称，千万不能把DNA检验结论看作“万能”的定罪标准。

---

[1] O·J·辛普森（O. J. Simpson），1947年7月9日出生于美国旧金山，因名字简写为OJ而得到“果汁先生”的昵称，前美式橄榄球运动员，被誉为橄榄球职业比赛史上的最佳跑卫，后成为影视和广告明星，并担任体育评论员。1995年，辛普森被指控在1994年犯下两宗谋杀罪，受害人为其前妻妮克尔·布朗·辛普森（Nicole Brown Simpson）及其好友罗纳德·高曼（Ronald Goldman）。这就是有名的辛普森案。

3. 犯罪实验室——如何识别DNA凝胶电泳谱

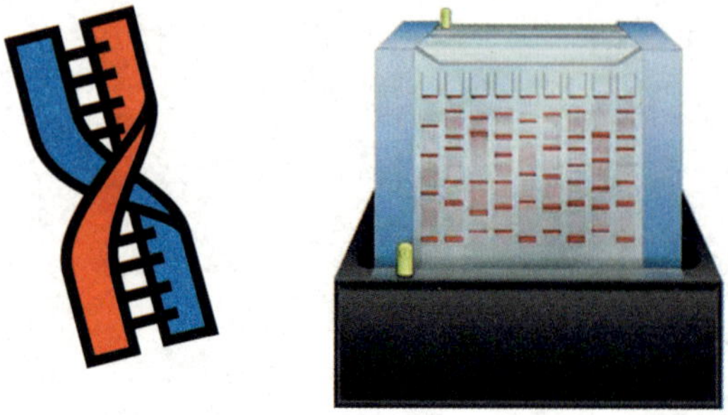

图4–37　DNA凝胶电泳

如今，法庭科学家们进行DNA分析的效率有了很大的提升，许多自动化的分析仪器，在减少了人工干预的同时加快了分析鉴定过程。现在，假如你在实验室中使用第一代DNA分析技术——限制性片段长度多态性法（RFLP）开展工作，分别完成了以下四个步骤：

（1）生物材料收集；

（2）DNA的提取和纯化；

（3）通过RFLP法得到多态性DNA序列；

（4）通过凝胶电泳得出DNA分型图谱。

接下来，请你利用商品条形码，来模拟DNA分型图谱，通过比对现场DNA分型图谱和4个犯罪嫌疑人的DNA分型图谱，确定凶手吧！

实验时间： 40分钟。

实验材料： 条形码。

实验步骤：

（1）通过互联网，查找并收集一系列不同的商品条形码图片；

（2）将收集到的条形码图片尺寸进行编辑，使它们大小均一；

（3）将编辑后的条形码图片打印下来，五个为一组进行编排。

（4）请你的家人或同伴认真比对DNA分型图谱，锁定凶手。

图 4–38　DNA 分型图谱

志愿军英烈DNA数据库建设

图4–39

2014年3月28日，经中韩两国商定，首批437具中国人民志愿军烈士遗骸从韩国仁川机场转运回国。同日，我国在沈阳举行隆重的交接仪式。叶落归根，这些曾在战场上保家卫国、浴血奋战而又长眠于异国的烈士，终于在时隔60年之后踏上了回家之路，在清明节前夕重新回到祖国的怀抱，这对广大志愿军老战士和烈士遗属是极大的心灵安慰。

据了解，我国随之展开了在抗美援朝战争中英勇献身的归国烈士遗骸DNA比对和DNA数据库建设工作，以确定个人身份信息，为他们寻找故乡和祖国的亲人。同时，韩方前期在遗骸挖掘过程中也进行了DNA鉴别工作。除了DNA鉴别，过程中还利用3D扫描仪、广谱仪、牙齿X光分析仪等尖端设备开展法医学分析，也非常有助于烈士性别、年龄、个人特征等细节信息的分析确认。

让中国人民志愿军烈士遗骸回到祖国的怀抱与亲人相聚，是一件暖人心、得人心的好事。安置好阵亡志愿军烈士遗骸，不仅是对烈士英灵的敬慰，也是对烈士亲属、所有健在的志愿军老战士以及全国人民的心灵安慰。这有利于凝聚全国各族人民的爱国之心，有利于团结全国各族人民为国家建设、实现中华民族伟大复兴的中国梦做出奉献。

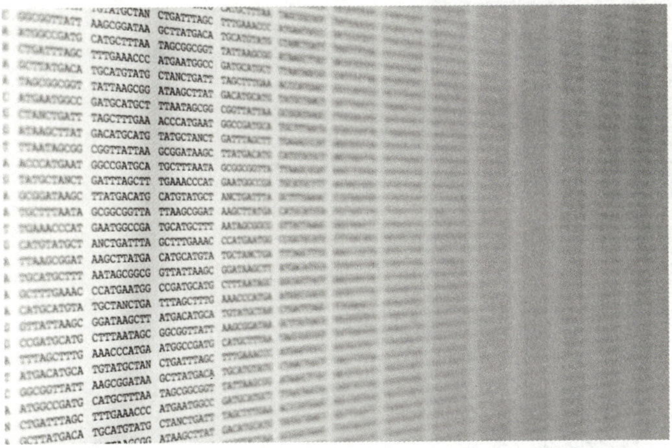

图 4–40

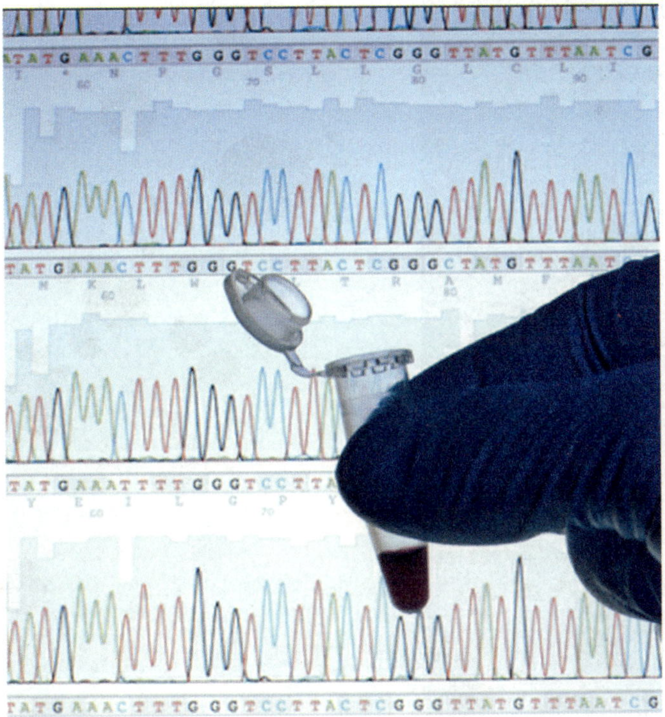

图 4–41

第5章 血迹的哭诉

我们希望它能给执法部门带来破案的灵感。

——［澳大利亚］法医摄影专家格伦·波特

重点关注

- 血液痕迹
- 血迹形态
- 血液结构
- 血型分析

关键术语

- 潜在血迹
- 撞击方向
- 撞击角度
- ABO血型
- Rh血型
- 预期频率

图5-1

1. 犯罪现场

珠宝店抢劫案

图5–2

当现场勘查员们赶到珠宝店现场时，店主亚历山大已经没有了生息！他的太太瓦内萨16点45分发现后迅速报警，据她回忆：珠宝店像往常一样8点开业，她协助丈夫打开店面之后就离开了。究竟发生了什么，让店主亚历山大遭遇不测？

快速封锁现场之后，勘查员们即刻开始提取指纹、收集微量物证、寻找鞋印……史蒂文是一名经验丰富的刑侦专家，只见他时而下蹲，时而起身，用目光不断打量着珠宝柜，难道他发现了什么奇怪之处？经过一番缜密观察，他紧锁的眉头逐渐轻松起来。亚历山大是在柜台前，被凶手用硬物击中头部而倒下，当他倒下后，便失去了反抗能力。然而，凶手并没有就此罢休！似乎用更加强有力的击打让亚历山大致命。随后，凶手顺手掳走了柜台里放置的珠宝。

第二天，凶手就被缉拿归案！起初，凶手百般抵赖，然而，当听到史蒂文对他抢劫全程的细致还原，看到犯罪现场的指纹证据之后，他不得不承认自己用铁棒所做的一切！

2. 分析与回答

（1）史蒂文是怎样做到完全还原犯罪实施过程？

（2）你能描述一下，亚历山大所遭受的不法侵害全过程吗？

没错，犯罪现场血迹形态分析！史蒂文正是凭借血迹证据还原了这一切。

在犯罪现场，请注意：通常有血迹的地方往往就是开始流血的地方。在此次珠宝店抢劫案中，当现场勘查员们到达现场之后，发现亚历山大已经倒在地上，毫无声息了。现场遗留下了比较明显的血迹特征，说明案发时存在较为严重的暴力活动。勘查人员发现，亚历山大的后脑部位有大量的鲜血溢出，并形成了血泊，不难看出，亚历山大当时曾经遭受硬物的严重袭击，且他可能毫无防备。同时，在柜台表面存留着一些血滴，由此可以推断亚历山大起初就是站在那个地方的。

还有，珠宝展示柜的门处于敞开状态，而且连柜台的玻璃台面内表面也存在喷溅的血迹，这可以说明一点：当亚历山大向下躲闪时，恰巧凶手又再次击打了他，此刻他头部位置正好与台面接近持平。

在亚历山大倒地之后，他的头部继续遭受严重的打击，从而导致他的血液再次喷溅到柜台底部，随后血液汇集成了血泊。待可怜的亚历山大失去知觉时，凶手便顺手将珠宝窃盗走了。因为，柜台里向内抹蹭的血迹证实了凶手的盗窃行为，而且应该是发生在血液喷溅之后不久的一段时间之内。

血滴从哪里来？又往哪里去？

图5–3　血迹的测量

第1节

双重特性的证据

图5–4

在暴力犯罪现场，血迹是一种司空见惯的痕迹类型，尤其是在命案现场。这是一种特殊的痕迹，一位经验丰富的现场勘查员，常常能通过辨识血迹的形态，客观地描述案件发生的过程信息，因为“血迹”天生就是一位出色的犯罪行为记录者，正如本章标题“血迹的哭诉”那样，真可谓：“此处无声胜有声”！

据史料记载，我国是世界上最早的利用血液进行司法评判的国家。你听说过“滴血认亲”或“滴骨认亲”吗？没错，在一些描写我国古代生活情节的影视作品中，这样的场面不在少数。在我国三国时期谢承所著的《会稽先贤传》中就记载有“滴骨验亲”；1796年，李观澜在《检验杂说歌诀》中提出人兽血液鉴别的方法。

然而，我们国家在血迹形态分析领域的工作相比于西方国家起步较晚。早在19世纪，欧美的法庭科学家们就已开始从事血迹形态分析研究了，他们通过对犯罪现场的血迹形态进行勘查，借助一系列科学实验对血迹形成原因进行模拟分析。比如，那时德国法医化学家保罗·杰塞里克就开始在刑案中使用血迹形态解析案发经过了。美国著名的法庭科学家Eduard Piotrowski博士在1895年发表了《头部创伤产生血迹的起源、形状、方向和分布》为题的报告，向外界传递了他在现场血迹形态方向和分布方面的研究成果。

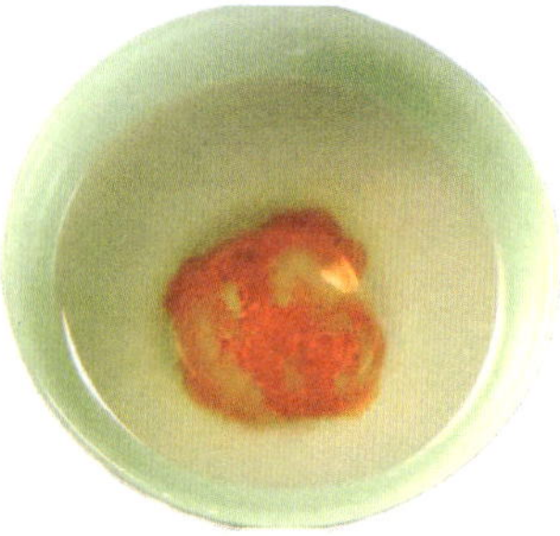

图5–5
滴血认亲

20世纪初期，法国科学家维克多·巴瑟扎德（Victor Balthazard）博士在第22届法医学会议上所提交的《血迹喷溅研究》论文也非常有影响力。1955年，著名的犯罪科学家、加州大学伯克利分校的保罗·柯克博士，成功地在俄亥俄州的塞缪尔·谢泼德的案件中使用了血迹证据，这是一次法学界对血迹证据认可的重要里程碑事件。

直到20世纪70年代，犯罪现场血迹形态分析研究正式步入蓬勃发展期，美国的赫伯特·利昂·麦克唐纳（Herbert Leon MacDonell）博士最有代表性的论文《人类血液的飞行特性和血液模式》论述并阐明了他的血迹形态分析成果与观点，并指导和影响了一大批致力于从事血迹形态分析的法庭科学家们，因此，被誉为“现代血迹形态分析之父”。

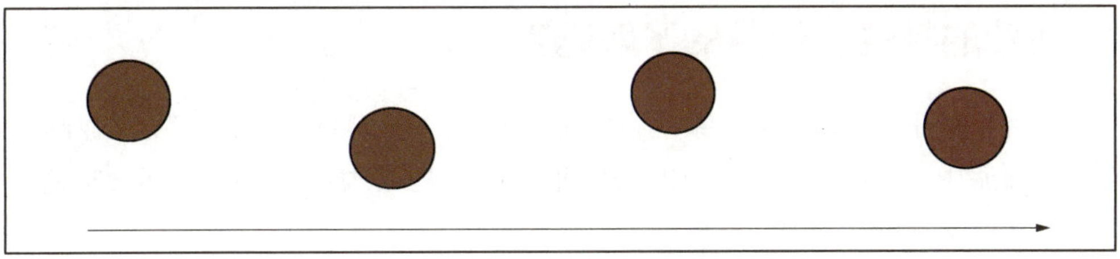

图5–6　血滴的走向

的确，血迹形态分析是犯罪现场重建的一项重要依据。比如，法庭科学家可以通过对犯罪现场遗留的血迹的种类、数量、分布、范围、排列、高度、颜色、形态等信息进行综合判断，就可以局部或者完整地再现案件细节，甚至将整个犯罪过程完全还原，即便犯罪嫌疑人有意无意地对犯罪现场加以破坏，对血迹的勘查也能捕获到其破坏的方式和程度。这就是血迹形态分析的神奇之处，因此，“血迹物证”能为法庭科学家们重建现场提供莫大的帮助！

1. 为什么说血迹是具有双重特性的证据？

当然，不止如此，法庭科学家们通常还可以利用血液的生物学特性，对遗留血迹进行种属、血型、性别以及DNA方面的同一认定。所以，血迹既蕴藏着犯罪行为痕迹信息，又富有大量的法医物证信息，是具有双重特性的证据。关于血液的法医物证解析，我们将在后续章节中进一步分析阐述。

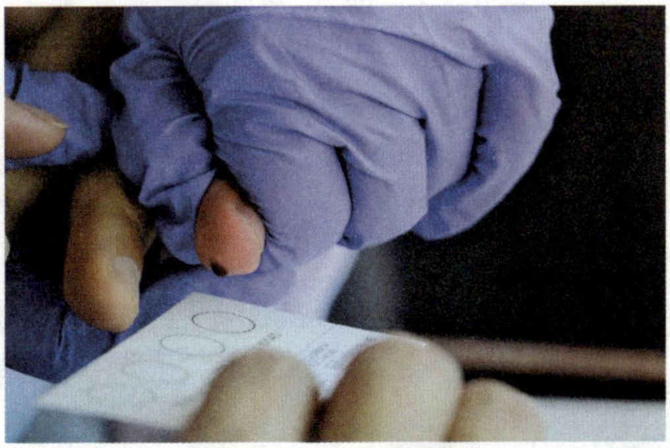

图5–7　血型测试

思考

为什么说血迹是具有双重特征的证据?

此刻，你一定想掌握血痕形态分析的原理吧？首先，我们需要了解一下血液的特性！

2. 血液的特性，你真的了解吗?

血液是存在于心脏和血管系统内的流体组织，由血浆和血细胞组成。血细胞悬浮于血浆中，它由红细胞、白细胞和血小板组成。其中，红细胞内还含有过氧化酶、血红素及血红素中的铁离子。

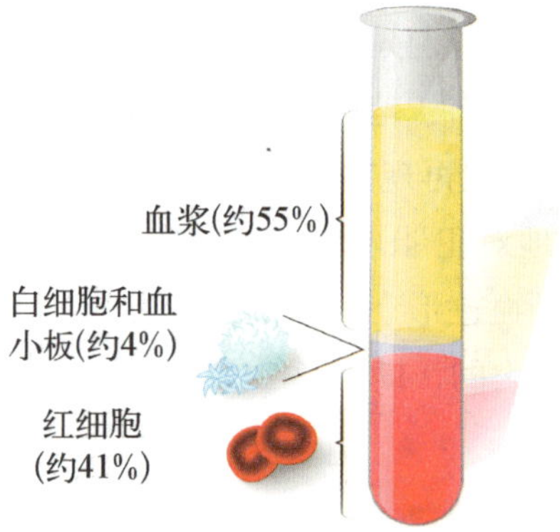

(a) 血液的成分

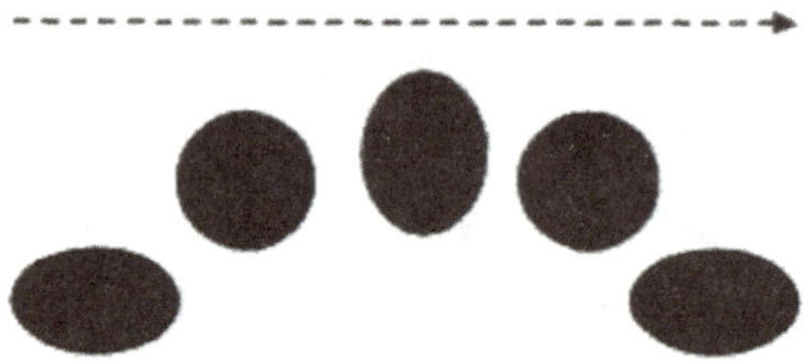
(b) 血滴在空气中运行过程中的振荡

图5–8

图5–9

血液之所以呈红色，是由红细胞所决定的。动脉红细胞中的血红蛋白与氧结合成氧合血红蛋白，颜色鲜红。而静脉中血红蛋白与二氧化碳结合，呈暗红色。血液经离心分离后，血浆呈淡黄色浮于上方，红细胞则下沉至底部。血浆含有91%～92%的水分，蛋白质、电解质、一些气体分子等成分溶于其中。因而，血液是一种悬浊液，蛋白大分子和血细胞共同决定着它具有较为复杂的流变性质。

3. 究竟是血？还是番茄酱？

当你在犯罪现场遇到的血迹真假难辨，怎么办？因为就颜色而言，血迹、番茄酱、油漆或者铁锈残留都有几分相似之处。所以，对不易区分的血迹展开鉴定十分必要。那么，怎么确定血迹呢？答案是通过血迹推测实验！

(a) (b)

图5–10 与血液外观相近的番茄酱

目前，法庭科学家们普遍采用“过氧化氢法”。事实上，过氧化氢（H_2O_2）是人体内新陈代谢的一种内源性废物，氧化性较强。人体自身的过氧化氢酶能够快速清除掉它，进一步分解成H_2O和O_2，以保护人体组织不受损害。向可疑污迹上滴加过氧化氢，若有丰富的气泡产生，便可推断血迹的存在。

尽管推测实验不能区分人血与动物血，但在初步筛选血迹方面功不可没，最起码能帮你辨别是血还是番茄酱！

4. 血滴会在空中自动解离吗？

你知道吗？人体一滴血的平均体积大约为0.05毫升，有研究表明，一滴血下落的终端速度[1]可以达到每秒25.1 ± 0.5英尺。当然，还需要考虑现场的实际情况。比如，体积较小的血滴终端速度会比较慢；或者，下降量较小的血滴终端速度也

[1] 当一滴自由下落的血滴在空中的加速度与空气阻力相互抵消时，即达到终端速度或最高速度。

较慢。不过，有一点十分重要：一滴血是不会在空气中分解成更小的血滴的，一旦出现这种情况，血滴必定是撞击到某个物体，或者是受到外力的作用了。

? 思考

血液中的哪种物质使血液呈现红色？

可以用什么方法来证实血迹的存在？

5. 拓展阅读

现代“潜在血迹”显现技术的主力军——鲁米诺反应

鲁米诺，俗称发光氨，化学名称为3–氨基苯二甲酰肼，化学式$C_8H_7N_3O_2$，相对分子质量为177.16。常温下呈黄色结晶或米黄色粉末状，溶液有强酸性，对于人体的眼睛、呼吸道与皮肤均有一定的刺激性作用。长期以来，鲁米诺均是现场潜血显现的“主力军”，在刑侦领域扮演着重要的角色。刑侦专家借助鲁米诺对潜在血迹进行寻找与显现，即利用了其作为一种化学发光试剂对于血迹所具有的高灵敏度。

在使用这一化学反应对现场潜在血迹进行显现前，刑侦专家需要将一定量的鲁米诺、过氧化氢、无水碳酸钠、过硼酸钠、蒸馏水等制成配方溶液，随即可使用涂抹或喷雾等方法对特定物体的表面进行显现，以确定是否有血迹存在。碱性条件下，鲁米诺与血红素共存，并在过氧化氢（H_2O_2）的氧化作用下会产生蓝色荧光。

图5–11　鲁米诺显现现场足迹

具体而言，当鲁米诺溶液与潜在血迹接触后，即产生了一系列的化学反应。首先是过氧化氢（H_2O_2）分解产生水（H_2O）和单氧（O）。这是由于血液中的血红素内含有铁离子（Fe^{3+}），其作为催化剂，催化了过氧化氢（H_2O_2）

的分解。

经分解反应生成的单氧（O）具有极强的氧化性，其能氧化鲁米诺并生成激发态的化合物。这一化合物并不稳定，会释放出光子，其波长在蓝光范围之内，这就使得鲁米诺被氧化后会发出蓝色的荧光。

鲁米诺能够长期成为现场潜血显现的“主力军”，自然有其特有的优势。原来，鲁米诺对于血迹检测的灵敏度相当之高，即使是在水桶内滴入几小滴血迹，经其检测都可发出蓝光；甚至是较为陈旧的潜在血痕，也可以用鲁米诺进行显现。

不过，鲁米诺在现实使用过程中，也有着自身不可回避的短板。鲁米诺溶液的强酸性及其刺激性，对于人体有一定的伤害，这也使得刑侦专家在使用这一化学试剂时必须格外当心。与此同时，鲁米诺反应对于现场环境的要求极高，刑侦专家必须在完全黑暗的环境下才可看到鲁米诺与血迹反应后呈现出的蓝光。鲁米诺反应显色维持的时间也相对较短，刑侦专家如需要对现场潜在血迹进行持续观察与分析，还需要多次对存在血迹的部位进行喷雾或涂抹，这也会对犯罪现场的血迹形态形成破坏。此外，鲁米诺反应呈现出的蓝光，并非仅与血迹反应才可生成。如果作案人并非使用清水冲洗或单纯使用抹布、拖把擦拭血迹，而是选用漂白粉、次氯酸（HClO）等氧化剂来清除血迹时，这些残留的化学品同样可以令鲁米诺发出蓝光。而在与过氧化钾（K_2O_2）、硫酸铜（$CuSO_4$）以及油类等化学物质接触时，鲁米诺也会发生荧光反应。这也会对刑侦专家在现场的分析、判断造成干扰与误导。

鲁米诺荧光反应的非唯一性，成为其在犯罪现场潜在血迹显现中的重要制约因素。这也使得刑侦专家不得不考虑一项能够替代鲁米诺的潜在血迹显现技术。

6. 分析与回答

（1）鲁米诺反应显现血迹的原理是什么？

（2）用鲁米诺反应显现血迹有什么优点？缺点是什么？

第2节

形态类型的调查追踪

图5–12

一旦血滴接触物体表面，就有可能发生迸溅，当然，也有可能不迸溅，这要视具体情况而定。不管哪种情况，都会形成血迹。研究发现，当血滴在下降过程中呈球状；一旦它落到物体表面，形态就随之改变，你会看到，血滴的底部会变平。如果血滴受外力作用，会被迫向外破散，从而形成血滴边缘。

在犯罪现场，法庭科学家们就是根据血滴溅落形态的变化，来推测受害人当时的处境以及犯罪实施过程的，血迹形态分析就成为案件侦破的重要线索。通常情况下，可以将犯罪现场的血迹形态划分为四大类型：滴状血迹、抛射状血迹、撞击状血迹、接触状血迹。

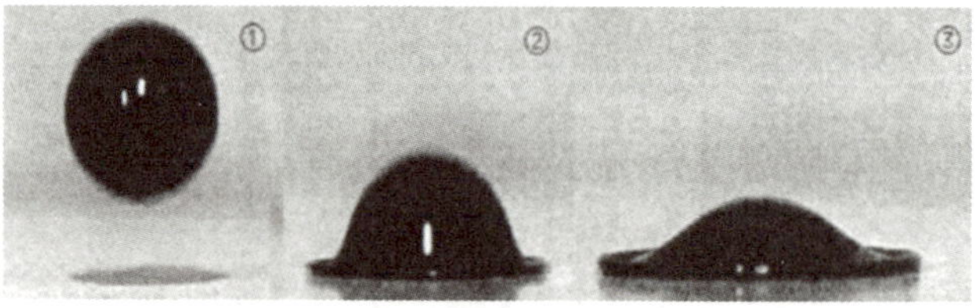

图5–13　垂直角度滴落到光滑瓷片的血滴接触阶段

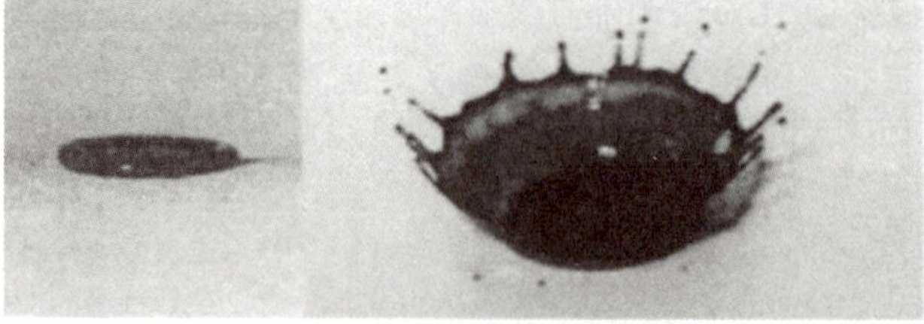

图5–14　血滴垂直撞击靶面的散布阶段早期与晚期

1. 滴状血迹

滴状血迹是犯罪现场最为常见的血迹了，这种血迹由坠落或滴落的血液形成。当你看到滴状血迹时，便可推测：这种血滴在空气中运行的过程中，仅受到了重力作用，而无其他外力施加。否则，所形成的血迹便不再是滴状血迹。你会发现，在光滑的地板、玻璃等物体上往往形成规整的环圆状血滴。然而，如果在地毯、粗糙纸板等物体表面形成的环状血迹周围会形成锯齿状的喷溅。

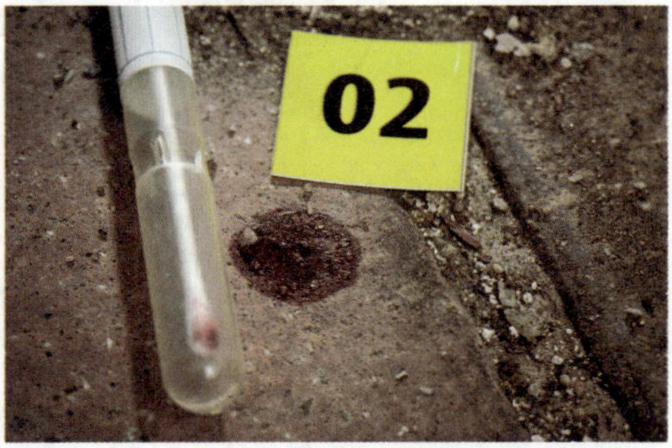

图5–15　现场血滴

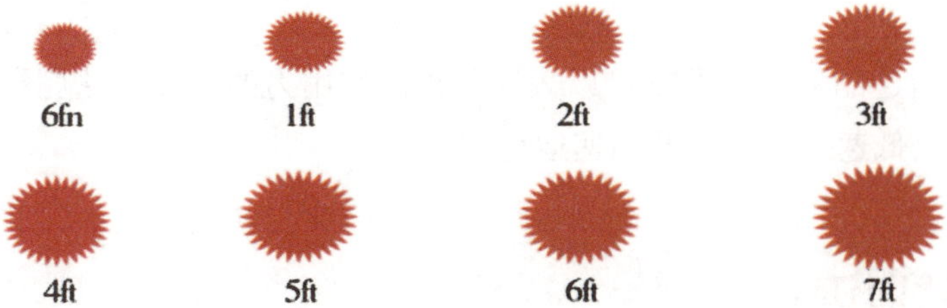

图5–16　不同高度血滴滴落形成的血迹分布

2. 抛射状血迹

当血滴受到其他外力的作用，便有可能形成抛射状血迹。你会发现，由于一次形成的抛射状血迹所受到的作用力方向是一致的，抛射状血迹常常表现为由一组血迹组成的呈线形状的痕迹，通常由甩动或动脉喷射而形成的血迹。

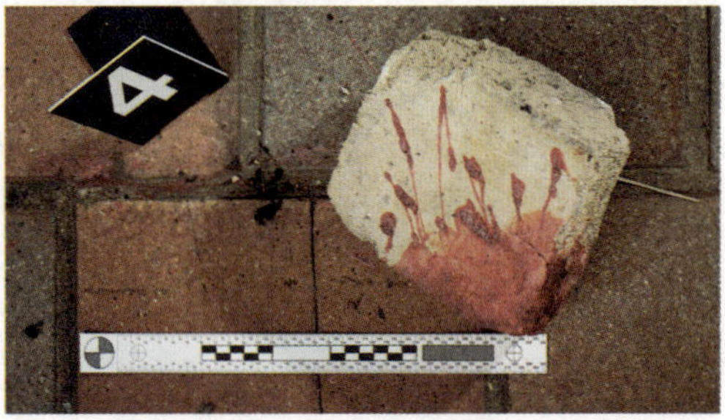

图5–17　现场抛射型血迹

3. 撞击状血迹

研究表明，如果血滴运动速度超出7.65米/秒，就会形成撞击的血迹。因此，

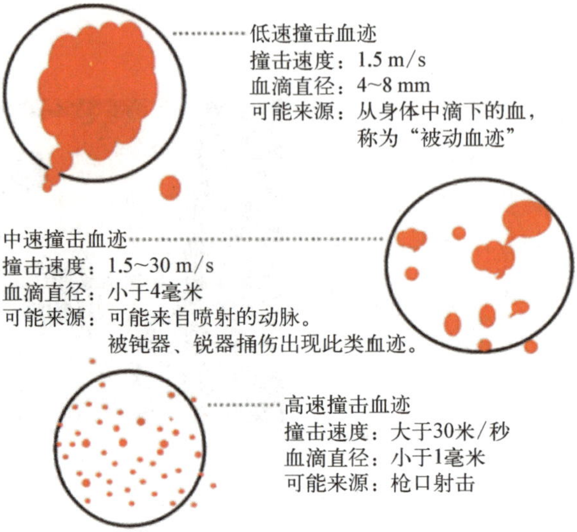

图5–18　不同速度打击形成的血迹图案

根据撞击状血迹的大小，通常可以大致分析出作用力的种类，法庭科学家根据经验将血迹分为低速、中速以及高速运行的血迹。

4. 接触状血迹

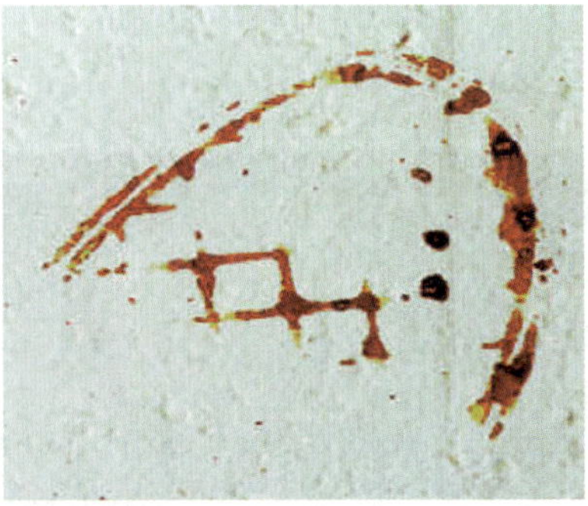

图5–19　人体接触状血迹形态

当带血的物体与不带血的物体两者相互接触后，就可形成接触状血迹了。它有两种类型：当带有血迹的物体与干净物体接触后，在干净物体上留下的印记，这便是接触转移状血迹；然而，当接触转移状血迹遭到破坏时，便形成了接触擦拭状血迹了。

思考

血迹有哪些类型？请你分别解释它们的形成原因。

当一名血迹形态专家

图5–20

刚刚，你已经掌握了关于血液流变特性及血迹形态的初步知识，想必一定想成为赫伯特·利昂·麦克唐纳（Herbert Leon MacDonell）博士那样了不起的血迹形态分析科学家吧！不过，要想成为一名出色的血迹形态专家，你不仅需要了解血液在各种情况下的流动情况，更重要的是，必须通过实验观察温度、高度、冲击力及其他因素对血迹形状和分布的影响，以获取重建犯罪场景的有用信息，具体包括：

（1）确定目标物与出血点之间的距离；

（2）确定出血点；

（3）确定血迹的类型及形成；

（4）确定流血时人或物的运动及运动方向；

（5）确定流血后人或物的运动；

（6）确定打击或枪击的次数；

（7）确定流血时受害人或物体所在的位置等。

在一个具有身体伤害性质的犯罪现场，现场侦查员要对血迹进行毫无遗漏的拍照、科学准确的测量和清晰细致的描述。最终这些收集到的信息都要交给血迹形态专家进行深入判读。

作为一名血迹形态分析专家，要知道血迹形态分析的首要目的是什么。就是确定出血点！确定出血点，有利于你推断犯罪行为实施的过程。通过确定出血点，你就可以认定和判断出损伤发生的确切位置，借以推断被害人和作案人的位置关系，这对分析案件发生的过程尤为重要！

接下来，需要根据一系列测量数据，综合分析血迹的指示方向和撞击角度，然后使用拉线法或借助计算机分析软件对出血点进行准确的定位。

1. 怎样推断血液的来源方向？

在犯罪现场，你可以结合每一滴血迹的形态，通过画线法确定血滴来源方向。一般来说，你需要同时考虑两处或两处以上溅落血滴来源方向的交汇点。值得注意的是，如果实际分析过程中只考虑两处血迹，所推断出的血滴来源方向可能不严谨，因为两者或许只是偶然存在交叉点。这就需要你对现场血迹分布进行综合判断，避免偶然错误的发生。

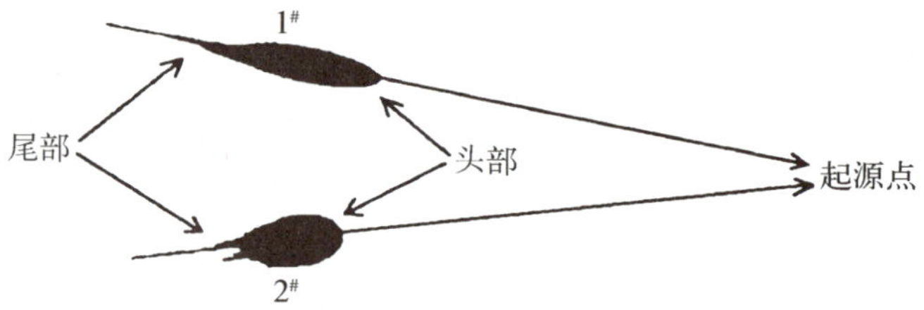

图5–21　在二维平面内通过拉线法推断出血点

理想的情况是，能够在现场发现较多数目的血迹，至少选取八处及以上，而且特征形态反映较为完整的血迹来分析。当然，千万别忘了必须事先判断该处血迹是否为一次作用形成的。

实践操作过程中，推断出血点的步骤一般分三步：

① 垂直观察血迹的分布状况，确定大致的血液二维平面集中区域；

② 结合垂直观察与周围血迹分布的综合情况大致推断出血点；

③ 对出血点进行精确推断。

对出血点的精确定位也就是血迹的三维空间定位，拉线法是一种在血迹分析领域使用较为广泛的传统分析方法，该方法简单直观，说服力强，对法庭上需要解释出血点的空间位置具有十分重要的作用。

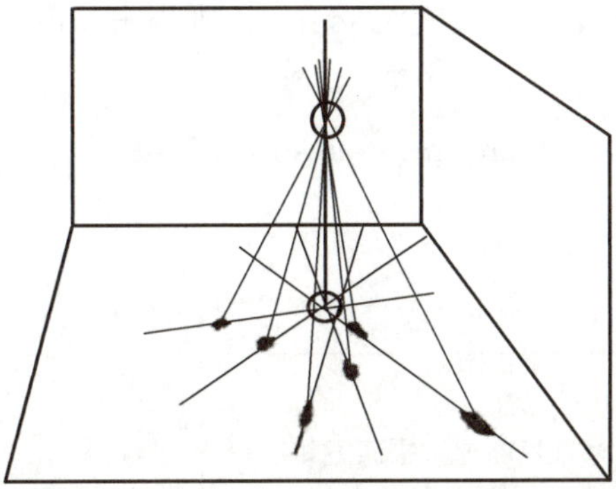

图 5–22　在三维空间内通过拉线法推断出血点

2. 怎样计算血滴撞击角度?

所谓“血滴撞击角度”，就是指血滴接触物体表面时的夹角决定着滴落状血迹形态的尺寸参数大小。模拟实验表明，血滴在与物体表面接触前为球状体，两者相互接触后，球状体发生塌陷变形后，两者之间存在着严格的几何关系。接触客体表面后，线段bc和ab分别对应形成血迹的长度和宽度。

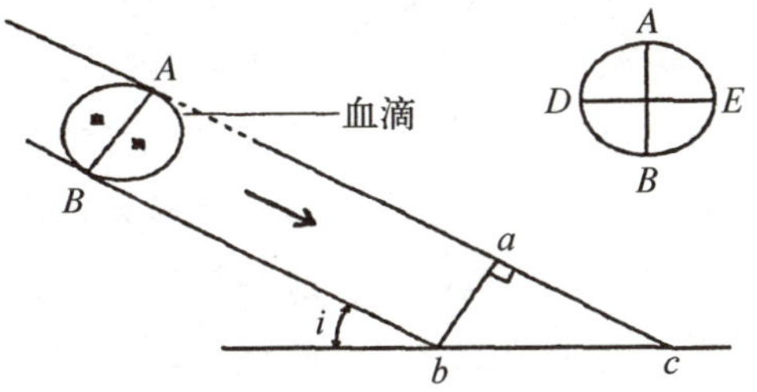

图 5–23　血滴与相应血迹的几何长度对应关系

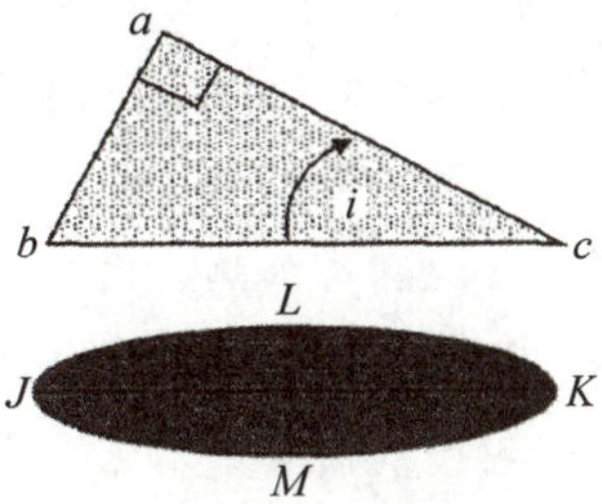

图 5–24　撞击角度与血迹之间的对应关系

你看，线段ab对应血迹线段LM，线段bc对应血迹的线段JK。此时，你可以通过测量现场上的血迹相关尺寸，将尺寸参数带入几何图形计算关系式中计算，即可得出血滴撞击角度。

$$\sin i=\frac{ab}{bc}$$

从而得出撞击角度：

$$i=\arcsin\frac{ab}{bc}$$

例如，血迹宽度：ab=3 mm，长度 bc=4 mm，则撞击角度为：

$$i=\arcsin\frac{3}{4}=\arcsin 0.75=48.9°$$

思考

你可以通过哪些方法来推断血迹来源方向？

如果血迹宽度为 4 mm，长度为 6 mm，血滴撞击角是多少？

3. 拓展阅读

简单的红外技术能够发现被油漆覆盖血迹

令人期待的犯罪现场潜在血迹显现的新技术，名为“红外显影技术”。通过这项技术，刑侦专家无须再使用鲁米诺试剂，就可对潜在血迹进行拍摄并显现。这项技术的关键，即红外线热量感应眼镜、新型红外线照相机及水蒸气的相互配合。

刑侦专家在对犯罪现场的潜在血迹进行寻找和显现时，可以将水蒸气喷洒在可能遗留血迹的部位与区域。如果该区域遗留有潜在血迹，水蒸气便可以对血迹进行漂洗、湿润与加热。因此，刑侦专家利用红外线热量感应眼镜观察到血迹的存在后，就可通过红外线照相机进行拍摄并显现。简单来说，这一新技术一旦得到成熟运用，刑侦专家不需要在犯罪现场内喷洒化学试剂，只需轻松按下相机快门，就可对潜在的血迹进行显现。通过这一方法，潜在血迹的形态既不会改变，

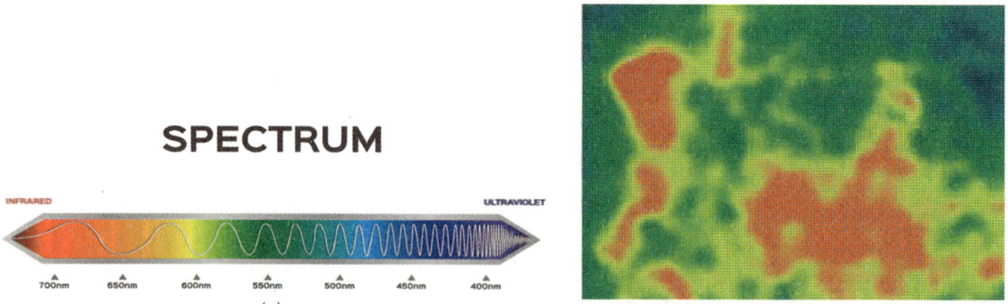

(a) (b)

图 5–25 红外呈像

也不会消失，且可以通过图像形式，有效提取犯罪现场的重要证据。

相比当前犯罪现场调查中使用频率较高的鲁米诺试剂，“红外显影技术”不仅继承了鲁米诺反应的优势，更弥补了其不可回避的短板。不可否认，鲁米诺的一大优势，就是其极高的灵敏度。在此方面，“红外显影技术”也毫不逊色。即使犯罪现场存在的血迹浓度已被稀释到正常血液的千分之一，依然可以为“红外显影技术”轻松捕捉到。即使是肉眼难以直接观察到的血沫等微量血迹，亦可通过“红外显影技术”予以显现。

使用调整过红外记录装置之后的数码相机，可以探测到被人故意隐藏在油漆下面的血迹。该方法将会成为侦查人员重现悬案犯罪现场的一项重要手段。

“我们希望它能给执法部门带来破案的灵感。”来自澳大利亚悉尼大学的法医摄影专家格伦·波特说。血迹是潜在的有利证据，其中所包含的DNA可以帮助鉴定凶手或者被害人。

前澳大利亚联邦法医摄影警察波特，曾听说一个案件现场的房屋在案发后被重新粉刷过。于是他和他的同事决定，对红外摄影能否发现隐藏在油漆之下的血迹进行试验。他们首先调整一台数码相机的滤光器，使得该相机的传感器只能记录红外线。由于具有比可见光稍长的波长，红外线能比可见光更好地穿透油漆层。

然后，他们把马血稀释了十倍，将200微升稀释后的血液滴到刷了底漆的石膏板上，等待48小时血液风干了之后，在石膏板的血迹上又刷了一层油漆，并同时测试了几种颜色的丙烯酸油漆和三种不同类型的白漆。

在刷了两层黄漆之后，普通数码相机就完全观测不到血迹了。但是在刷了六层黑色油漆之后，红外数码相机依然能够探测到血迹。波特和他的同事将他们的发现发表在了法医学期刊上。另外，红外数码相机也可以探测到在紫色、橘色、蓝色和绿色油漆之下的血迹。

该方法能够在三层白色油漆或喷漆之下检测到血迹。而凶手最有可能选择的红色油漆，即使在刷了六层之后，依然无法隐藏血迹。

红外技术使侦查者可以很方便地验证其直觉，波特说：“你可以假设，然后马上从油漆后面得到答案，”他接着说道，“你还可以决定是刮掉油漆还是带走整个墙面。”

当使用白色丙烯酸涂料涂刷超过三层时，该相机则无法检验，可能是由于颜料里的铅或钛粒子，会使光线散射，来自纽约州立大学布法罗分校的艺术保护和成像专家丹·库舍尔如是说。

早在18世纪30年代，艺术界就开始使用红外成像技术来探测隐藏在画作之下的痕迹。这项技术能够频繁起作用的原因在于，底层的图画使用了黑色的炭颜料，如炭笔，而这些“炭黑”颜料能够很好地吸收红外光线。库舍尔表示，目前的研究表明，在这些黑色颜料中一定含有某种可以如血迹一般吸收红外线的非碳基的成分，画作中该种黑色颜料的成分大小和浓度扮演关键的角色。他说道：“这一变量是一个非常复杂的混合，以至于决定了你可以从画作之下看到什么。”

4. 分析与回答

（1）红外技术显现隐匿血迹的原理是什么？

（2）在什么情况下需要用红外技术发现隐匿血迹？

5. 犯罪实验室

不同角度的血滴降落形态调查

实验时间： 40分钟。

实验材料： 红墨水、洁净的塑料眼药水瓶1只、米尺1把、硬质垫板1个、白色A4纸张若干、量角器1个、实验台1个、记号笔1支。

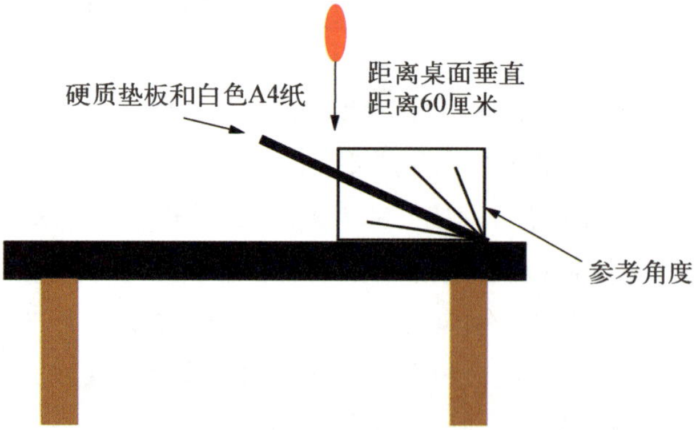

图5–26　不同角度血滴降落实验操作示意图

实验步骤：

（1）选择一个高度适中的实验台。

（2）在5张白色A4纸张上，分别标记出倾斜角度——15°、30°、45°、60°和75°。

（3）把硬质垫板与倾斜角度15°对齐，将相应的A4纸放在垫板上。

（4）将装满红墨水的眼药水瓶放置于距离桌面60厘米的高度处。

（5）轻轻地挤压瓶子，使一滴红墨水落在纸上。以这个角度重复两遍。

（6）以同样的方法，测试其他角度下滴的情况。

实验分析：

当你增加纸张角度时，液体形状有什么变化？

对不同角度的血滴降落形态的调查如何帮助破案？

在实验中你还可以通过控制哪些变量，获得其他血滴形态？

注意事项：完成实验后，请把你负责的台面收拾干净，并把你的材料放好。

图5–27

第4节

甄别血液成分中的证据

图5–28 兰德斯泰纳（karl Landsteiner，1868—1943，奥地利）

卡洛德原理告诉我们，无论怎样，罪犯总会在现场留下可作为证据的线索，这就是法庭科学的基本准则。其中，血液很可能就是所有证据类型中最有价值的，特别是暴力犯罪中，往往会留下血液证据，比如杀人案、强奸案等。

通过前面的学习，你不难发现，血迹是具有双重价值的证据。现场勘查员们不仅能从血迹图案中获取相关重要信息，同时，由于不同个体具有不同的血液特征，这些特征可以用来鉴别和推断犯罪嫌疑人是否参与犯罪的实施过程。

要知道在20世纪之前，法庭科学家们还没有能力将血液类型与犯罪相联系。这项工作可以追溯到奥地利裔美国医师卡尔·兰德斯泰纳所开展的研究工作。1901年，兰德斯泰纳（karl Landsteiner，1868—1943）率先将人类血液划分为几大种类或类型，这是医学界一项伟大的发现。这一发现就是现在为人所熟知的A型、B型、AB型和O型四大血液类型，用于区分血型的最主要成分就是“血红蛋白”。

1. 血液的结构与功能?

让我们先来回顾一下血液的成分吧！

血液是由血浆混悬着血细胞构成的，血液不断地在体内血管系统中循环流动，以细胞间隙中的组织液为中介与细胞进行物质交换。在显微镜下可以看到均匀的血液中有许多细胞（红细胞、白细胞等）。通过离心分离，细胞较重的沉到下部，血

血液的成分

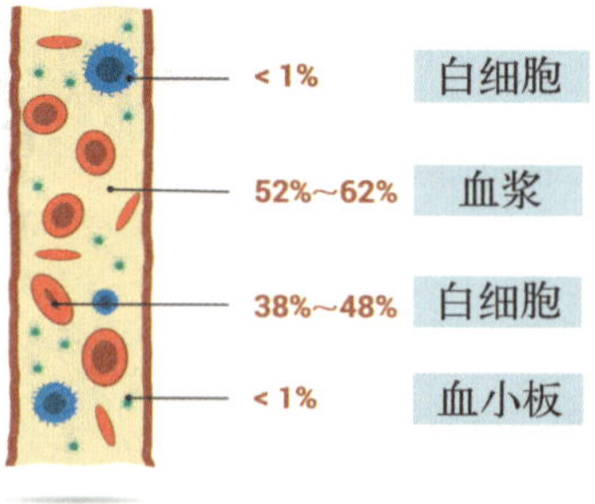

图5–29 全血成分及百分含量

液便可分成血浆和有形成分（细胞成分）两部分。其中，有形成分又可以分为上层的白细胞和血小板，以及下层的红细胞。

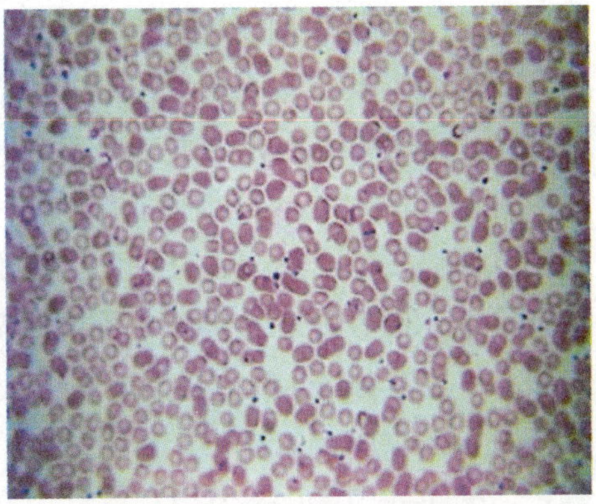

图5–30　显微视野下人类红细胞

2. 血液类型如何划分?

我们知道血液有着重要的生理作用，当一个人由于失血过多需要及时补充血液时，可不可以用另外一个人的血进行输血治疗呢？情况并不如想象中的那么简单。很早以前，人们发现如果把某个动物的血液输送给同种的另一动物，有时受血动物会死亡，而有时不会。这是怎么回事？后来人们才知道，动物的血清有时能使同种的其他动物的红细胞凝聚并溶血，从而造成受血动物的死亡。

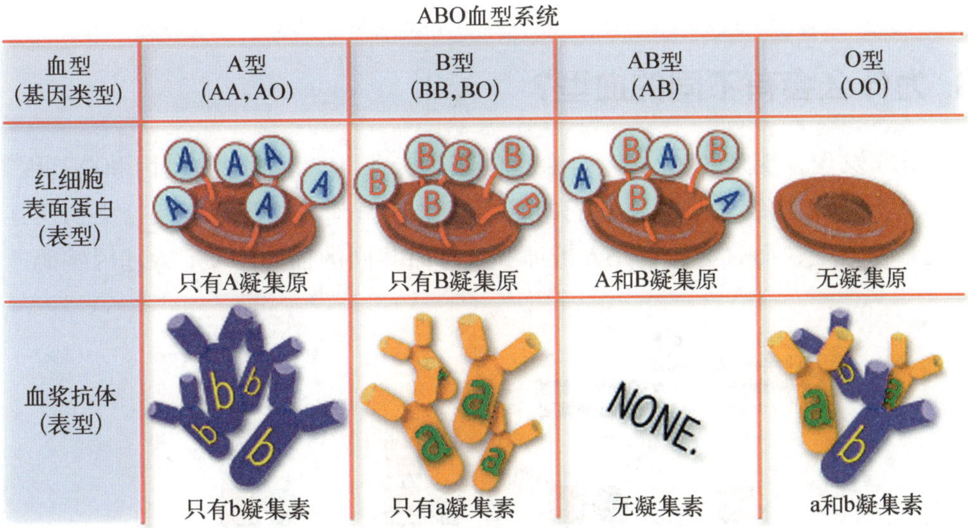

图5–31　ABO血型系统

通常情况下，动物体内的红细胞是均匀分布于血液中的，当加入同种其他个体的血清，就有可能会让均匀悬浮的红细胞聚集成团，这便是凝集现象（agglutination）。重要的是，一旦发生血液凝集，就会危及生命。红细胞的凝集，其实是动物体内的一种免疫反应。

1901年，兰德斯泰纳就是根据人体红细胞与他人的血清混合后有的发生凝集，而有的不发生凝集的现象，发现人类血液中存在不同血型的，这一了不起的发现，让输血救人不再充满危险，大大提高了输血的安全性。

因为，在人类的红细胞上含有可以发生凝集现象的凝集原，也可称之为抗原，这种物质是由镶嵌在红细胞膜上的糖蛋白和糖脂组成的。而在血清中，则含有凝集素，也可称之为抗体。兰德斯泰纳按照红细胞和血清中凝集原与凝集素的不同，将血液分成4种主要类型。

表5-1　4种血型的特性

血　型	红血球抗原	血清抗体	人群中出现的概率
A	A	抗B	40%～42%
B	B	抗A	10%～12%
AB	AB	抗A、抗B都不存在	3%～5%
O	A、B都不存在	抗A、抗B都存在	43%～45%

3. 为什么会有不同的血型？

研究发现，能产生A、B、O血型的基因分别为A基因、B基因和O基因。ABO基因不直接编码抗原，它们的基因产物是糖基转移酶，能使糖类物质连接到H物质上，而H物质就是A抗原和B抗原共同的前体物质，A基因编码产

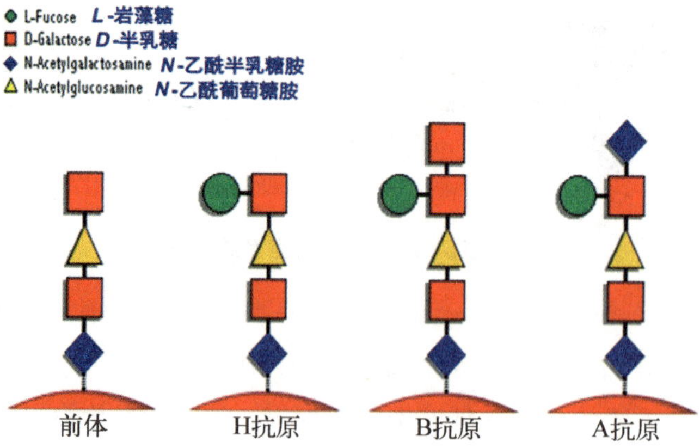

图5-32　ABO型血抗原分子

生的*N*–乙酰基半乳糖胺转移酶，使*N*–乙酰基半乳糖胺连接到H物质的半乳糖上，形成A抗原；B基因产生的*D*–半乳糖氨基转移酶，将*D*–半乳糖连接到H物质的半乳糖上，形成B抗原；O基因编码的糖基转移酶没有活性，不能将糖类连接到H物质上，故O型红细胞表面没有A、B抗原，仅有大量的H物质。

4. 为什么同血型可以相互输血?

因为相同血型的人，他们血液中的凝集原与凝集素是相同的，可以互相输血。而具有O型血的人，被称为“万能输血者”。因为O型血中没有凝集原，所以常常可以给其他血型的人输血。相反，AB型血液中没有凝集素，可以接受其他血型的人的输血，被称为“万能受血者”。其他情况的输血，就需要进行输血前的安全评估，查验供血者和受血者的血型，了解供血者的红细胞能否被受血者的血清所凝集。否则就可能会产生严重的不良反应，影响受血者的生命安全。

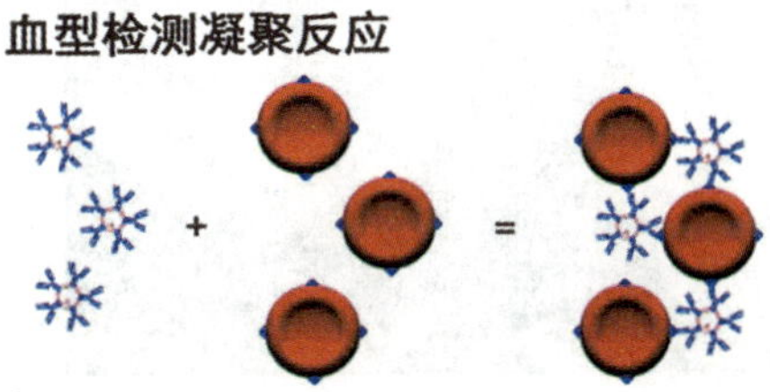

图5–33　血型检测凝聚反应

检查血型的方法是将受检者的血液分别滴入抗A和抗B的鉴定血清中，混合后在显微镜下观察是否出现凝集现象。

表5–2　血型测试表

加入抗A血清的结果	加入抗B血清的结果	含有的抗原	血　型
+	–	A	A
–	+	B	B
+	+	A和B	AB

思考

为什么血液细胞会发生凝聚并形成血块?

兰德斯泰纳发现的4种血型，称为ABO血型系统，它消除了输血中主要的危险。但后来发现，在正常的红细胞上还有其他的抗原。反复注射猕猴（Rhesus）的红细胞到豚鼠体内会产生抗体，这种抗体称为抗Rh凝集素，可以使猕猴的红细胞凝集，还能使大部分人类的红细胞凝集，因此把猕猴和大部分人类红细胞中的这类抗原称为Rh因子。在白人中，85%的人红细胞上存在Rh因子，与抗Rh血清混合则发生凝集反应，这些人是Rh阳性（Rh^{+}）。15%的人的红细胞与抗Rh血清混合不发生凝集反应，这些人是Rh阴性（Rh^{-}）。我国汉族和大部分少数民族中99%的人红细胞上含有Rh因子，是Rh阳性，只有1%的人是Rh阴性。但有些少数民族中，Rh阴性的人较多，如苗族为12.3%，塔塔尔族为15.8%。因此，根据Rh因子的有无可以区分Rh阳性和Rh阴性两种血型，这种血型系统称为Rh血型系统（Rh blood group）。

图5-34 猕猴

思考

请你根据血型测试结果，确定每个样本的血型。（“+”表示发生了血液凝聚；“−”表示没有发生血液凝聚）。

如果嫌疑人1在犯罪过程中受伤，需要输血，他可以接受什么血型的血？

如果嫌疑人2自愿献血，哪些血型可以接受他的血液？

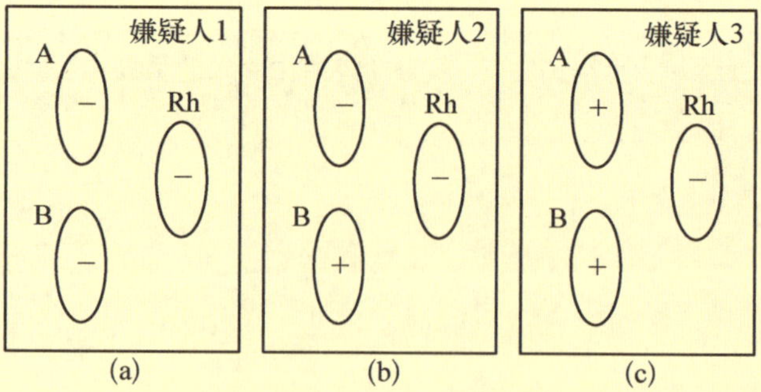

图5-35 血型测试结果

5. 血型与案件侦破有什么关联？

那么，血型信息将如何帮助我们进行破案呢？假设法庭科学家们已确定犯罪现场血液样本为A型血，我们的侦查范围就大大缩小了，因为只有大约40%的人是A型血。而具有AB型血的人则更少，在人群中出现的概率仅为3%～5%，所以，对犯罪现场遗留血迹的血型的确认，有利于犯罪嫌疑人的排查和筛选。

Rh因子也常常运用于案件侦破，因为它是另一种个体血液特征，如果将ABO血型系统和Rh血型系统相互组合使用，就可以得出新的频率分布。例如，某人为B型和Rh^+型血的频率就是1/12，约为8.3%；而同为AB型和Rh^-型的人只有1/167，仅为0.6%。这样就能够让法庭科学家们更可靠地确定凶手。

表5–3　个体出现两种特定血型组合（ABO血型和Rh血型）的预期频率

血　型	预期频率	血　型	预期频率
A+	33.3%	AB+	3.4%
A−	6.25%	AB−	0.6%
B+	8.3%	O+	33.3%
B−	1.5%	O−	6.7%

到目前为之，除了ABO和Rh血型系统外，人们发现人体红细胞还存在几十种抗原，每种抗原都能引起抗原–抗体反应。如MNS血型、Lewis血型、P血型、Kidd血型、Duffy血型等，都可以用来增加确定嫌疑人的可能性。不过除了ABO和Rh血型系统外，这些因子很少引起输血反应，但具有法医学的意义。

思考

能与抗B抗体发生凝集反应的血是什么血型？

A型血和O型血有什么相同点？又有什么区别？

犯罪现场发现的血痕的血型与嫌疑人的血型都是B型，这个证据能用来认定嫌疑人吗？为什么？

6. 犯罪实验室

血液鉴定

实验时间：40分钟。

实验材料：红色水彩颜料、番茄酱1瓶、新鲜猪血、尿血检测试纸若干、白色A4纸若干、记号笔1支、纯净水、橡胶手套、筷子3根。

图5–36　血液鉴定

实验步骤：

（1）取出1张白色A4纸张，在3处不同的地方分别标记1号样本（红色水彩颜料）、2号样本（番茄酱）、3号样本（猪血）。

（2）配戴好橡胶手套之后，使用筷子分别蘸取一滴红色水彩颜料、番茄酱和猪血，滴在A4纸的相应位置上。

（3）向3种样品中分别加一滴纯净水，确保它们保持湿润，不被风干。

（4）根据使用说明书，将3张尿血检测试纸依次放入3种样品中，然后请观察尿血检测试纸的颜色变化。

注意事项：新鲜猪血可以从你家附近的超市或菜场购买。

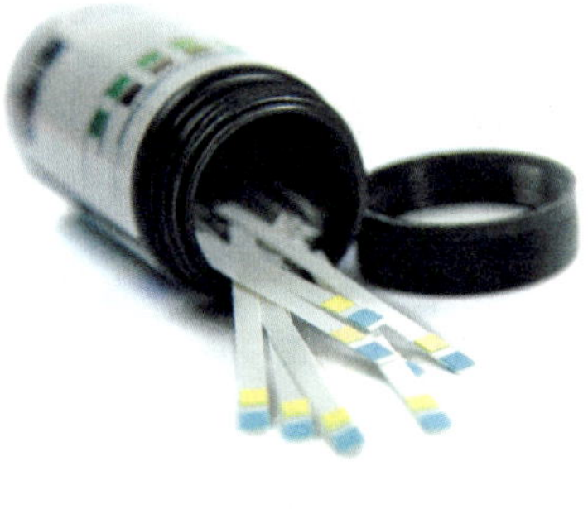

(a)

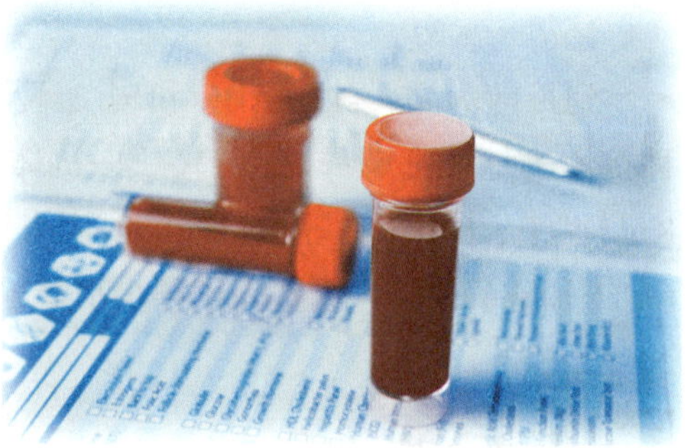

(b)

图5–37

中国古典名著中的血迹学问

大家熟知的四大名著之一——《水浒传》第三十一回“张都监血溅鸳鸯楼·武行者夜走蜈蚣岭”中写道：“……见桌子上有酒有肉，武松拿起酒盅子，一饮而尽。连吃了三四盅，便去死尸身上割下一片衣襟来，蘸着血，去白粉壁上，大写下八字道：‘杀人者，打虎武松也’。”

在这一段描述中，武松留下的血字“杀人者，打虎武松也”，无疑是这一犯罪现场的血迹形态中最有特点的一个：不但有被害人张都监、蒋门神、张团练的血迹，该血迹形态还是以文字形式呈现，直接体现了武松的笔迹特征。从证据学上来看，这八个血字既是以其内在特征、外在属性证明了案情事实，是物证；它也是以文字的形式证明本案事实，是书证。该血迹形态所体现的证据信息使得孟州官府直接锁定了重大犯罪嫌疑人。事实上，孟州官府的刑侦人员确实也是利用了血迹形态进行了科学的侦破工作。正如书中所描述的：“却说孟州城里张都监衙内，……却来孟州府里告状。知府听说罢，大惊，火速差人下来，检点了杀死人数，行凶人出没去处，填画了图样格目，回府里禀复知府道：‘先从马院里入来，就杀了养马的后槽一人，又脱下旧衣二件。次到厨房里灶下，杀死两个丫鬟，后门边遗下行凶缺刀一把。楼上杀死张都监一员并亲随二人。外有请到客官张团练与蒋门神二人。白粉壁上，衣襟蘸血，大写八字道：杀人者，打虎武松也。楼下搠死夫人一口，在外搠死玉兰并奶娘二口，儿女三口。共计杀死男女一十五名，掳掠去金银酒器六件。’知府看罢，便差人把住孟州四门，点起军兵并缉捕人员，城中坊厢里正，逐一排门搜捉凶人武松。”

名著中这一段文字生动地向我们展示了宋代犯罪现场勘验检查的全过程，从被害人家属的报案、专门人员勘查犯罪现场，客观细致地做好工作记录——图样格目，按照庭院格局逐次进行勘查。并迅速根据现场血迹形态反映的情况，进行分析判断，确定侦查方向和范围。此后，孟州官府根据陆续上报的案件情况，非常明智地将飞云浦发生的刑事案件，与张都监府血案进行了并案。

正如书中所述：“次日，飞云浦地里保正人等告称：‘杀死四人在浦内，见有杀人血痕在飞云浦桥下，尸首俱在水中。’知府接了状子，当差本县县尉下来；一面着人打捞起四个尸首，都检验了。两个是本府公人，两个自有苦主，各备棺木盛殓了尸首，尽来告状，催促捉拿凶首偿命。城里闭门三日，家至户到，逐一挨查，五家一连，十家一保，那里不去搜寻。知府押了文书，委官下该管地面，各乡、各保、各都、各村，尽要排家搜捉，缉捕凶首。写了武松乡贯、年甲、貌相、模样，画影图形，出三千贯信赏钱。如有人知得武松下落，赴州告报，随文给赏；如有人藏匿犯人在家宿食者，事发到官，与犯人同罪。遍行邻近州府，一同缉捕。”

从这一部分的描写中，我们可以看到中国古代很早就根据血迹形态的分析来侦查破案。但这一时期，人们对血迹形态的利用并不具有系统的科学性。随着自然科学技术的发展，人们越来越能够科学地对待血液、血迹、血痕等，并培养出能科学地识别血迹形态的专业人员。如同所有的法庭科学技术一样，血迹形态分析固然有极高的科学统计作为基础，但它的分析也依赖于专业人员的判断，依赖于专业人员的责任心和使命感。一旦专业人员的科学精神和职业素养出现偏差，就有可能出现媒体上报道的冤假错案，我们也不能够盲目迷信血迹形态的证明力，一定要综合其他证据类型来分析判断案情。

所以，对于科学，我们要相信，但不能迷信，要有质疑精神！

第6章 隐匿在你身边的毒品

人生，处处都有毒蛇在引诱我们。

——［美国］马克·吐温

重点关注

- 常见毒品及种类
- 毒品的作用机制
- 毒品的鉴别分析
- 青少年毒品犯罪预防

关键术语

- 兴奋剂
- 抑制剂
- 致幻剂
- 药物依赖
- 戒断症状
- 神经递质

图6-1

第1节

不可思议的毒驾

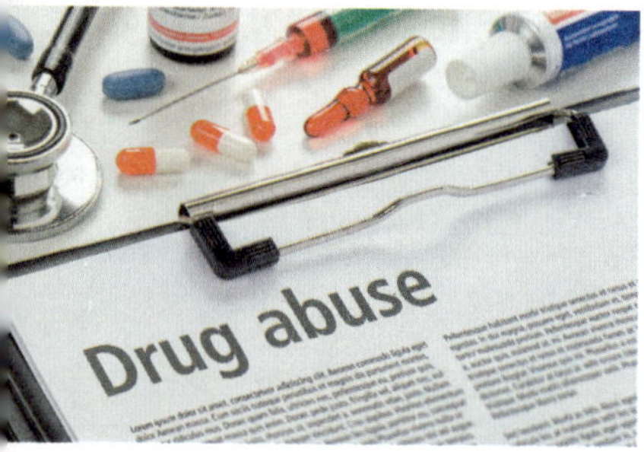

图6–2

1. 社会热点案件

不可思议的毒驾

2018年的某天，家住江苏无锡市的彭先生和王女士夫妇两人跟平常一样开车回家，结果公安机关在盘查车辆时发现这对夫妇尿检呈吗啡阳性，然而经调查，两人均未有吸毒史！让人百思不得其解的是，彭先生的女儿以及外孙女的尿检结果也均呈吗啡阳性。

这一家老幼四口全部“吸毒”？公安机关立即展开深入侦察。彭先生后来想起，事发当天中午，他和太太、女儿及外孙女曾在一家麻辣烫店用餐！

麻辣烫店主徐先生发现一包棕色的可疑粉末，经过刑侦专家的分析鉴定，不可思议的是，从这包粉末和麻辣烫汤汁里均检出吗啡、罂粟碱、可待因、那可汀及蒂巴因成分！原来麻辣烫店主徐先生将购买到的棕色粉末添加到火锅底料之中，用来招揽更多的顾客，而那神秘的棕色粉末正是罂粟壳粉……

2. 分析与回答

（1）店主在麻辣烫汤汁中添加的棕色粉末是什么？

（2）为什么店主在麻辣烫汤汁中添加这些物质？

吗啡、罂粟碱、可待因、那可汀、蒂巴因……你确定自己从未服用过？这些都是毒品！或许，你会觉得“毒品”离你很远，其实不然，“毒品”或许就隐匿在你身边！下面，请让我们走近它、认识它，切莫中了它的“毒招”。

3. 什么是毒品？

毒品，是指鸦片、海洛因、甲基苯丙胺（冰毒）、吗啡、大麻、可卡因以及国家规定管制的其他能够使人形成瘾癖的麻醉药品和精神药品。

作为一名中国人，林则徐“虎门销烟”的历史，我们当铭记于心！从1773年开始，英国东印度公司陆续向我国输送鸦片，随后，美国、俄国等也纷纷向我国输入鸦片，帝国主义列强从鸦片贸易中获得了巨额的利润，却给中华民族带来了深重灾难，由于受到鸦片对身心的蚕食，国际社会为中国人冠以“东亚病夫”的绰号。1839年，林则徐率领广大民众在虎门当众销毁鸦片270万公斤，拉开了鸦片战争的序幕，用坚强的意志终结了中国人民饱受鸦片之苦的屈辱历史。

图6–3　鸦片战争图景

虽然鸦片战争的苦难历史已经离我们远去，但在全球范围内，毒品犯罪仍是一个令各个国家和地区都为之心痛的问题。尽管毒品犯罪已被列入最严重的犯罪行列，但吸毒人数却呈现出逐年递增的趋势，受到毒品的诱惑，青少年吸毒人群比例居高不下。

研究表明，毒品犯罪已成为犯罪防治中最突出的问题之一。那么，究竟是什么“魔力”让毒品成为全世界范围内犯罪治理的一项难解之题呢？现在，就让我们彻底认识一下它们。相信这部分内容能带给你强大的抵制力，远离其害！

4. 你能辨识出哪些毒品？

在犯罪现场，现场勘查员们有时会发现一些不明的粉末、药丸或者液体，它们有可能就是毒品。千万不能疏忽大意，遇到这种情况，这些物质就需要被送往实验室进一步检验和确认了。接下来，就请你了解一些常见毒品，即便你不用像勘查员那样亲自鉴识它们，但可以帮助你“知其性、识其害”，从而远离它们！

（1）鸦片类毒品

鸦片类毒品，是一种中枢神经系统抑制剂，是当今世界上被非法滥用最广泛、依赖性最强、对社会危害最大的一类毒品。

① 鸦片

我们常常提到的鸦片（Opioum），又叫阿片，俗称“大烟”。其实，它是一种天然产物，是人们从一种叫作罂粟的植物中提取出来的。据考证，古代巴比伦人把这种植物称为“快乐的植物”，因为它能提神醒脑，使人欢快；古希腊人用它

图6–4　罂粟果

图6–5　罂粟花

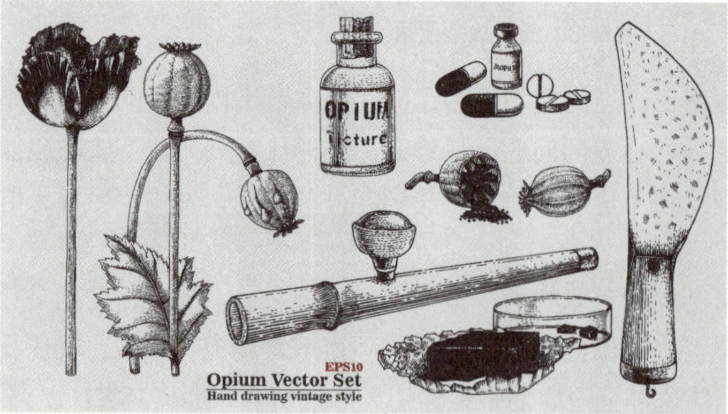

图6–6　鸦片吸食工具

来治疗癫痫和抑郁症；在我国，从唐宋时期开始，人们也将其入药和观赏，直至后来，人们才意识到如果不合理使用，其将祸患无穷。

② 吗啡

吗啡（Morphous），源自希腊睡梦之神Morphous的名字。它是一种生物碱，是人们从鸦片中进一步分离出来的。的确，吗啡具有功不可没的药用价值，直到现在还被医生用作临床镇痛。它的种类很多，比如在非法毒品交易中，常常遇到的品种有：粗制吗啡、吗啡碱、吗啡的硫酸盐或吗啡盐酸盐。

③ 海洛因

海洛因（Heroin）是吗啡的一种衍生物，被称为“毒品之王”，原因在于它的成瘾性是吗啡的3～5倍，因此被冠以英雄“Hero”的称号。在非法毒品交易中，俗称“白面”“白粉”。

（2）大麻类毒品

像鸦片一样，大麻来源于一种叫作大麻的植物，人们发现这种植物提取物竟然能缓解疼痛。人体对大麻耐受性变化不大，戒断症状不明显，在许多国家尤其是青少年人群中滥用。有数据表明，从二十世纪五六十年代，未加以限制使用的大麻被滥用，当时美国每年使用大麻400万公斤，竟然有1/3的美国人吸食过大麻。

（3）可卡类毒品

与鸦片、吗啡不同，可卡类毒品是一种中枢神经系统兴奋剂，来源于植物古柯树叶。印第安人的祖先们早已有咀嚼古柯叶的习惯，因为他们发现这样不仅可以镇痛，更有利于缓解劳顿。1895年，人们从古柯叶中分离出一种叫“可卡因”的成分，后来，这种生物碱被成功应用于临床，作为手术麻醉剂。人们

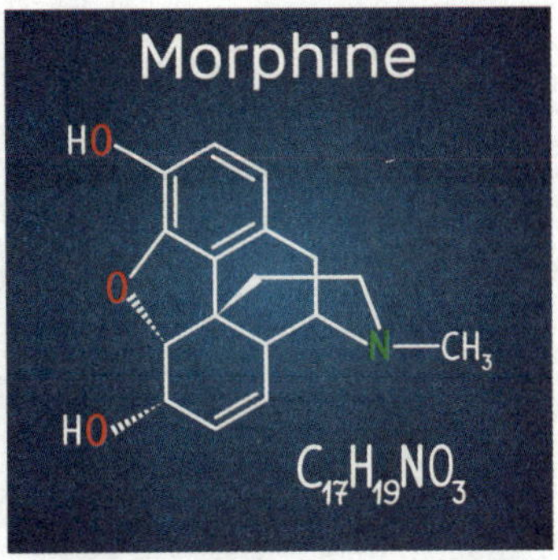

图6–7
吗啡分子结构式

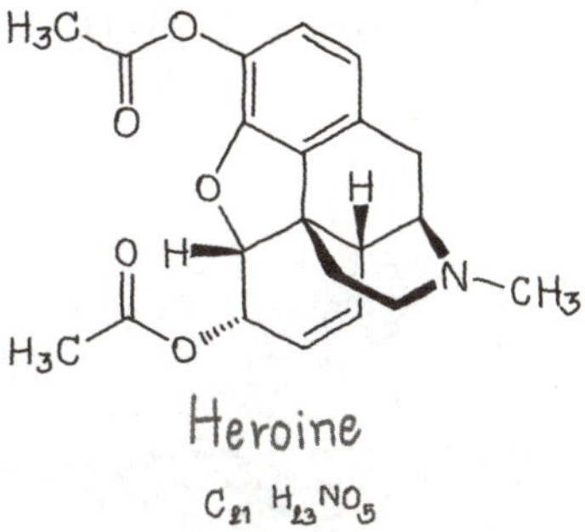

图6–8
海洛因分子结构式

图6–9
海洛因粉末外观

图6-10　大麻分子结构式

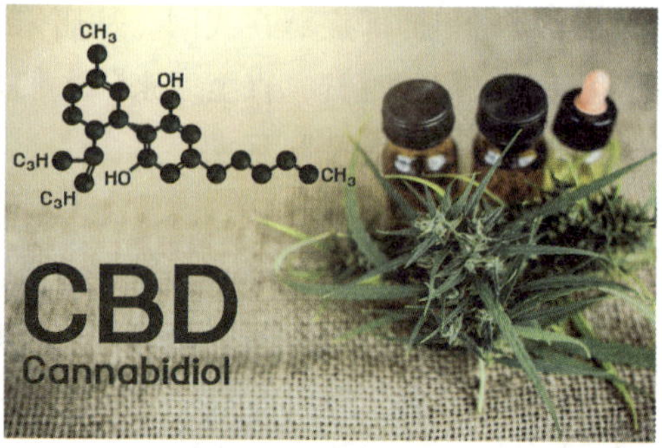

图6-11　大麻外观

得之妙处之后，由古柯制成的饮料、雪茄也随之风靡起来。毫无疑问，随着可卡因备受青睐，它的成瘾性问题也暴露无遗，人们开始强烈意识到它对人体的危害之甚。

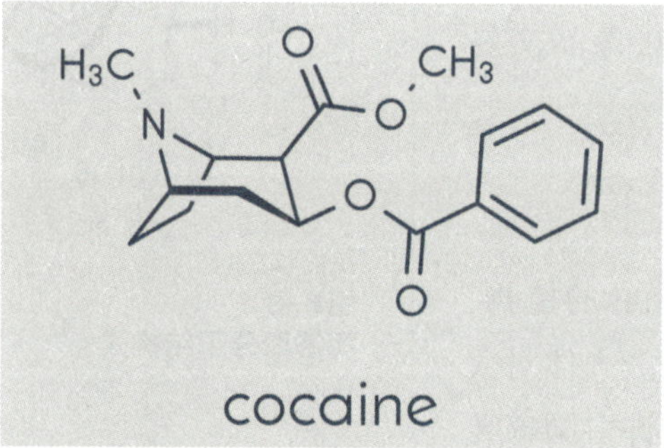

图6-12　可卡因分子结构式

图6-13　可卡因粉末外观

图6-14　各式各样的新型毒品

（4）新型毒品

新型毒品，与传统毒品的来源不同，它是通过人工合成的化学合成类毒品，因此，也被称为“化学合成毒品”和“实验室毒品”，具有更加强烈的成瘾性，较传统毒品更加容易导致神经系统的疾病，摧残生命。根据性质不同，可以将它们分为人工化学合成的兴奋剂、抑制剂、致幻剂类、中枢抑制作用毒品等类别。

表6–1 常见新型毒品的种类

类 别	品 名
中枢兴奋剂	甲基苯丙胺（冰毒）
致幻剂	麦角酰二乙胺（LSD）、麦司卡林、苯环己哌啶和氯胺酮
兴奋剂和致幻剂	亚甲基二氧基甲基苯丙胺（MDMA）（摇头丸）
中枢抑制剂	三唑仑、氟硝安定和γ–羟丁酸

① 甲基苯丙胺（冰毒）（Methylamphetamine，MA）

19世纪末，人们从镇咳药物麻黄碱中意外发现甲基苯丙胺。随后，科学家便开始对其进行化学合成，用于治疗哮喘、抑郁症、多动症等多种疾病。不可思议的是，在20世纪初，一些国家的士兵在战场上竟然服用它来提高战斗力。当前，由于它极强的大脑兴奋作用，苯丙胺类毒品已取代20世纪流行的鸦片、海洛因、大麻和可卡因等常用毒品，成为21世纪全球范围滥用最严重的毒品了。由于外观为纯白结晶体，晶莹剔透，所以俗称“冰毒”。

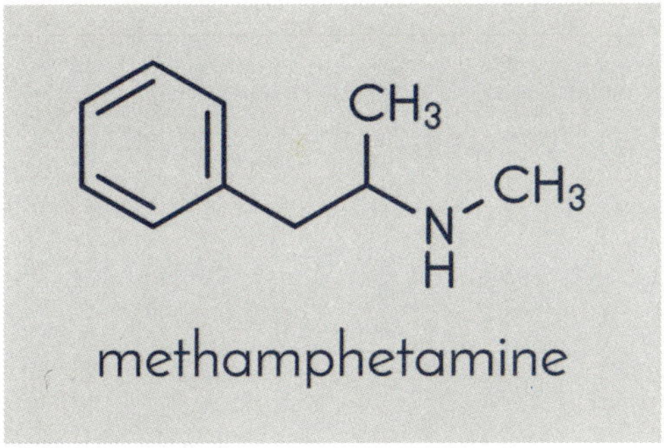

图6–15 冰毒分子结构式

图6–16 冰毒颗粒外观

② 麦角酰二乙胺（Lysergic acid diethylamide，LSD）

作为一种致幻剂，它是从麦角真菌中提取出的麦角酸与其他物质合成而得的麦角酸衍生物。据报道，一次微量的服用（微克级），即可造成使用者包括感官、触觉、记忆和自我意识在内的长时间强烈变化，其作用是麦司卡林的4 000倍。LSD为白色无味的粉末，因此常以其他物质掺入赋形为各种片剂、胶囊或将其水溶后滴于一小片吸水纸上，以口服方式摄入。贩毒者常将其吸附在印有特殊图案的吸水纸上出售，俗称“邮票”。

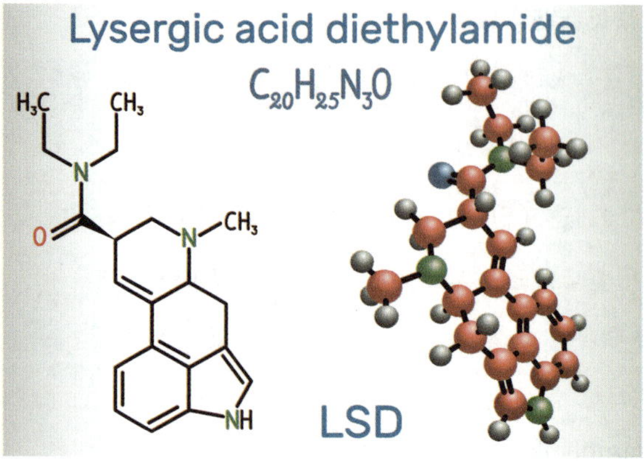

图6–17　LSD分子结构式

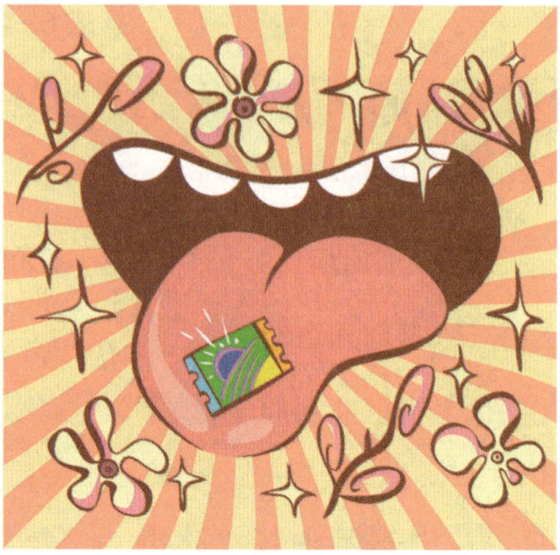

图6–18　放在舌尖吸食的“邮票”

思考

怎样为毒品分类？你知道有哪些种类的毒品吗？

新型毒品和传统毒品有什么不同之处？

MA、LSD、MDMA各代表什么毒品？各有什么危害？

家长圈里的“聪明药”

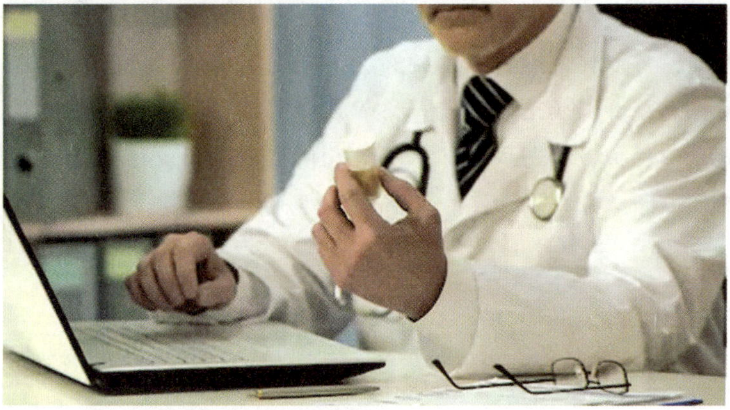

图6-19

1. 社会热点案件

高考生家长圈里的“聪明药”

案例1：随着高考临近，浙江省良渚强制隔离戒毒所心理矫正中心副主任胡钟鸣接到一位妈妈关于“聪明药”的反映：说家长圈暗地里在传一种“补脑提神药”，能在短时间内提高孩子注意力，并且不知疲倦。她发现身边有很多人在吃，所以也买下来给孩子吃。最初，按照一天一颗的剂量，吃了一个月，成绩也没有进步，于是她便增加了一倍剂量。孩子上课不像以前那样累了。由于考虑到可能有副作用，所以高考后马上停止服用了。不过，断药后，孩子的睡眠变得很差，经常睡不着，直到现在，一年过去了，睡眠也不好。脾气更是变得像一个“火药桶”，动不动就发火，从那时起没少与他爸爸吵架。还有一次差点动起手来。现在，这位妈妈非常后悔也很担忧，急切地问胡钟鸣，有没有办法可以补救……

案例2：杭州市第七人民医院学业压力门诊科的医生徐鸥接到学生家长反映自己的孩子服用“聪明药”的情况：这位家长的孩子小凯，现在杭州某知名高中读高二，考进高中后他觉得自己应该也是拔尖的，但高中里高手如林，就算小凯再怎么努力学习，他的成绩都还只是中上水平，不服输的小凯由于学习紧张，久而久之，睡眠越来越差，注意力也越来越不集中，成绩也下滑到了中等。于是，小凯开始服用好朋友推荐的聪明药，朋友说这种药服用后精神很好，学习也不那么吃力了。药论颗卖，也不贵，三五块钱一颗，虽然小凯的服药剂量从每天一颗增加到每天两颗，但是睡眠问题始终解决不了……

特别提醒：所谓“聪明药”并不能提高智商，只是帮助人们长时间集中精力从事某件事而不感到累，提高工作效率。其主要成分为哌醋甲酯，是一种中枢神经系统兴奋剂，可以促进脑内多巴胺和去甲肾上腺素的释放，而这类物质早已被国家列入第一类精神药物名单进行严格管理，其作用机制和冰毒相似，它们的化学结构、成分都类似，极易成瘾。只不过相比冰毒，药效稍微弱一些，但是长时间、大剂量服用会产生成瘾性，停止服用会有戒断症状。

2. 分析与回答

（1）为什么服用“聪明药”，不能让人真的变聪明？

（2）为什么停服“聪明药”之后，会产生戒断症状？

（3）你或者你身边的朋友服用过“聪明药”吗？如果发现了，你该怎么做？

可怜天下父母心！十年寒窗苦，为子女能有一个好的精神状态，父母的心情可以理解，但世界上并没有什么“聪明药”，它只会引发大脑器质性病变，对智力、记忆、逻辑推理带来不可逆转的损害，实属“杀鸡取卵”，得不偿失。

案例中提到的“聪明药”其主要成分是哌醋甲酯，或许你不曾听说过，但事

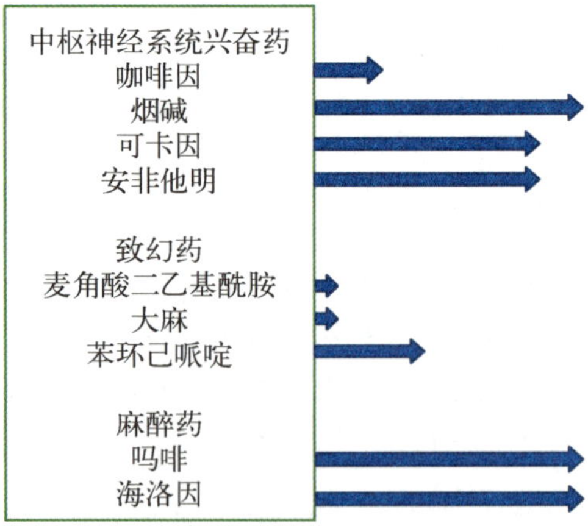

图6-20　常见的滥用药物出现身体依赖的相对潜能

实上这种药物与苯丙胺（冰毒）、氯氨酮（K粉）等一同被列入国家第一类精神药物[1]名单进行严格管控。可想而知，“聪明药”对服用者的危害真是不言而喻。

3. 为什么毒品会让人上瘾?

毒品之所以能使人上瘾，是强烈的药物依赖作用。换句话说，毒品可以让人产生欣快感，然而，为了能够持续感受毒品产生的精神效应，服用者就会强迫自己连续或者定期服用它们，以避免停药引起的不舒服，这就是“毒瘾”。

那么，毒品为什么会产生这样令人无法抗拒的效果呢？现在，我们就对几类常见毒品的作用原理进行初步讨论。

（1）吗啡的作用机制

在医学界有多种假说，其中有一种“受体学说”认为：人脑可以天然产生一种类似吗啡的物质，叫“脑啡肽”。脑啡肽是人体一种内源性神经递质，可以与阿片受体结合令人产生兴奋和欣快感。一旦吸食吗啡之后，毒品中高浓度的吗啡便代替了脑啡肽发挥生理作用，久而久之，人体自身就本能地减少并抑制了内源性脑啡肽的分泌，直至最后必须依靠外界供应的毒品来维持人体正常生理活动，以致自身的脑啡肽完全停止分泌。这时，如果外界毒品停止供应，人的正常生理活动就随之紊乱，导致“戒断症状”[2]产生。

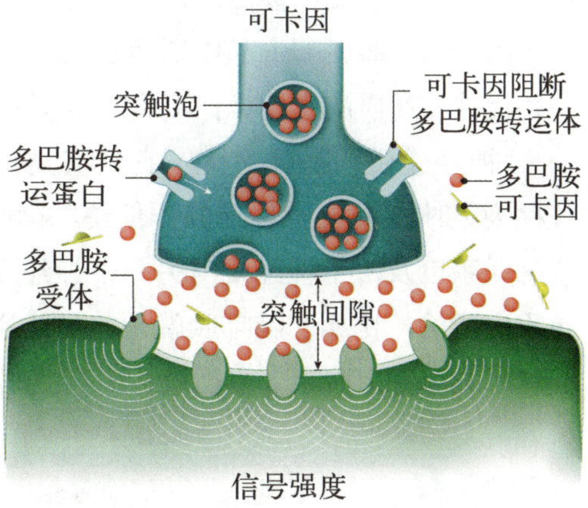

图6–21　可卡因药理作用示意图

---

[1] 所谓“精神药物”，就是能直接作用于中枢神经系统，通过兴奋或抑制中枢神经系统发挥药物作用，连续使用能产生依赖性的药品。为此，国家依据人体对精神药品产生的依赖性和危害人体健康的程度，将其分为一类和二类精神药品。这类药物由国家指定的生产单位按计划生产，其他任何单位和个人不得从事精神药品的生产活动。

[2] 相信你在很多影视作品中见过这种症状——人体身心不受控制，痛苦不堪，出现欲死不能、欲活不成的犯瘾丑态。此时，只有再次使用毒品才能消除“戒断症状”。

（2）可卡因的作用机制

可卡因是一种中枢神经系统兴奋药，它可以阻断单胺类物质从突触间隙重摄取进入突触前末梢，从而增强和延长单胺物质的中枢和外周作用。尤其是可以延长大脑欣快系统的多巴胺作用，产生强烈的欣快感。长期吸食可卡因，就会导致多巴胺的耗竭，触发可卡因成瘾的恶性循环。吸食量较大时，则可引起震颤和惊厥，伴有呼吸和血管运动的抑制现象。

（3）LSD的作用机制

有些药物具有诱导感知状态改变和产生梦境联想的能力，这种状态改变多数伴随有环境光线、色彩的变化以及形状和色彩可塑性的不断变化，这就是致幻剂。LSD就是致幻剂的一种，它影响中枢神经系统的多个位点，能兴奋相关受体，发生交感神经系统激活作用。低剂量的LSD就可以诱导伴有明亮色彩的幻觉，发生情绪改变，甚至出现反射亢进、恶心和肌无力等反应症状。

在其他一些新型毒品中所含有的精神活性物质，常常也能够像LSD这样，发挥替代神经递质的作用，让吸食者欲罢不能。

“神经递质”是什么呢？它其实是人体内源性物质，具有特异的化学结构，被称为人体神经突触传递的“信使”。我们人脑内的脑细胞或神经元之间发生的信息联系以及一个神经元与另一个神经元的信息联系都是通过在突触释放的神经递质完成的。比如，脑啡肽就是神经肽递质的一种，常见的神经递质还包括乙酰胆碱、去甲肾上腺素、多巴胺、5–羟色胺、谷氨酸、γ–氨基丁酸等。

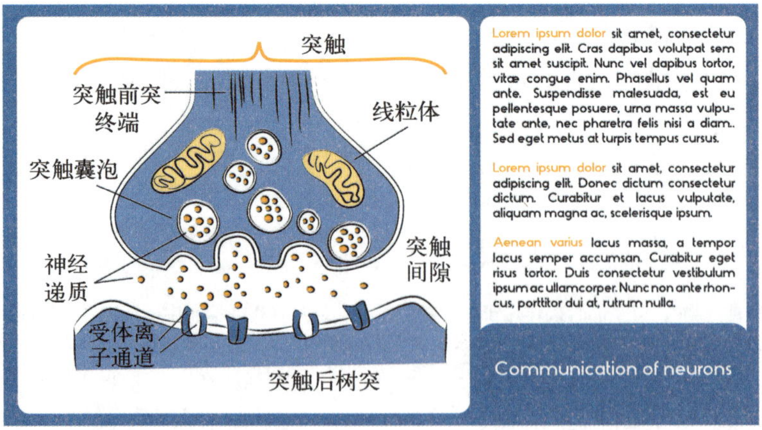

图6–22　人体神经突触传递的“信使”——神经递质

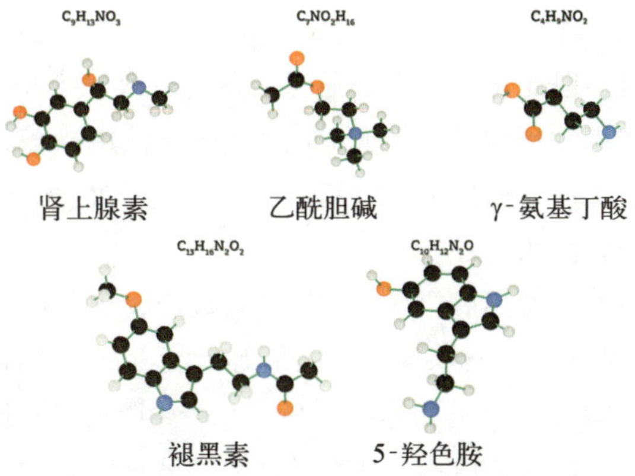

图6–23　常见的神经递质

可见，毒品中的精神活性物质，要么模仿自然发生的内源性神经递质的作用，要么通过阻断正常功能或改变神经递质的存储、释放和转移来干扰正常脑功能，进而严重破坏吸食者的正常生理机能，一旦误入歧途，便会毒瘾成性，难以忍戒。

4. 吸食毒品的常见表现有哪些?

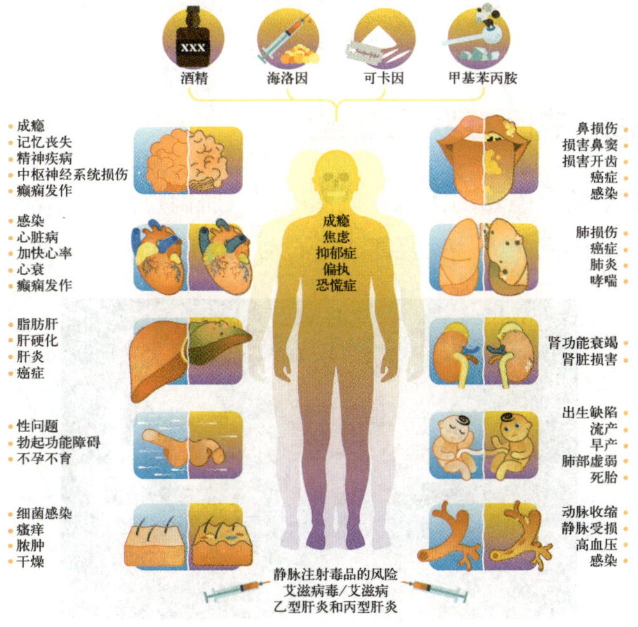

图6–24　吸食毒品对健康的影响

（1）吗啡：可以镇痛、镇静、呼吸抑制；出现欣快感、幻觉、惊厥等现象。

（2）大麻：引起心理变化，产生松弛感，洋洋自得、嗜睡、站立不稳、双手震颤；滥用者导致中毒性精神病，出现幻觉、妄想和偏执状态。

（3）冰毒、摇头丸：产生兴奋和致幻，出现摇头、冲动、吵闹、放纵等不由自主、不能自控的神经症状。

（4）氯胺酮（K粉）：服用后会导致神经中毒反应，出现精神分裂症状。

（5）开心水：是由冰毒、摇头丸、氯胺酮等新型毒品混合而成。兴奋、致幻，引起心跳加快，瞳孔放大，血压和体温升高，并产生呕吐、昏眩、头痛和食欲不振，精神错乱，性欲亢进，会情不自禁手舞足蹈，呈疯狂状。

（6）三唑仑：又名海乐神，具有强烈的麻醉作用。

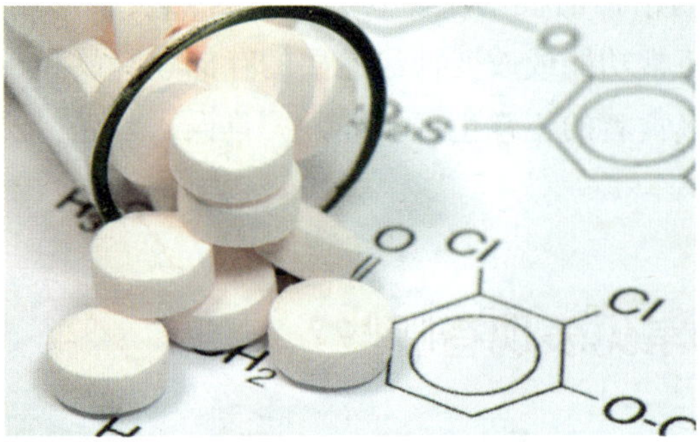

图6–25

5. 常见毒品的戒断症状有哪些？

（1）鸦片类毒品：强烈的渴求，流涕流泪、肌肉疼痛或痉挛、胃肠痉挛、恶心、呕吐、腹泻、瞳孔扩大、反复寒战、心动过速、睡眠不安等症状。

图6–26

（2）苯丙胺类毒品：疲劳、睡眠障碍、抑郁，严重者甚至产生自杀念头。

思考

为什么毒品能够让人产生生理依赖？

什么是戒断症状？都有哪些具体表现？

你能解释几种常见毒品的作用机制吗？

6. 拓展阅读

药物依赖与脑奖赏环路

（1）药物依赖性

是指机体对某种药物表现出一种强迫性的要连续或定期使用的行为和其他反应，目的是感受该药物的精神效应，有时也是为了避免停药引起的不适，可以发生或不发生耐受。用药者可以对一种以上的药物产生依赖性。

（2）脑奖赏系统

人类的许多行为都是受奖赏效应驱动的。大脑的奖赏系统涉及多条多巴胺通路，其中位于中脑边缘系统中的多巴胺奖赏回路与药物依赖的关系最为密切。机体摄取毒品后可导致伏隔核内的多巴胺释放增加，产生愉悦感等奖赏效应主观感受。随着药物依赖程度的加深，该系统的神经环路会受到损伤、神经可塑性发生改变，导致对吸毒行为失去控制，负性情绪和应激过于敏感、再适应能力削弱，从而难以戒毒。

第3节 鉴毒有方

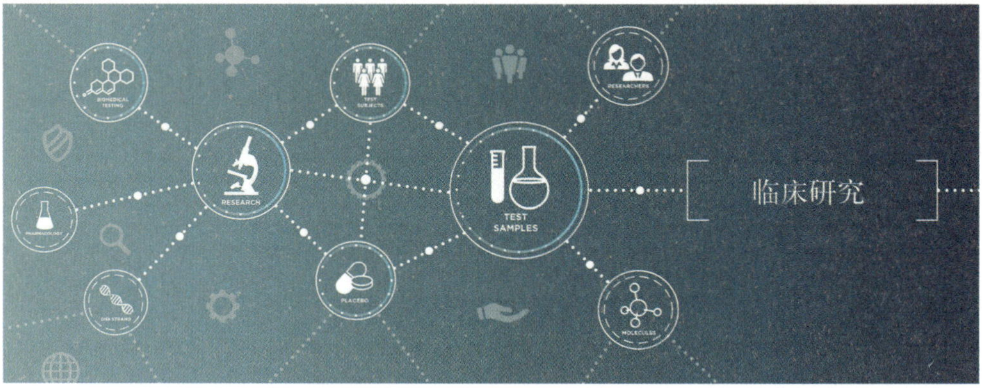

图6-27

在世界各地，警方联合法庭科学家们一起开展行动，共同致力打击毒品犯罪。当然，毒品检验就是其中一项非常重要的工作。现如今，法庭科学家们可以借助各种先进的技术手段，综合包括化学、物理、生物在内的科学原理以及现代仪器分析的方法，对毒品可疑物质进行快速、准确鉴别与测定，通过准确可靠的数据，来揭露和证实毒品违法犯罪行为，为庭审判决提供重要证据。

1. 毒品检验的对象有哪些？

在法庭科学实验室，毒品检验工作主要是对毒品的种类、组成、结构、性质和含量展开鉴定和分析，为毒品违法行为的侦破提供重要的信息和线索。

比如，在鉴识毒品的种类时，对可疑物的溶解度、熔点、沸点等物理性质的基础测试是必不可少的。然后，就要借助生化分析或仪器分析的手段，进一步对毒品进行检验。不仅包括毒品的主要成分、添加物种类、掺假程度等成分指标，有时还需要核查毒品加工的原料、合成方法以及毒品来源等信息。

很多时候，在犯罪现场没有发现任何毒品可疑物，这并不意味着没有毒品违法行为的发生，这就需要对犯罪嫌疑人的唾液、尿液、血液、毛发等生物样本进行检测了。因为，这些样本常常可以让吸食毒品者“露出马脚”。这其实是一项繁杂的工作，但令人欣慰的是，法庭科学家们一旦能够借助生物样本鉴定出毒品原型及其代谢物，就可以推断吸食毒品的种类和时间等重要信息，用以确定嫌疑人。

2. 检材的种类有什么不同?

在实验室里，工作人员将用于毒品检验的检材进行如下的区分。

（1）可疑物品：比如犯罪现场的块状物、片剂、粉末等固体物质，不明液体，大麻、罂粟等原植物，可疑浸毒纺织物等。

（2）生物检材：比如犯罪嫌疑人的尿液、血液、头发、指甲、呕吐物等。

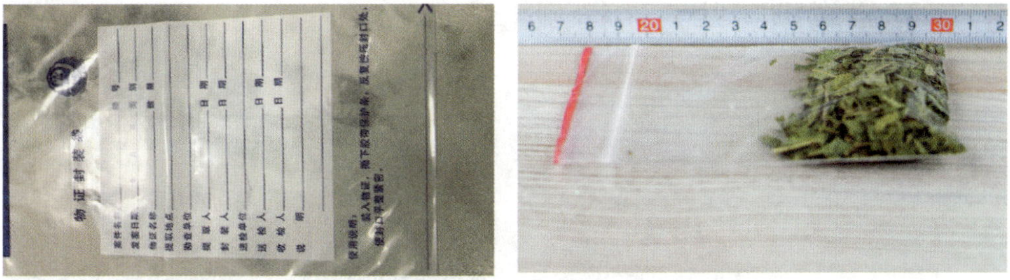

(a)　　(b)

图6–28　检材袋

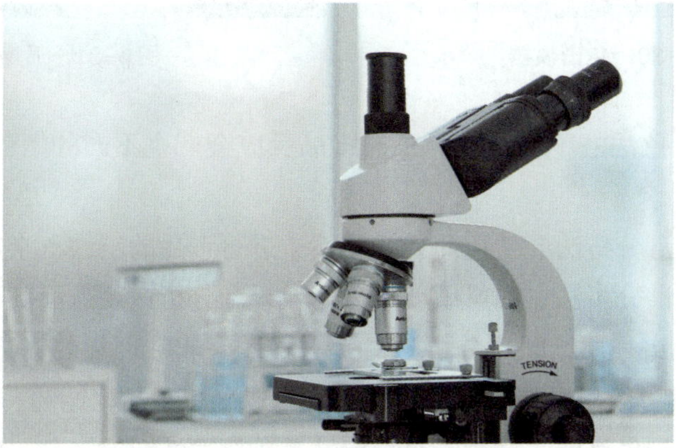

图6–29　显微镜

（3）尿液：应用最广泛的生物检材。大多数毒品通过尿液排泄，所以尿液中可能含有较高浓度的毒品及代谢产物。

（4）血液：血液检材也比较常用，它可能含有较高浓度的毒品及代谢物。

（5）毛发：与体液相比，毛发容易获取、性质稳定，但毒品及其代谢物含量往往较低。

思考

毒品检验涉及哪些检验内容?

请你列举常见的检材种类，并描述它们的各自特点。

3. 实验室常用哪些方法检测毒品?

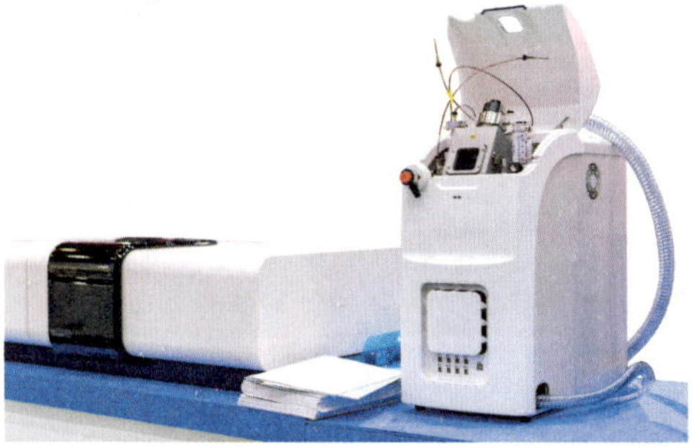

图6–30　色谱仪器

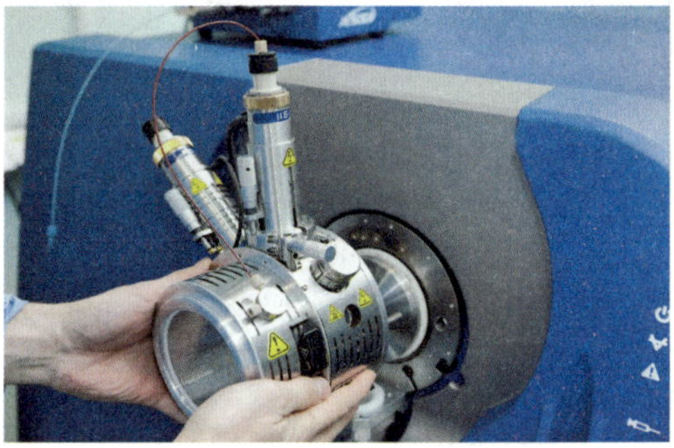

图6–31　质谱仪

（1）化学显色法：不同试剂与不同毒品反应会产生不同的颜色变化，通过颜色变化检验毒品。

（2）薄层色谱分析法：适合简易实验室中进行毒品的定性、半定量分析。

（3）气相色谱分析法：在灵敏度、分离效果和分析速度方面优于薄层色谱法。

（4）气相色谱—质谱联用分析法：是一种效果非常理想的方法，它带有毒品标准谱库，不仅可给出毒品的准确信息，还可以确定毒品代谢物。

（5）高效液相色谱法：适用于热稳定性差、挥发性弱的大分子的样品。

（6）液相色谱—质谱联用分析法：是液相色谱与质谱联合使用的分析方法。

（7）红外光谱分析法：适用于高纯度毒品的鉴别，也可用于毒品间的比对检验，具有快速、准确、不破坏样品的特点。

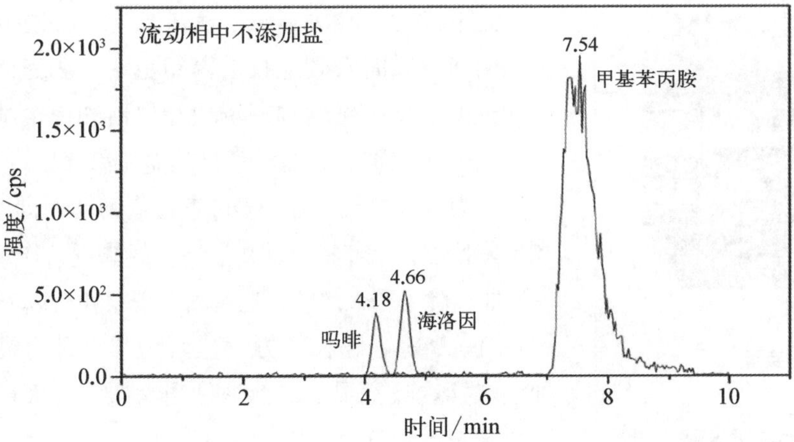

图6–32　甲基苯丙胺、海洛因和吗啡的色谱质谱图

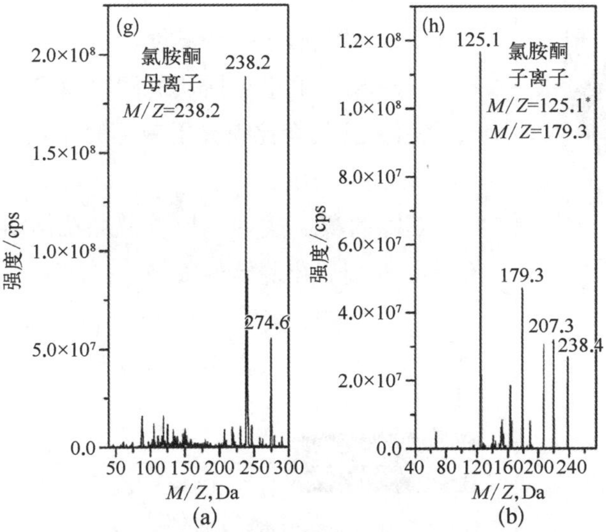

图6–33　氯胺酮母离子和子离子扫描质谱图

注：*表示定量的离子

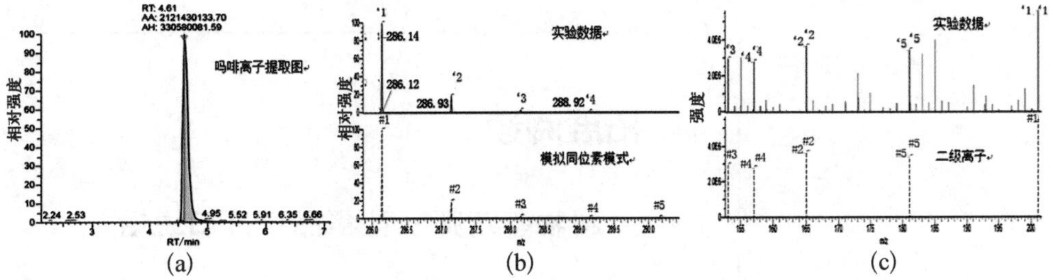

图6–34　尿液中吗啡离子提取、模拟同位素、二级质谱碎片图

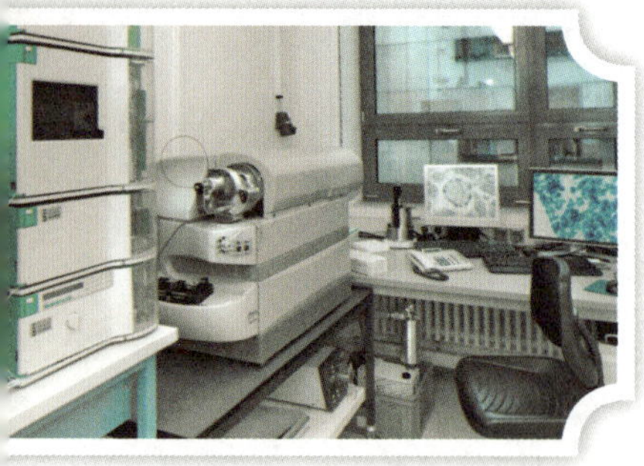

图6–35
现代化的分析鉴定实验室

图6–36
警犬缉毒

天下武功，唯快不破！没错，为了方便警方抓住有利时机，及时有效地打击毒品犯罪。法庭科学家们还相继开发出一系列的现场快检仪器和快检试纸，用于现场快速识别，提高对毒品的鉴别效率。

更为有趣的是，有许多国家还借助动物自身的本能和生理特点，培养特色动物参与一线缉毒工作，打击毒品犯罪。除了警犬之外，这些动物警察还有以下几种。

（1）蝴蝶：秘鲁警方大量繁殖了一种血蝴蝶，这种蝴蝶喜欢吸罂粟上的汁液。当罂粟的汁液被吸食之后，罂粟竟然就会死亡。

（2）蛇：印尼首都雅加达的警察局养了一种警蛇，只要训练员发出信号，它可向目标发起攻击，警方已经利用毒蛇侦破了一些案件。

（3）猪：毛里求斯从德国进口了一种野猪，经驯化之后，就具有比狼犬更敏感的嗅觉，可在深山、荒地中寻找出罂粟、大麻。

（4）警狮：委内瑞拉首都加拉加斯警察局训练的幼狮，可以查出隐藏的毒品。

（5）警猫：美国警方训练出叫“迪布罗”的警猫，能在墨西哥边界缉毒中大显身手。

思考

毒品检验对象都有哪些?

常见的毒品检材有哪些种类?

常见的毒品检测技术有哪些?

4. 拓展阅读

毒物鉴定师：让毒品“开口说话”

冲在禁毒一线的缉毒民警，常年与狡猾的毒贩斗智斗勇，令人心生敬佩。当犯罪嫌疑人落网后，如何为案件提供量刑和定刑依据，则又是一门大学问，需要由强大的幕后团队来执行。

在福建厦门，就有这样一个对外界来说颇为神秘的部门，它就是厦门的“鉴毒中枢”——厦门市公安局刑侦支队技术处理化实验室。这个理化实验室是厦门公安系统中专业性最强的科室之一，也是禁毒战线上不可或缺的重要一环，全市公安机关所缴获的毒品、毒物、微量物证等都要送到这里，由4名毒物鉴定师进行定性和定量检验。

（1）鉴毒需要“抽丝剥茧”

任睿是理化实验室的一名毒物鉴定师，2004年加入厦门警队，今年是他成为毒物鉴定师的第10个年头。

在任睿看来，鉴毒工作犹如拆开被层层密封的包裹，要运用各类先进仪器和检验方法，对各类毒品、毒物等检材进行“抽丝剥茧”，鉴定过程纷繁复杂，且需要格外严谨，最终确定包裹里究竟是何种毒品。

如果对某种毒品不确定时，他们就要查阅多种材料，尝试多种检验办法，甚至要做几十次的试验，最终给出最完美的鉴定结果。

“要确保不出错，必须做到16个字：科学严谨、高度负责、专心致志、公平公正。”任睿说，“办案单位送来的检材中，鉴定出的毒品成分量有多少，是法院定罪量刑的关键性参考依据，来不得丝毫马虎。”

（2）为鉴定“邮票”查近百篇论文

在每一起毒品案件中，毒物鉴定师不关注人，只关注物，即检材。

2019年3月16日，癸官派出所民警在毒贩住处缴获5枚纸片，疑似为新型毒品“邮票”。所谓的“邮票”就是毒品LSD的俗称，不法分子将LSD致幻剂滴入纸片中，瘾君子将纸片放入嘴里，通过口腔黏膜吸收致幻剂，一旦吸食将做出失常的行为。

到底是不是“邮票”？这就需要毒物鉴定师出场了。“鉴定其他毒品，可用甲醇、乙醇等普通溶剂检验，但用于鉴定‘邮票’却没有作用。”任睿说，因“邮票”不常见，在检验方法上颇费了些周折。

任睿和同事聂丹凤查阅近百篇学术论文和相关资料，最终才确定毒品LSD的理化性质与检验方法，并成功完成鉴定工作，确定民警所缴获的就是毒品“邮票”。在鉴定报告面前，毒贩只能如实交代。

2015年1月，厦门警方在一出租屋内缴获2831克淡黄色液体，疑似为液态冰毒。“由于液体中的甲基苯丙胺含量极低，我们经过反复浓缩提取后，才检验出甲基苯丙胺含量，确定其为液态冰毒。”任睿说，这也是他从业10年来检验过的甲基苯丙胺含量最低的一次。任睿说，一起毒品案件，他们有的只需检验几个检材，有的则需检验上百个。不法分子为了逃避严打，在“制造麻烦”上会无所不用其极，但在毒物鉴定师的科学检测面前，他们无处遁形。

（3）“常在毒边走”，检验从未错

除了常在理化实验室做鉴定，一旦警方发现制毒工厂，毒物鉴定师也必须去现场。2015年，警方发现厦门某仓库疑似涉嫌制毒，民警通知毒物鉴定师前往现场。任睿说，在现场共提取了近百份检材，这些检材都需他们鉴定，并最终形成报告。任睿说，该工厂环境恶劣，散发着刺鼻的气味。不过，毒物鉴定师在接触检材时，一般会有严格的保护措施，不会徒手去接触，所以影视作品中的毒物鉴定师徒手尝毒等情节在现实中是不会出现的。

尽管毒物鉴定师不会与毒贩正面交锋，但他们也是行走在危险边缘。任睿表示，他怕的不是毒品，而是吸毒的瘾君子。如果不小心触碰毒品，认真清洗后基本没事，但瘾君子就不同了，很多瘾君子以贩养吸，大都患有肝病、艾滋病等传染病。

“在检验他们用过的注射器等吸毒工具时要格外小心，如果被这些吸毒工具划伤，就非常麻烦且危险。”任睿说。

任睿在对液体毒品进行涡旋搅拌时，有时会被液体毒品溅到脸部、眼睛等部位，每次他就会立即用专门的清洗设备进行彻底清洗。当有大宗毒品被送来理化实验室时，一旦通风设备没及时打开，楼道里就会充满刺激性味道。“这些毒品含有化学试剂，挥发性极强，我们戴着普通口罩挡不住这气味，还会被熏得睁不开眼，只能戴防毒面具才有效果。”任睿说，如果长期吸入这类气体，对人体是有害的。

“因制服上常沾满大量有毒物质，所以我从不穿制服回家，每次回家前都要把手洗得干干净净。”任睿说。

从业以来，有两次经历给任睿留下深刻印象。一次是2015年，厦门警方持续开展“亮剑扫毒”专项行动，1月至3月的案件量达700多起，90%以上是毒品案件。为了尽快完成鉴定工作，他们4个人在实验室加班加点做实验，春节期间都在加班。还有一次是2018年年初的一天，他们共接到53起毒品案件，那几天他们忙得够呛。

当了10年的毒物鉴定师，任睿检验上万份毒物检材，未出过一起差错，他用严谨的态度做好每一次鉴定，让不法分子得到相应的惩罚。

青少年毒品犯罪预防

图6–37

1. 社会热点案件

青少年吸毒案例三则

（1）16岁的男孩小华虽然从小爱玩好动，但学习成绩还算不错。这个年纪的孩子，爱打游戏的挺多，小华也不例外。有一次，在游戏机房里，小华认识了一群“哥们”。他们掏出一种白色粉末，围坐在那里吸，一副“飘飘欲仙”的样子，一下子就引起了小华的好奇。当“哥们”怂恿他尝一口时，小华毫不犹豫地伸出了手。有了第一次，就有第二次、第三次……

（2）小胡，男，27岁，吸毒史达9年，其间戒毒两次。他的父母在他很小时就离婚了，他一直跟外婆住。1996年的时候，他跟女朋友分手了，当时心情很不好。虽然也听说过毒品，身边也有不熟悉的人在吸，不过他还觉得这事跟自己没什么关系。后来在一个兄弟家里，看见很多人围着吸毒，一个兄弟就对他说，心情不好来口这个包你舒服。当时他就是好奇，还有他从来没有“不敢”的时候，为了面子他吸了，第一口他被呛住了，根本没有吸下去，兄弟说，我给你敲小一点，你慢慢吸。他吸完之后就昏昏沉沉睡过去了，也没觉得有什么舒服的感觉。之后朋友吸的时候他就主动要求吸，想看看到底能有多舒服，这种心态就好像小时候学抽香烟一样，明明会呛到，却越要抽。

（3）小陈，22岁，15岁开始吸毒，父母做生意没有时间管他。于是他迷上了网络游戏，学习成绩大幅下降，受到父母训斥，心里很烦。此时，他遇到了比他大两岁、父母离异的刘哥，刘哥很关心他，两人结伴泡网吧，小陈慢慢学会了吸烟、喝酒，并在刘哥的引导下赌博、盗窃，吸食海洛因成瘾。为了获得毒资，小陈变卖了家里的电器并骗抢他人钱财，曾三入三出戒毒所。

2. 分析与回答

（1）为什么他们会沾染上毒品？请你依次分析原因。

（2）吸食毒品的危害有哪些？

① 破坏身心健康，迈向堕落深渊

毒品能够给人们带来快乐？帮助人们消解苦闷？错！毒品给人带来的快感极其短暂，更多的是对人体造成严重的心理和生理破坏，从而产生明显的、难以忍受的戒断症状。要知道，一旦停药，生理快感就会荡然无存，随之而来的便是生理功能的紊乱不堪，不可避免地会出现焦虑不安、恶心呕吐、流泪出汗、忽冷忽热、腹泻腹痛等躯体症状，让人苦不堪言。同时，伴随记忆衰退、严重营养不良、抵抗力下降，导致一系列疾病的发生。另一方面，毒品所造成的强烈心理依赖，让人欲罢不能，精神和意志遭受折磨，甚至能让吸毒者人格分裂、心理变态、道德沦丧，一步一步迈向堕落的深渊。

图6–38

② 经济代价高昂，引发各种犯罪

吸毒，没你想得那么容易！事实上，它是一种高昂、奢侈的消费。调查表明，吸毒者一天需花费上百元至数千元不等，成瘾者花费则更高！通常情况下，通过合法劳动报酬，根本无力承担，吸毒者不得不通过额外的途径换取毒资。为了安抚因毒瘾发作而导致的身心不适，常常铤而走险，走向犯罪道路，社会危害性极大。

③ 疾病传染蔓延，健康状况苦不堪言

在毒品吸食的方式中，静脉注射、肌肉或皮下注射的方式是最为普遍和常见的。然而，当毒品发作时，吸毒者往往不会顾及卫生安全状况，常常共用未经消毒的注射器和针头，造成各种传染性疾病的传播和蔓延，像艾滋病、性病等。一项关于青少年吸毒人群的调查显示，45%以上患有肝炎，25%以上患有性病，吸毒超过一年的，体重普遍下降10公斤。在一些地区，因静脉注射吸毒造成艾滋病的感染率竟然高达68%！有些地区，乙肝或丙肝的感染率也分别高达22%和68%。看来，吸毒的人群并不快乐，反而要遭受身心、经济和疾病的多重打击。

此外，吸毒带来的危害远不止这些。一个身心健康遭到摧残，经济状况苦不堪言，饱受疾患之苦的人，家庭会幸福吗？答案显而易见。很多家庭从经济富足到一贫如洗；从温馨健康到妻离子散；从幸福和睦到反目成仇。悲哉！痛哉！

思考

为什么毒品能摧残身心健康？

毒品的危害仅仅是影响身心健康吗？还有哪些？

（3）毒品犯罪该如何预防？

① 自我预防

青少年朋友们，学习了本章，想必你已经对毒品的认识更加深入和透彻了，因此，无论何时，无论何地，你应当谨记在心：**毒品万万不能沾染，一点一滴也绝不允许，不管它到底是什么毒品，不管是谁让你吸食，万万不可！**

在此有两点建议：

（a）当你心中遇到困惑或苦闷时，积极与父母、

图6–39

师长或其他良师益友进行交流，寻求他们对问题的看法，以化解心中的不快，走出困境，拥抱生活。

（b）当遇到有人向你推介或劝说你吸食毒品时，你要从内心深处坚决拒绝，远离任何毒品的侵害，在保护好自己的同时，寻求父母或公安机关的协助。

② 家庭预防

为人父母，要意识到当今社会是多元开放的，孩子身处的环境中有可能会接触毒品，对毒品的话题千万不能视而不见或掉以轻心。在这里有以下三点建议。

（a）言传身教，以身作则，自身一定要拒绝沾染吸食毒品，为子女做好榜样。

（b）要充分地关心子女的生活和学习，当他们有压力时，积极帮助他们疏导。

（c）如果发现子女有吸毒行为，千万不能放任逃避，积极配合公安机关戒毒。

③ 学校预防

如果你是一位教育工作者，当责无旁贷地面对青少年吸毒问题。或许，你会觉得你的学生中没有吸毒的情况，青少年吸毒问题距离你和你的学校非常遥远。然而，你要知道，吸毒行为具有隐蔽性，同时青少年吸毒人群恰恰处于风华正茂的年纪，作为师长理应有足够的认识。在此有以下四点建议。

（a）做好学生引路人，在教书育人的过程中，点滴渗透正确的价值观和道德观。

（b）在平时的教学工作中，要关注每一位学生的成长，师生间形成良性互动。

（c）当学生思想上有困乏、心理上有困境、感情上有困惑时，要及时予以疏导。

（d）防止不良的社会风气入侵校园，净化校园周边环境，让学生远离毒品侵害。

④ 社区预防

如果你从事社区工作，就要想办法把禁绝毒品和社区建设紧密结合起来，进行综合性社区资源运作，做好社区预防。在这里有以下四点建议。

（a）利用社区资源，强化社区功能，促进政治、经济、文化、环境健康协调发展。

（b）制订禁毒计划，解构社区人员涉毒驱动合力，从而实现社区禁毒工作目标。

（c）动员全民参与，以预防、宣传、教育为重点，禁吸、禁贩、禁种、禁制并举。

（d）加大毒品违法犯罪活动打击力度，积小区为大区，积极创建禁毒示范社区。

3. 重要任务

假如你是一位在市政府工作的毒品犯罪预防负责人，请根据青少年毒品犯罪特点，设计一个青少年毒品犯罪预防可行性方案，以降低本市青少年毒品犯罪率。

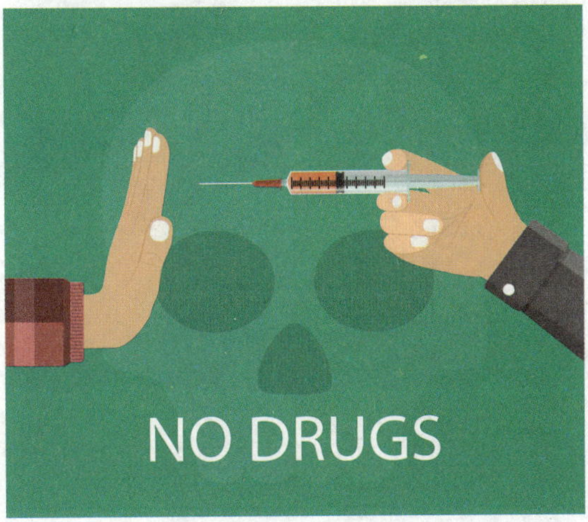

图6–40

图6–41

第7章

小兄妹相继身亡之谜

所有物质都是毒物，只是剂量的问题。

——［瑞士］内科医生帕腊塞耳萨斯

重点关注

- 常见毒物及种类
- 毒物的作用机制
- 毒物的鉴别分析

关键术语

- 毒性评价指标
- 有机磷杀虫剂
- 毒物筛查
- 中毒症状
- 解毒试剂

图7-1

1. 社会热点案件

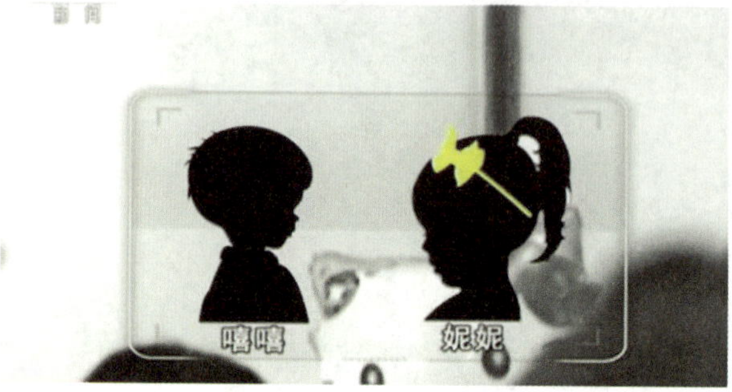

图7-2　兄妹俩离奇中毒身亡　凶手成“谜”

凌晨三点多，家住上海市嘉定区的一对兄妹嘻嘻（7岁）和妮妮（5岁）先后出现呕吐腹痛的症状，并被紧急送往医院进行救治。到达医院后，经诊断化验，两人的白细胞在正常范围之内，只有呕吐、腹痛症状，医院按照急性胃肠炎治疗，打了点滴之后，两人都有好转，也不呕吐、腹痛了。回到家后，看着两个孩子病情好转，夫妻两人再次出门工作。由于妮妮年纪较小，夫妻俩就将她带在身边，儿子嘻嘻则继续由奶奶照看。可没多久，嘻嘻又出现了与前一晚相同的症状。

次日凌晨，嘻嘻就被急速送到儿童医院重症监护室，伴随休克症状。医院考虑到中毒引起的这种恶心、呕吐、腹痛，随即进行血液净化与血浆置换，但均无效，上午9时许，嘻嘻死亡。

变故突如其来，一家人悲痛万分。伤心之余，嘻嘻的父亲突然意识到，小女儿妮妮之前也曾出现过类似症状，保险起见，他立即将妮妮送到医院进行检查。当时妮妮表现正常，但检查之后发现也有中毒迹象。

医院对妮妮进行了一系列的抢救措施，但下午四点多，妮妮多器官衰竭，经抢救无效死亡。一天之内，两个孩子的突然离世，彻底击垮了这个家庭。所有的人都想不通，两个好端端的孩子为何病情发展如此之快？是什么导致了他们的迅速死亡？

刑侦专家经过缜密勘查，越来越多的疑点都指向：中毒！

是哪种毒？毒从何来？现场勘查员对兄妹食用过的食品以使用过的用品进行了分类，提取了樱桃核、调味品、剩饭菜、饮用水、呕吐物、雪饼、烤肠、餐具等20多种检材。

刑侦专家为什么要分析樱桃核呢？因为查阅文献资料发现，樱桃核里含有一种氰苷，如果把樱桃核嚼碎，它在胃酸的作用下，可以产生剧毒物氢氰酸，会出现呕吐、腹痛这种中毒表现。而兄妹两人在出现中毒表现之前，两人一共吃了1斤半的樱桃。凶手会是它吗？

刑侦专家通过分析发现，在樱桃核里面存在的一种氢氰根比较少量，而且并非每一粒里面都有，虽然是剧毒，但因为樱桃核而出现兄妹死亡的严重后果，几乎是不可能的。

就在中毒兄妹家中勘查工作宣告结束时，死者兄妹隔壁的粮食仓库突然起火，侦查发现，兄妹中毒前一天隔壁仓库也发生过火灾，这场火灾让中毒死亡案变得更加扑朔迷离。

嘉定警方第一时间联系环保部门对被害人的家进行环境监测。几轮的测试下来，很快有了最终结果：兄妹家中检测出磷化氢气体成分。而磷化氢在空气中是不存在的，它是极易挥发的一种气体。刑侦专家推断磷化氢与磷化铝有关，磷化铝是一种常见的粮食熏蒸药剂，潮解以后产生磷化氢气体用于杀虫。果不其然，刑侦专家在兄妹体内也同样找到了磷化氢！

在证据面前，仓库的工作人员承认了使用磷化铝对粮食熏蒸的事实。就在火灾发生之前的两三天，工作人员对十几吨粮食进行了熏蒸。据工作人员回忆，他们使用了一瓶半磷化铝片剂，大概450片到500片。不幸的是，仓库与兄妹卧室的墙壁有破损……

2. 分析与回答

（1）两个小兄妹是由于食用樱桃而中毒的吗？

（2）他们到底中了什么毒？

（3）警方是通过什么方法确定毒物的来源的？

图7–3

第1节

砒霜是药还是毒？

图7-4

1. 法医毒物学起源于哪个时期？

就毒物而言，人类的祖先们早已有所认识，无论是自然界的有毒动物，还是有毒矿物，在各国的早前文献中均有记载。据史料记载，毒物最先被人们用来制作毒箭，用于防御或狩猎。在英语中，毒物（toxicant）一词与射箭术（tox-

图7-5　毒物与弓箭

ophilitic）一词都和古希腊弓箭（toxicon）一词有着渊源。

之后，毒物还被用于治疗疾病。传说神农尝百草，“一日而遇七十毒”（选自《淮南子》），说明远古时代我国的先民们已对一些有毒植物有所认识。早在《周礼·天宫篇》中就有“聚毒物以供医事”的记述。据说，砒霜虽是毒，但可以治病，是真的吗？没错。大约在苏格拉底生活的同一个年代，被称为“医学之父”的古希腊著名医学家希波克拉底就发现并认识了砒霜（As_2O_3）治疗疾病的作用。

（a）　　　　（b）

图7–6

当然，既然是毒物，那么历史上也就少不了用它们谋害性命的故事。难免会被人用来进行社会斗争，实施谋杀、逼害或自杀的行为。公元前399年，著名的古希腊哲学家苏格拉底就以服毒的方式结束了自己的生命，这是有明确史料记载的第一桩毒物致死案。下面的一则毒物致死案，则发生在18世纪的英国。

图7–7　油画作品《苏格拉底之死》

2. 历史追踪

英国一项投毒案的审判

1751年，英国警方对一桩投毒致死案件展开调查，有四名医生受邀对死者的尸体进行解剖检验。医生们认真分析了死者的生前状况，并对解剖结果进行综合评估，最终确定砒霜中毒导致死者殒命，而且获得了犯罪嫌疑人用于投毒的白色粉末。不过，根据当时的技术手段，无法确认这些不明的白色粉末就是砒霜。于是，他们想出了一个巧妙的办法：将这些白色粉末进行加热，随后这些白色粉末释放出了像大蒜味道一样的气味，最终以此判定该粉末即砒霜。虽然这种方法在今天看来并不可靠，但就当时的科技条件而言，已经相当了不起了。这是毒物鉴定史上一次有益尝试，最终陪审团以谋杀罪对嫌疑人进行了判罚。

图7–8

古往今来，死于毒物的人不在少数，其中更不乏谋求长生不老的帝王将相们。据推测，我国第一位皇帝秦始皇就死于大量服用含有毒物的“仙丹”。在古代，人们千方百计地幻想着通过寻找和炼制灵丹妙药，谋求长生不老。因此，世界各国的“炼丹术士们”都极其认真地将各种物质混合、加热，谋求神奇的物质变化。虽然没有人可以因服用“仙丹”而得长生，却有很多人因为它们的毒性作用而死亡。恰恰是因为人们发现了它们的致死作用，才引发人们对其毒理作用进行研究的兴趣。所以，无论在东方还是西方，“炼金术”都可被视为法医毒理学产生和发展的基础。

现在，科技以前所未有的速度发展，据不完全统计，每天全球各地有上万种新合成化学品得以合成。而在我国，属于法医毒物检验鉴定范围的有毒物质竟至成千上万种，它们性质各异，为毒物检验鉴定工作带来了极大挑战。同时，我国也是中草药大国，有毒动植物中毒案件时有发生。那么，究竟怎样定义毒物呢?

图7–9

3. 什么是毒物?

早在公元前瑞士内科医生Paracelsus说过一句关于毒物的至理名言："Everything is Poison，Just the Dose！"他认为，所有物质都是毒物，只是剂量的问题。的确，砒霜就是一个非常典型的例子，人们习惯把剂量较小就能产生明显有利生理作用的化合物称为药物；而产生不利生理作用的，甚至导致死亡的

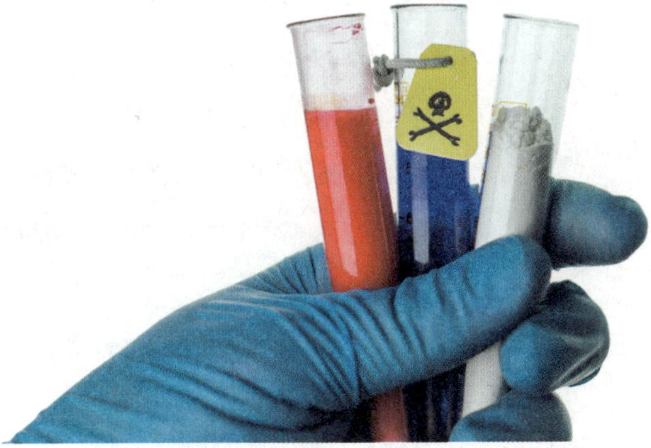

图7–10

化合物称为毒物。因此，毒理学家常把那些进入生物体后，通过理化作用损害生命正常活动，进而引发功能性或器质性病变乃至造成死亡的化学物质，称为“毒物”。

4. 毒物如何分类?

要知道，毒物的种类繁多，它们有些来自自然界的植物、动物和矿物，也有许多是由人工合成得到的产物、副产物。你看，下面就是一些常见的毒物类别和名称。

图7–11　斑蝥[1]

图7–12　河豚[2]

表7–1　常见毒物类别及举例

毒物类别	举　　例
合成药物	巴比妥类、苯骈二氮杂卓类、吩噻嗪类、利多卡因类等
植物毒物	乌头类、马钱子、颠茄类等
动物毒物	斑蝥素、河豚毒素、蟾蜍毒素等
毒品	阿片类、苯丙胺类、大麻类、氯胺酮、新精神活性物质等
杀虫剂	有机磷、氨基甲酸酯类、拟除虫菊酯类等

[1] 斑蝥有很强的肾毒性，属剧毒物种，能分泌被称为斑蝥素的液体，用来防御敌害。从古希腊时期开始，就有使用这种液体作为春药的记载。

[2] 河豚鱼的毒素主要集中在卵巢、肝脏、血液中，其次是眼睛、鳃和皮肤中，个别品种的肌肉中也含有毒素，该种毒素的化学性质比较稳定，经过一般的炒、煮、盐腌和日晒等，均不能很快将其破坏，所以人畜中毒死亡率极高。

（续表）

毒物类别	举　　例
除草剂	百草枯、五氯酚钠、草甘膦等
杀鼠剂	磷化锌、氟乙酰胺、毒鼠强、香豆素类、茚满二酮类等
气体毒物	一氧化碳、硫化氢、液化石油气等
挥发性毒物	氰化物、乙醇、甲醇、甲醛、苯酚与煤酚等
金属毒物	砷、汞、铅、钡、铊等化合物
水溶性无机毒物	强酸类、强碱类、亚硝酸盐等

图7–13　除草剂

图7–14　气体毒物

在中毒案发现场，勘查员们需要对受害人中毒的原因进行充分的考量。因为中毒案件的发生常常涉及不同的情况。例如，有由于主观故意造成的自杀、吸毒或蓄意投毒；也有因生活疏漏造成的误食错用，如误吃含有毒素的动植物，或因煤气泄漏中毒；还有因为职务过失引起的毒物泄漏；甚至由于战争触发的中毒等。

5. 拓展阅读

毒性评价指标

不同的毒物具有不同的毒害效力，毒物的毒性评价可以由毒性（Toxicity）指标来衡量。根据外源性化学物质引起机体损害的能力，由化学物质的理化性质等诸多因素决定。一般以化学物质引起实验动物的某些毒性反应所需要的剂量表示：

（1）绝对致死剂量或浓度（LD_{100}或LC_{100}）；

（2）半数致死剂量或浓度（LD_{50}或LC_{50}）；

（3）最小致死剂量或浓度（MLD，LDL_0或MLC，LCL_0）；

（4）最大耐受剂量或浓度（LD_0，或LC_0）。

表7–2　毒物毒害剂量分级表

项　目	伤 害 程 度	表示方法	
		蒸汽（气溶胶）/（mg·min/m^3）	液态，固态/（mg/kg）
全致死剂量	使90%～100%人员死亡	LCT	LD
半数致死剂量	使50%人员死亡	LCT_{50}	LD_{50}
失能剂量	使90%～100%人员丧失工作能力	LCT	LD
半失能剂量	使人员丧失工作能力	LCT	LD
允许剂量	可耐受而不影响工作的最大剂量		

第2节 走近毒理学

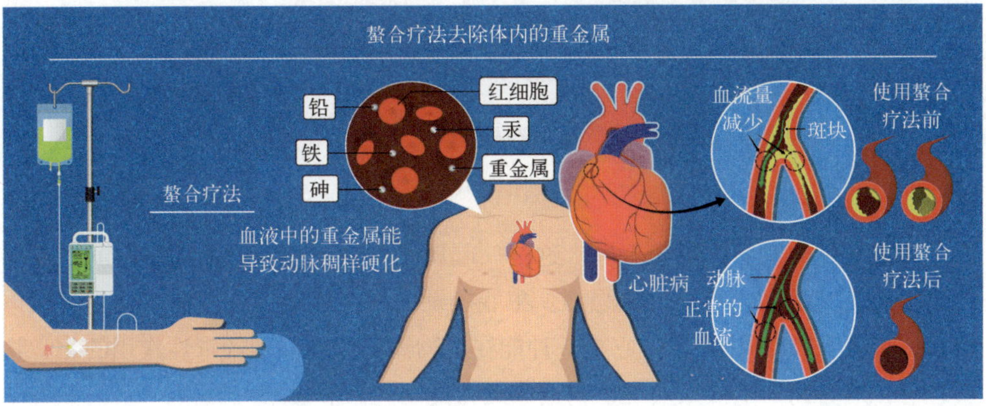

图7–15

1. 社会热点案件

江宁早餐投毒案

陈正平与陈宗武在江苏省南京市江宁区汤山镇各自开店经营面食早点生意，两店相邻。陈正平眼见陈宗武经营的面食店生意兴隆，而自己经营的小店却生意冷淡，于是心生妒忌，加之此前双方曾因打牌、发短信息等琐事发生过矛盾，陈正平遂产生在陈宗武店内投毒的恶念。2002年8月23日，陈正平购买了鼠药“毒鼠强”稀释剂12支，粉剂50克，并在其小店内做试验。9月13日晚11时许，陈正平潜入陈宗武的面食店外操作间，将“毒鼠强”投放在白糖、油酥等食品原料内，并加以搅拌。次日早上，陈宗武面食店使用掺有“毒鼠强”鼠药成分的食品原料制成烧饼、麻团等早点出售，导致300余人食用后中毒，其中42人死亡。

2. 分析与回答

(1)这起案件中，犯罪嫌疑人投放的是什么毒物？

(2)你从这起案件中得出什么样的生活启示？

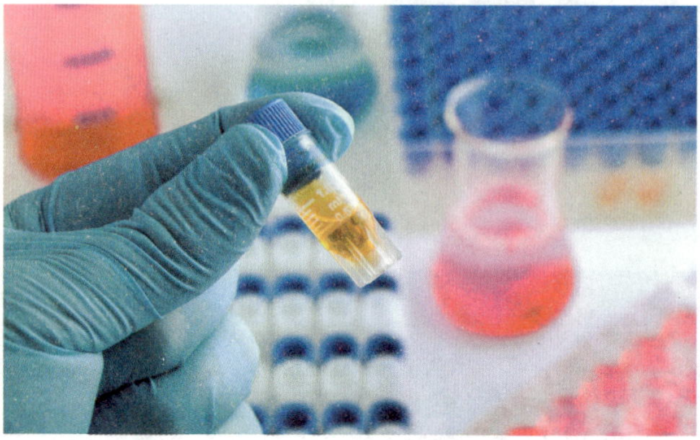

图7–16

上述案件的发生，震惊全国。这是一起属于由主观故意投毒而引发的中毒事件，性质极其恶劣，社会反响强烈。犯罪嫌疑人为了能给受害者造成严重的机体损害，使用了“毒鼠强”[1]，它是一种能在生物体内产生强烈的毒性作用的化学物质，可在短时间内造成人员死亡，造成无力挽回的惨痛后果。

下面，就请你走近毒理学[2]，初步了解一下毒物对生物体造成损害的作用机理，希望你能尊重与善待每一个独立的生命，处理好毒物与生命的关系，保护好公众健康，切莫毒害他人和自己！

3. 毒物如何发挥毒性作用?

毒物，作为一种外源性物质，可以通过皮肤或口鼻进入机体，随后这些物质便可分布于不同的器官。同时，这些母体化合物或者它们的代谢产物就会作用于机体内的大分子靶点，引发毒性作用。现在，我们就对这些作用简单做一个分类。

(1)选择性与非选择性作用

选择性作用：例如，杀鼠剂华法林可抑制肝脏某些凝血因子的维生素K依赖性转译，从而选择性地发挥作用。

非选择性作用：例如，当机体暴露在强碱或强酸中时，蛋白质就会发生变

[1] 毒鼠强，主要成分为四亚甲基二砜四胺，是一种无味、无臭、有剧毒的粉状物，是最危险的杀鼠剂之一。
[2] 毒理学是一门研究外源性化学物质潜在的不良反应的特征及它们的剂量反应关系的学科。

性，造成维持蛋白质功能的化学键断裂，从而引起机体损害。

（2）速发型和迟发型作用

速发型作用：例如，拟除虫菊酯类药物通过延长整个中枢和外周神经系统的钠通道开放时间，从而迅速对哺乳类和昆虫产生毒性作用。

迟发型作用：例如，致癌物石棉在染毒15～30年后可引起肺组织病变的形成，包括癌症。

接下来，我们就具体讨论几种常见毒物，看看它们的毒理机制有什么不同？

（3）甲醇和乙二醇中毒

你常常会在新闻报道中了解到甲醇中毒事件。在地处偏远或经济欠发达的地区，不法商贩会用甲醇勾兑制成白酒进行销售，造成无辜百姓伤亡。甲醇也好，乙二醇也罢，其实它们本身是无毒的，具有让中枢神经系统镇静的作用，不过，它们在体内被氧化后就可产生有毒物质——甲醇产生甲酸；乙二醇产生乙醇酸、乙醛酸和乙二酸。

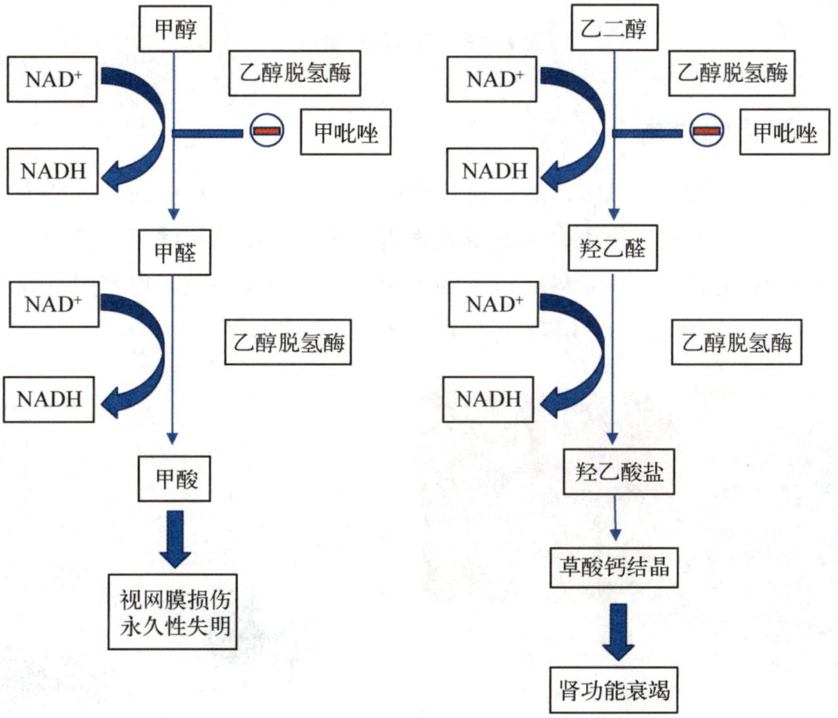

图7–17　甲醇与乙二醇的代谢

（4）有机磷杀虫剂中毒

杀虫剂是一大类化学物质，用于杀死对植物具有破坏性或者能引发疾病传播的生物。恐怕你最常听说的杀虫剂就是有机磷农药了，它可以增加农作物产量，在全世界得以广泛使用。然而，有机磷农药中毒事件屡见不鲜，因为它能通过抑制乙酰胆碱酶活性继而使过量的乙酰胆碱积聚，对哺乳动物产生毒性作用。

图7–18　有机磷杀虫剂

（5）氰化物中毒

氰化物一旦被吸入机体，能迅速与很多金属酶结合，从而使这些酶失活。主要毒性是以细胞色素氧化酶失活的形式表现出来，抑制细胞呼吸。因此，即使是在氧充足的情况下，那些对氧需求高的组织，如大脑和心脏，也会受到氰化物的不良影响。由于中枢性的呼吸停止，可能迅速导致机体死亡。

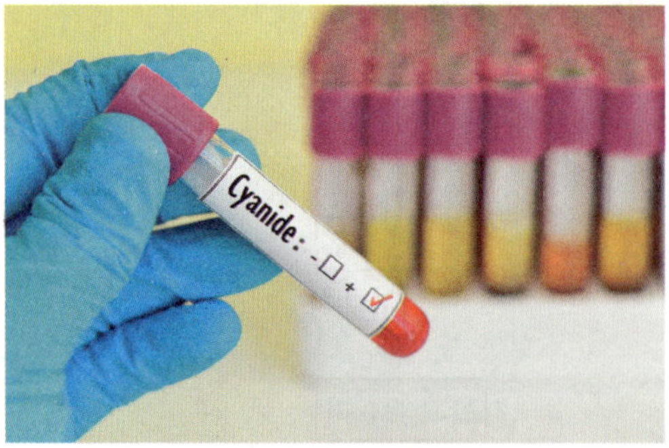

图7–19　含有氰化物的血样

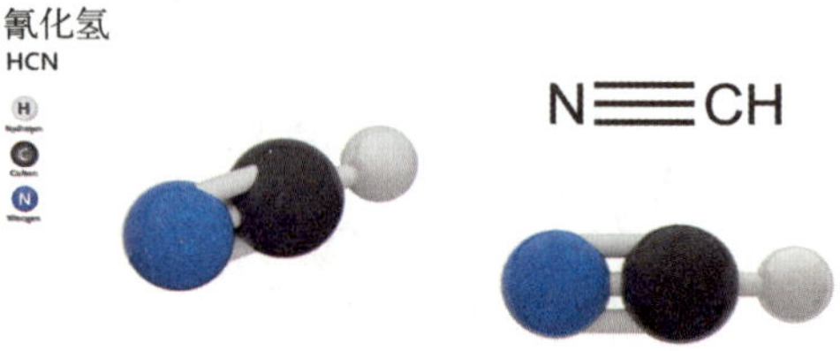

图7–20　氰化氢分子球棍模型

（6）重金属铅中毒

大多数铅中毒发生于无机铅盐。无机铅最初分布在软组织，进而缓慢分布于骨骼、牙齿和头发中。大多数铅最终进入骨骼，它在骨骼中的半衰期是20～30年，在血液中的半衰期约为1～2个月。慢性铅中毒可对很多组织产生严重的影响。

4. 如果中毒了，有解药吗？

现在，毒理学家们通过研究，已经明确了常见毒物的作用机理，为了能够降低或缓解毒物对人体的毒性作用，科学家们研发出了相应的解毒剂，用以减轻人们的中毒症状及挽救生命。令人遗憾的是，由于现有科技发展水平的局限，并不是每一种毒物都有与之相对应的解毒剂，现有的解毒剂种类相对较少。

在表7–3中，为你列举了一些常见的解毒剂。例如，“甲吡唑”用以抑制甲醇和乙二醇的氧化途径，防止毒性代谢产物的形成，促进醇类母体化合物经肾脏排泄；“解磷定”则被用来恢复乙酰胆碱酯酶的活性，促进乙酰胆碱的代谢；“二巯丙醇”作为一种螯合剂，用于螯合汞和砷，它也可以再与依地酸钙二钠联合使用，

表7–3　常见的解毒剂

<table>
<tr><th>毒物或综合征</th><th>解 毒 药</th><th>毒物或综合征</th><th>解 毒 药</th></tr>
<tr><td>对乙酰氨基酚</td><td>N–乙酰半胱氨酸</td><td>铅</td><td>二巯基琥珀酸</td></tr>
<tr><td>抗胆碱能药物</td><td>毒扁豆碱</td><td rowspan="3">汞
砷
金</td><td rowspan="3">二巯丙醇</td></tr>
<tr><td>地西泮</td><td>氟马西尼</td></tr>
<tr><td>一氧化碳</td><td>氧（+/–高压氧舱）</td></tr>
<tr><td>氰化物</td><td>亚硝酸异戊酯
亚硝酸钠
硫代硫酸钠</td><td>高铁血红蛋白血症</td><td>亚甲蓝</td></tr>
<tr><td>洋地黄</td><td>地高辛免疫抗原结合片段</td><td>阿片制剂</td><td>纳洛酮
纳美芬
或纳曲酮</td></tr>
<tr><td>甲醇
乙二醇</td><td>甲吡唑</td><td rowspan="2">有机磷酸酯类
氨基甲酸酯类
神经毒气</td><td rowspan="2">阿托品
解磷定</td></tr>
<tr><td>肝素</td><td>硫酸鱼精蛋白</td></tr>
</table>

用于治疗铅中毒。

5. 拓展阅读

常见毒物的中毒症状

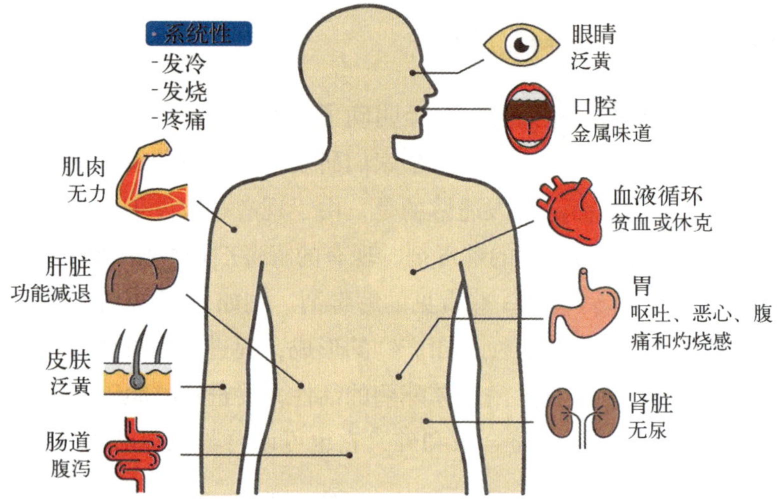

图7–21　重金属铜中毒症状

毒物作用于机体，机体会有中毒表现，通常被称为中毒症状。症状通常会表现在全身各系统，如消化系统的恶心、呕吐、腹泻等；神经系统的头晕、头痛、全身无力、抽搐等；呼吸系统的呼吸困难、气急等。有些毒物中毒还会表现出特殊的症状（见表7–4）。

表7–4　毒物及中毒症状

毒　　物	症　状
氰化物、一氧化碳	面色樱红
阿托品、河豚毒素	面色潮红
有机磷、有机氟、拟除虫菊酯、乌头、氨基甲酸酯	流口水、口鼻冒白沫
砷、汞、磷化锌、巴豆、斑蝥	剧烈腹痛
抗凝血杀鼠剂、百枯草	血尿、尿闭
毒鼠强、的士宁	痉挛、强直性痉挛

话说毒物筛检

图7-22　中毒症状

1. 犯罪现场

一起发生在生产队的集体中毒事件

在一个炎热的夏天，有一个生产队开工兴修水利，午餐由生产队自己供给，12点左右，生产队员工们在劳动地点集体就餐，当餐主食为大米饭、猪肉炒菜心、鸡蛋汤。午饭后，员工休息1小时继续劳动，下午6时收工。在回家的路上，有3人感觉到头晕、头痛、恶心、全身出汗，回到家就发生了呕吐。立即前往当地就医，医生检查发现，他们瞳孔有缩小的症状，至当晚9点，生产队员工相继出现类似症状，达20多人。情况紧急，生产队立即报请防疫部门处理，经防疫医生检查后，认为是细菌性食物中毒，仅嘱咐喝些黄糖水或浓茶。不久，发病人数仍在增加，故又报请公安机关勘查，并收集呕吐物送检，未发现可疑毒物。后来经反复调查，发现一个共同的问题，喝汤越多的人，得病越迟，但出现的症状越明显。于是，公安机关决定对盛汤的有关容器，如木桶和木勺子进行检验，同时抽取症状较严重的患者血液作为样本检验，经薄层分析法鉴定，证实木勺子木质层含有少量的杀虫剂1605农药。侦察人员根据此结果做进一步调查证实，原来当天用来盛汤的木勺子，以前曾用来盛过1605农药，从而使此次中毒事件真相大白。

2. 分析与回答

（1）为什么防疫医生做出“细菌性中毒”的判断？诊断疏漏在哪里？

（2）侦查人员发现此次集体中毒受害人的症状有什么特点和规律？

（3）是什么原因让公安机关决定对盛汤的容器开展进一步分析鉴定？

当你了解了这起集体中毒事件，或许，你会觉得是由于那位防疫医生的诊疗水平欠佳，拖延了工友们的救治时间。事实上，很多情况下，医生和公安机关都难以在第一时间对毒物的来源做出准确的判断。让他们常常感到为难的地方在于，毒物种类繁多，无从下手；案情相对复杂，缺少方向。

还记得本章开篇《小兄妹的相继“别离”之谜》中涉案毒物“磷化氢”吗？起初，两位小兄妹在出现中毒症状之后，第一时间就送诊就医了，直到很长一段时间之后，警方才最终找到了中毒的证据，可为时已晚，令人惋惜。

但是请你千万别灰心，不管难度有多大，公安机关总是想方设法，力争在最短的时间之内，完成案发后的第一个重要的任务：毒物筛查。

3. 如何进行毒物的筛查?

通过之前的学习，相信你已有所了解，中毒案件主要分为三类：投毒、自杀和误服。每当疑似中毒案件发生之后，警方就会邀请法庭科学家们参与案件的侦破过程中，

图7–23　毒物的隔离与防护

向他们详细介绍案发经过和关键案情，力图尽可能地缩小毒物筛查范围。例如，在农村，农民们容易接触农药；在电镀工厂，工人们容易接触氰化物。因此，根据特定的案情，有利于对毒物的种类做出初步研判和筛选。

有时，还需结合特定的地点或区域进行考量。比如，在冬季，北方的室内容易发生一氧化碳中毒事件；在边境线附近，容易出现吸食毒品中毒的案件；而在实验室里，则容易发生有毒化学品的中毒案例。你要知道的是，很多时候，毒物的筛选不仅考验着现场勘查员们调查取证的能力，同时也考验着法庭科学家们分析检验的能力以及生活的阅历与经验，因为他们面对的是一项充满挑战性的工作。

4. 如何对毒物进行检验?

你还记得在《一起发生在生产队的集体中毒事件》案例中，提到的毒物检测方法吗？对，就是薄层色谱法。这是一种应用范围十分广泛的分析方法，它的原理是根据毒物分子极性的不同，通过选择适合的吸附剂和展开剂，将未知混合物进行分离，随后，可以通过显色和测定比移植大小进一步确定毒物种类。

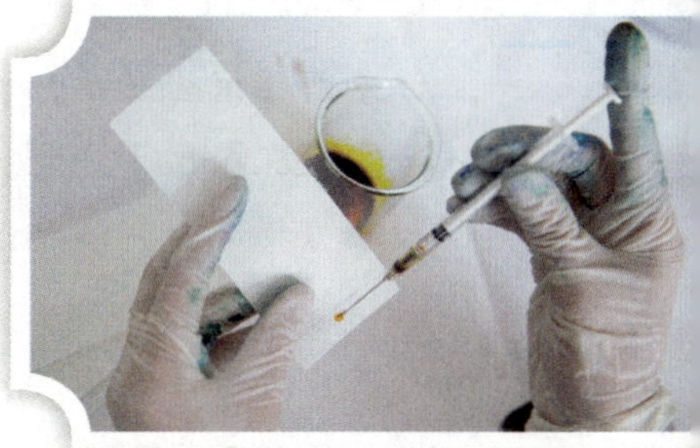

图7-24
薄层色谱法检测毒物

其实，毒物也是一种化学品，除了薄层色谱法之外，法庭科学家们也可以像第6章中鉴识毒品及其他物质那样，通过气相色谱、液相色谱、质谱法等多种现代分析技术进行更加高效、准确、快速的分析和判断。

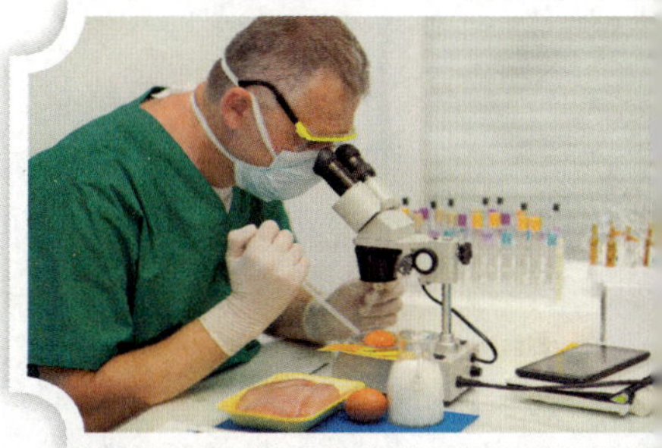

图7-25
显微镜下的毒物分析

思考

面对未知毒物时，怎样进行毒物的有效筛查?

为什么要开展毒物检测预试验?

请你列举几种常见毒物的名称。

5. 拓展阅读

震惊世界的“沙利度胺”事件

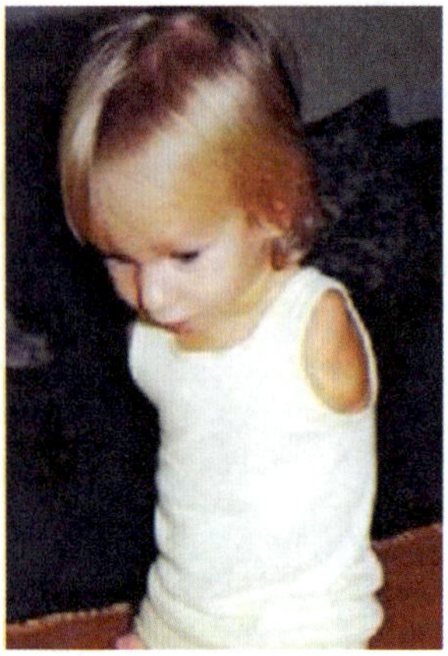

图7–26 “海豹胎”

20世纪50年代，美国医生开始给孕妇提供一种抗恶心的止吐药，很多吃过这种药的妇女产下的小孩有严重缺陷。罪魁祸首就是沙利度胺！

“沙利度胺（Thalidomide）事件”是人类药物史上一个著名的案例，其著名不是因为药物疗效，而是毒性。沙利度胺在世界药品发展中曾经臭名昭著！只要学习药物的人都知道“海豹胎事件”，同时“海豹胎事件”也促成了世界药物史上最著名、最重要的法案《科夫沃—哈里斯修正案》。

1953年瑞士诺华制药的前身Ciba药厂首先合成了沙利度胺，他们本来打算开发一种新型抗菌药物，但是药理试验显示，沙利度胺没有任何抑菌活性，Ciba便放弃了对它的进一步研究。在Ciba放弃沙利度胺的同时，联邦德国药厂Chemie Grünenthal开始投入人力物力研究沙利度胺对中枢神经系统的作用，并且发现该化合物具有一定的镇静催眠作用，还能够显著抑制孕妇的妊娠反应（呕吐等反应），1957年10月反应停（沙利度胺，只要服用了妊娠反应就会停止，所以叫作反应停）正式投放欧洲市场，在此后的不到一年内，反应停风靡欧洲、非洲、澳大利亚和拉丁美洲，作为一种“没有任何副作用”的抗妊娠反应药物，成为孕妇的“理想选择”。

但是在进入美国时，它却遇到了麻烦。美国一家小制药公司梅里尔公司获得“反应停”的经销权，于1960年向FDA提出上市销售的申请。当时刚到FDA任职的弗兰西斯·凯尔西负责审批该项申请。她注意到，“反应停”对人有非常好的催眠作用，但是在动物试验中，催眠效果却不明显，这是否意味着人和动物对这种药物有不同的药理反应呢？有关该药的安全性评估几乎都来自动物试验，是不是不可靠呢？凯尔西注意到，有医学报告说该药有引发神经炎的副作用，有些服用该药的患者会感到手指刺痛。因此她怀疑该药会对孕妇有副作用，影响胎儿发育。梅里尔公司答复说，他们已研究了该药对怀孕大鼠和孕妇的影响，未发现有问题。但是凯尔西坚持要有更多的研究数据，这引起了梅里尔公司的不满，对她横加指责和施加压力。

正当双方扯皮时，澳大利亚产科医生威廉·麦克布里德在英国《柳叶刀》杂志上报告“反应停”能导致婴儿畸形。在麦克布里德接生的产妇中，有许多人产下的婴儿患有一种以前很罕见的畸形症状——海豹肢症，四肢发育不全，短得就像海豹的鳍足。这些产妇都曾经服用过“反应停”。实际上，这时候在欧洲和加拿大已经发现了8 000多名海豹肢症婴儿，麦克布里德第一个把他们和“反应停”联系起来，之后的毒理学研究显示，沙利度胺对灵长类动物有很强的致畸性，而大鼠和人不一样，体内缺少一种把“反应停”转化成有害异构体的酶，不会引起畸胎。“反应停”的副作用则发生于怀孕初期（怀孕前三个月），即婴儿四肢形成的时期。从1961年11月起，“反应停”在世界各国陆续被强制撤回，梅里尔公司也撤回了申请。经过长时间的法律较量，研发“反应停”的德国公司Chemie Grünenthal支付了1.1亿西德马克的赔偿，被迫倒闭。

“反应停事件”是药物史上的悲剧，因服用“反应停”而导致的畸形婴儿据保守估计大约有8 000人，其还导致5 000～7 000个婴儿在出生前就已经因畸形死亡。而在美国，因为FDA尤其是负责对“反应停”审评的凯尔西医生的坚持，免受其害。肯尼迪总统给凯尔西颁发了“杰出联邦公民服务奖章”。因为“反应停”，公众要求国会加强立法。1962年10月10日，国会通过了《科夫沃—哈里斯修正案》。FDA由此也逐渐成为世界食品药品检验最权威的机构。

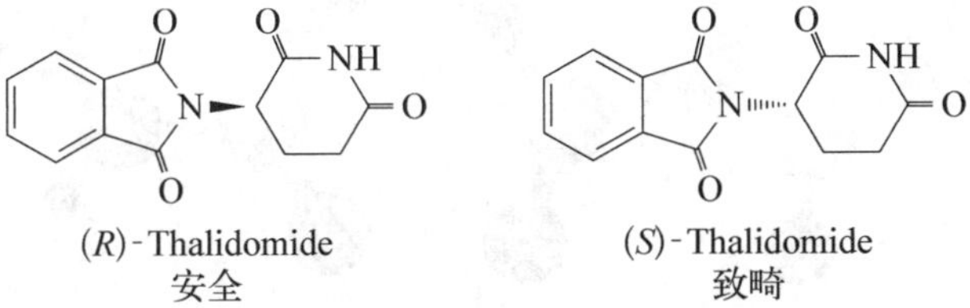

图7–27　*R*–构型和*S*–构型的沙利度胺

后来的研究发现沙利度胺作为一个手性化合物，其*R*–构型具有抑制妊娠反应活性，而*S*–构型有致畸性。这也加强了人们对手性或者消旋化合物作为药物的认识。而*R*–构型和*S*–构型在体内会消旋化，即无论服用哪一种的光学纯化合物，在血清中都发现是消旋的。也就是说即使服用有效的*R*–构型沙利度胺，依然无法保证其没有毒性。

6. 分析与回答

（1）什么是手性化合物？

（2）为什么即使服用有效的*R*–构型沙利度胺，也无法保证它没有毒性？

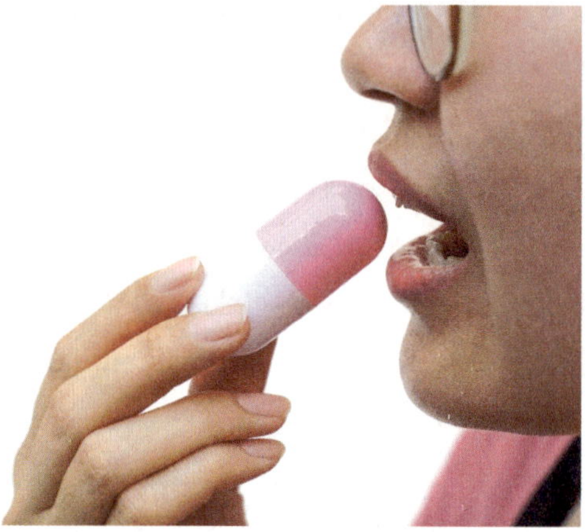

图7–28

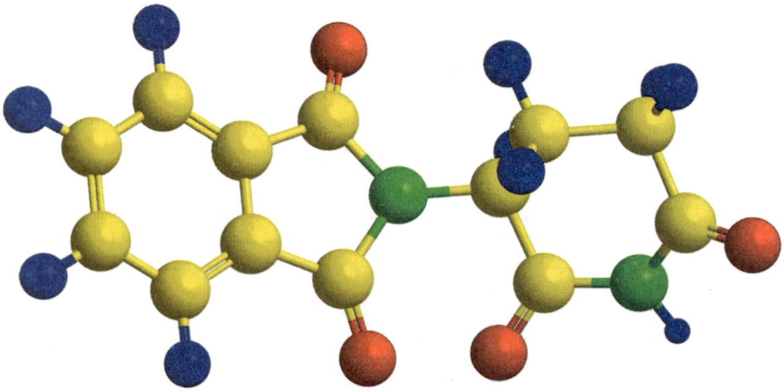

图7–29

发人深省的“愚人节投毒案”

林森浩与黄洋均为复旦大学上海医学院2010级硕士研究生，分属不同的医学专业。2010年8月起，林森浩入住复旦大学某宿舍楼421室。一年后，黄洋调入该寝室。之后，林因琐事对黄不满，逐渐怀恨在心。2013年3月29日，林森浩在大学宿舍听黄洋和其他同学调侃说愚人节将到，想策划整人。林森浩看到黄洋笑得很得意，便联想起其他学校用毒整人的事件，便计划投毒“整”黄洋。2013年3月31日，上海复旦大学研究生林森浩将实验室带回的剧毒试剂（*N*–二甲基亚硝胺）[1]投于宿舍饮水机，4月1日，室友黄洋饮水后身体不适入院，4月11日公安局以林某有重大嫌疑采取刑事传唤并于4月12日实施刑事拘留，4月16日黄某抢救无效死亡，随后警方以涉嫌故意杀人罪逮捕林森浩。

审判结果

2014年2月18日，上海市第二中级人民法院一审宣判，被告人林森浩因故意杀人罪被判处死刑。

一审判决后，由复旦大学177名学生联合签名的《关于不要判林森浩同学死刑请求信》被寄往上海市高级人民法院，随之一起的还有另外一份《声明书》。建议给被告人一条生路，让他洗心革面，并在将来照顾受害人黄洋的父母。

2015年1月8日上午，上海市高级人民法院对“复旦投毒案”被告人林森浩故意杀人上诉一案进行公开宣判，公诉方认为，事实清楚，定罪准确，希望法庭能驳回其上诉，维持原判。该案诉讼代理人代表表示，希望维持一审判决。

上海市高级人民法院对被告人林森浩故意杀人上诉一案进行公开宣判：裁决驳回上诉，维持原判。死刑判决将依法报请最高人民法院核准。

---

[1] *N*–二甲基亚硝胺：对眼睛、皮肤有刺激作用；摄入、吸入或经皮肤吸收可能致死，接触可引起肝、肾损害；可在实验动物中人为制造肝损伤模型。

第8章 苍蝇趋血与镰刀缉凶

装鲱鱼的桶总有鲱鱼味。

——［日本］民间谚语

重点关注

- 法医昆虫学
- 死亡时间推断

关键术语

- 生命周期
- 虫卵阶段
- 幼虫阶段
- 虫蛹阶段
- 蛹壳
- 蜕

图8-1

1. 犯罪现场

苍蝇趋血与镰刀缉凶

“有检验被杀尸在路旁，始疑盗者杀之，及点检沿身衣物俱在，遍身镰刀砍伤十余处。检官曰：盗只欲人死取财，今物在伤多，非冤雠而何遂屏左右，呼其妻问曰：‘汝夫自来与甚人有冤雠最深？’应曰：‘夫自来与人无冤雠，只近日有某甲来做债，不得，曾有克期之言，然非冤雠深者。’检官默识其居。遂多差人，分头告示侧近居民：‘各家所有镰刀尽底将来，只今呈验；如有隐藏，必是杀人贼，当行根勘。’俄而，居民到镰刀七八十张，令布列地上。时方盛暑，内镰刀一张，娼子飞集。检官指此镰刀问为谁者，忽有一人承当，乃是做债克期之人，就擒。讯问犹不伏，检官指刀令自看：‘众人镰刀无妮子，今汝杀人，血腥气犹在，幡子集聚，岂可隐耶？’左右环视者，失声叹服；而杀人者，叩首服罪。”[1]

上文中的故事取自《疑难杂说》，说的是：有一天，有人在路旁发现一具尸体，全身上下被镰刀砍伤十多处，判官刚开始以为是土匪强盗所杀，后来检查了随身衣物，发现没有缺少什么，所以对先前的推断产生了怀疑。随后，传讯死者的妻子到场，获知死者在生前曾经与一个借债人发生过口角。于是，判官便赶紧让人分头命令借债人附近的居民上交镰刀。很快，居民就上交了七八十把镰刀，都一一摆放在地上。当时正值盛夏，有一把镰刀附近有很多苍蝇在飞。根据现场情形，判官判断借债人用镰刀行凶杀死了死者。借债人不服，法官指着刀，正义凛然地说：“苍蝇没有落在其他人的镰刀上，只在你的镰刀上聚集，这说明你用它杀了人，沾染了血腥之气。这是能隐瞒得了的吗？”听到这里，所有在场的居民无不叹服称赞，最后，借债人百口难辩，终于承认了自己的犯罪事实。

2. 分析与回答

法官凭借什么样的证据让凶犯以及在场的居民叹服呢？为什么？

这个载入史册的著名案件正是我国宋代宋慈所撰写的《宋提刑洗冤集录》（1235年）卷二之五《疑难杂说》中所记述的《苍蝇趋血·镰刀缉凶》案件。本案

---

[1]《宋提刑洗冤集录》（1235年）卷二之五《疑难杂说》

的破获，得益于苍蝇对空气中的血腥即有反应，很快飞集取食的原理，将昆虫学应用于案件之中，开创了“法医昆虫学”的新篇章。

历史上还有一桩清朝官吏“观蝇识凶犯”的案例。

乾隆三年，江南禾县出了一桩命案——徽州有个茶商回徽州探亲时遭劫杀，身带钱财及行李被褥均被洗劫一空，且被抛尸于山今山脚下，一名破案经验丰富的老捕头明察秋毫，发现了蛛丝马迹。一条大船停歇于运河某茶楼旁，而该船船尾处晒着的一条洗过不久的棉被上，竟叮满了苍蝇。捕头上前检查，发现这条被子是连被面带被絮一块混洗的，而通常人们是将被面与棉絮拆开，只洗被面，加上种种其他疑象，捕快们一下子就把破案注意力锁定在了这只大客船上，后经审理，果然审出该船确系“夺命黑船”，这当然也是嗜血的苍蝇所提供的线索。

这段历史时期，被称为法医昆虫学的萌芽时期。

时至今日，全球致力于法医昆虫学领域研究的昆虫学家和法医学家们越来越多，经过几个世纪的发展，已经积累了许多相当有价值的资料，例如，对尸体上发现的节肢动物种类、在特定条件下的发育时间、动态规律以及个体生态学和物候学的研究，极大地丰富了法医昆虫学的研究内容和应用范围。

? 思考

法庭科学家可以通过昆虫学获得哪些证据?

第1节

用昆虫推断死亡时间

图8–2

昆虫和谋杀之间有关联吗？你一定想不到，那些令人作呕的甲虫、苍蝇、虫卵和蛆，在破解残忍的凶杀案时会发挥出非凡的作用。小小的昆虫竟然也能成为侦破人类谋杀案的“大侦探”。

1. 犯罪现场

美国南卡罗来纳州乡间谋杀案

1985年11月8日，美国南卡罗来纳州乡间的一间小房子下面发现了一具年轻黑人女尸。解剖证明其是死于头部的小口径来福枪伤。调查人员是因有人抱怨气味难闻而应邀进行检查的。调查人员很快确定尸体是经地板上的孔洞丢到下边的浅坑中，然后又被逐步地埋起来。取样工作中调查人员收集到142只蝇类三龄幼虫和蛹。这些昆虫标本被送至昆虫实验室，进行饲养。鉴定结果是红头丽蝇和裸芒综蝇。为了对死亡时间进行精确估计，从毗邻的气象站收集了气象资料。根据两种蝇类的发育生物学，通过分别地分析、比较，最后确定死亡时间应是在10月24日或25日。依据这唯一的时间判断，很快找到了嫌疑犯。最后案犯供认，10月24日下午早些时候，其在与受害者争吵后，用小口径步枪在近距离之内开枪击中死者的头部。当天晚些时候通过地板上的孔洞，将尸体丢入屋子下边的浅坑之内，并覆以书报、土和垃圾。几天后为减少腐烂气味，又倒下石灰和水泥。据此，法庭以故意谋杀罪判处案犯30年监禁。

2. 分析与回答

（1）为什么要将142只蝇类三龄幼虫和蛹送到昆虫实验室？

（2）为什么受害人的死亡时间能被准确锁定在10月24或25日？

令人称奇的是，警方为什么能如此肯定，这起谋杀案的发生时间在10月24日或25日？实际案发时间，恰恰就是10月24日下午的早些时候。没错，这要得益于在犯罪现场所捕获的那142只蝇类三龄幼虫和蛹的功劳。法庭科学家们对其进行后期饲养，发现这些幼虫和蛹来自红头丽蝇和裸芒综蝇们所产的卵，根据当地气象记录和它们的生长周期，从而精准无误地确定了死亡时间。

你要知道，勘查员们在犯罪现场要面对许多待解的难题，他们常常将逐一解开这些谜题的过程，风趣地比作在玩一场“拼图游戏”！而作案工具、死亡时间及死者年龄推断就是刑事案件侦破所面临的三大难题。

图8–3　案件侦破就像在玩拼图游戏

到目前为止，对于腐败尸体，尤其是白骨化尸体死亡时间的确定相对困难。但利用尸食性昆虫的演替规律及生长发育规律，可对死亡时间做出比较准确的推断。

在自然界，动物尸体往往会招引昆虫前来觅食，对其形成强大的诱惑力。换个角度来看，动物死亡的同时，意味着某些昆虫生命的开始。像普通家蝇就是这样，在死亡发生的数分钟之内，它们就迅速赶来，将尸体当作理想的产卵之地。当它们孵化出来，就可以“近水楼台先得月”，享用自己的“胜利果实”了。

对于法庭科学家们来说，最重要的时刻即将到来。因为从苍蝇们产卵的那一刻起，记录生命周期的“时钟”就开始启动了。在犯罪现场，如果能够估计出这些昆虫幼虫的年龄，那么通过倒推的方式，就可以判断出受害人的死亡时间了。

可是，勘查员们在犯罪现场所遇到的真实情况，往往不尽如人意。比如，它们所看到的是一个爬满蛆的尸体，怎么确定这些蛆虫的种类？正如《美国南卡罗来纳州乡间谋杀案》中所描述的那样，需要将这些小昆虫带回实验室进行饲养，随后，就可以辨别种类、评估年龄，推算重要的死亡时间信息。

对昆虫的饲养主要分为三个阶段。

第一阶段：虫卵阶段。昆虫的胚胎躲在虫卵之中。

第二阶段：幼虫阶段。白色幼虫钻出虫卵和觅食。

第三阶段：虫蛹阶段。幼虫羽化为有翅膀的成虫。

图 8–4　绿蝇生命的六个阶段

当然，刚刚所强调时间区间至关重要，也就是从昆虫产卵到被发现时的这段时间。在实际推算过程中，还需要加上被害人死亡到昆虫产卵的这段时间。当你具备了这样的昆虫学知识之后，现在就让我们共同来侦破一起经典悬案吧！

3. 犯罪现场

老人、木屋与最称职的“昆虫线人”

有一起令传统法医学一筹莫展的经典案例。在封闭的木屋中，一位老人死在自己的床上。这是谋杀还是意外？他的尸体受到了成群的蛆的滋扰。他没有家人或者朋友，事实上，除了昆虫以外，似乎根本没人知道他住在那里。他是一个病人，很显然他不能照顾自己，大概他曾经处于垂死状态，失去了知觉。问题在于，他是在木屋被封闭前死亡的，还是在木屋被封闭之后死亡的？他的死亡时间将说明这是一起谋杀，还是一次悲惨的意外。

一位警察取来尸体上所爬的蛆样本，当蛆被培育成成年苍蝇后，警察竟然找到了绿蝇！这并不是室内很常见的种类，只有当室内出现了动物或人的尸体时，它们才会被吸引进来。然而，最不可能发生的情况就是，尸体在其他什么地方停留过。因为没有证据表明，有人进来并把尸体放在了那里，然后将木屋重新封闭，而且还留下苍蝇进入的通道。

不错，绿蝇告诉我们这里肯定不存在谋杀，但真实情况比谋杀还要悲惨。尸体上的蛆的年龄说明，死者的死亡时间要比房屋被封闭的时间晚了许多。他的确是在房屋被封闭之后，又过了一段时间才死亡的。他当时还活着，只是没有办法得到别人的注意，只有死在了那里。

4. 分析与回答

警察通过哪些证据断定老人并不是死于谋杀？

第2节

刑侦专家的昆虫“线人”

图8-5　绿蝇

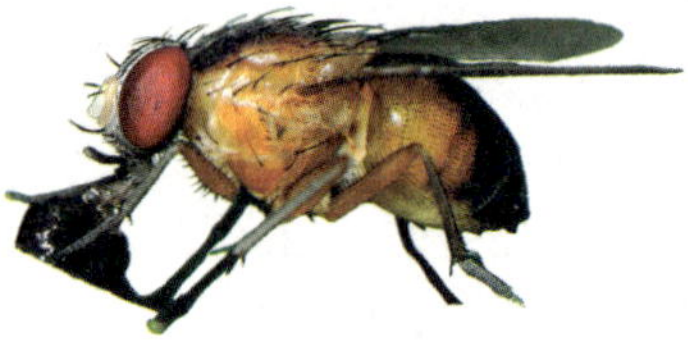

图8-6　果蝇

图8-7　普通家蝇

在犯罪现场，尤其是户外现场，昆虫证据往往分布在以尸体为中心大约半径10米的范围内，现场勘查员需要对这些重点区域进行仔细的搜寻，像昆虫的卵、幼虫、蛹、成虫及空的蛹壳，都是不可或缺的证据，甚至连这些昆虫的残肢、化蛹孔和蜕等相关部位都不能放过，要尽可能地做好取证工作。

在《老人与木屋》案子中，绿蝇（也叫“丽蝇”）就被视为关键“线人”。实践表明，绿蝇是对尸体敏感程度最高的一种昆虫，经常出没于命案一线，最早的一批绿蝇，能在短短的十几分钟内循着血腥气味“赶赴”现场，尽职尽责地肩负起自己的神圣使命。除了绿蝇，还有许多昆虫在案件侦破中发挥着自身独特的价值。

1. 第一类：双翅目

（1）冬大蚊——一种在冬季经常出没的蚊子。

（2）水虻——尸体分解腐烂后很容易招来它们。

（3）蚤蝇——喜欢在腐败的有机质中繁殖后代。

（4）果蝇——偶尔出现在尸体上，它们不吃腐肉，而是吃尸体上的真菌。

（5）渚蝇——喜欢潮湿，它们一出现，受害人多半是在有水的地方被害的。

2. 第二类：鞘翅目

（1）隐翅虫——喜欢吃其他昆虫的卵和幼虫，作为“第二梯队”到达现场。

（2）鲣节虫——尸体分解腐败的后期出现。

（3）埋葬虫——它们喜欢吃动物的尸体，并且总是不停地挖掘尸体下面的土地，最后会自然而然地把尸体埋葬在地下，因此得名“埋葬虫”。

图8–8　隐翅虫

(a)　(b)

图8–9　埋葬虫

你看，昆虫在犯罪现场的出现，表现出极强的季节性和地域性。就以蝇类为例，在我们国家北纬23°以南的地区，几乎全年都可以发现有成蝇的活动；而地处长江以南的地区，成蝇出现于3月份，消失于12月份；位于黄河以北的地区，成蝇出现于4月份至11月份。各地活动的蝇种也不完全相同。

图8–10　气象站

同时，不同的昆虫出没于犯罪现场的时间顺序也有先后。比如，埋葬虫常常在尸体腐烂的早期就到达现场开始活动了；在后期，鲣节虫往往才开始“露面”；而隐翅虫从早期到后期都有可能在现场不停地“辛勤劳作”。因此，这些昆虫的生活习性、生长发育条件等信息就成为昆虫物证的重要价值和优势所在。

思考

常见的昆虫“线人”有哪些种类和名称?

昆虫“线人”身上承载着哪些重要信息?

图8–11

成为训练有素的法医昆虫学家

图8–12

法医昆虫学家主要通过观察苍蝇的卵、蛆虫、蛹和苍蝇成虫的生长时间来计算尸体从死亡到被发现的时间。没想到吧，昆虫学知识能赋予你匡扶正义的力量。请你来看看，一名训练有素的法医昆虫学家是如何在犯罪现场开展工作的吧！

作为一名法医昆虫学家，当接到上级指令，火速赶到现场之后，要始终保持一颗平静之心，确保有条不紊地开展侦查工作。

第一步：对现场进行仔细的观察，重点关注尸体旁边的整体环境和植被等。

第二步：全面分析整个现场环境，受害人身在何处？向阳还是背光？

第三步：认真记录现场细节信息，头脸位置、与地表接触部位、伤口。

特别提醒，由于昆虫的生长、繁殖与气候条件密不可分，所以请你一定要对气温、地表温度、尸体下方土壤温度、昆虫（包括卵、幼虫、蛹、成虫、蛹壳、幼虫蜕、粪便）、数量、主要为害部位与寄生捕食情形等细节信息逐一记录备案。

图8–13
阎甲虫

图8–14
隐藏甲虫

千万别忘了，以尸体为中心半径10米的范围之内，都是重点勘查的区域。在此范围内，有关昆虫的飞行、休息或爬行等活动情形，都需要详尽记录。同时，在尸体移走之后，尸体下方1米之内的枯枝落叶或土壤也需要着重采集。

第四步：将样本带回实验室研究，如果有昆虫的卵、幼虫和蛹，需要将它们饲养至成虫期，以准确辨别它们的种类，掌握它们的繁殖与生长特点信息，从而为下一步推测精确的受害人的死亡时间提供重要的线索和支撑。

思考

法医昆虫学家是根据什么信息来推断死亡时间的?

法医昆虫学家赶到现场之后，需要完成哪些工作

1. 拓展阅读

法医昆虫学中的重要推理信息举例

（1）时间信息　例如，在20℃到30℃的环境中，丽蝇在产下卵的24小时后，卵就会变成蛆，蛆的生长速度大约为每天1毫米。

（2）伤口信息　有些尸体由于时间较长腐烂得非常厉害，找不到伤口在哪里。而不同的昆虫所喜欢的尸体部位不一样，根据昆虫聚集区，可以准确找到伤口位置。

（3）地点信息　如果在尸体上发现了两种苍蝇幼虫，一种在尸体上待了5天，另一种在尸体上待了6天。显然，凶手作案的时间是在6天前。如果前一种苍蝇喜欢在玉米地里生活，后一种喜欢在城市中生活，则说明凶手5天前在城中作案后，第二天把尸体转移到了乡下。

图8–15　犯罪现场的昆虫调查

2. 紧急任务

在尚安市远郊的一条山区公路旁，发现了一头小鹿的尸体。路人立即向当地警方报告，报告说尸体上没有明显的伤口，而且该地区禁止狩猎。

图8–16

警方随即赶赴现场，进行了现场勘查。同时，协同当地气象部门，调取了天气资料：过去三周，白天气温相当稳定，在21～25℃。

假如你是一名法医昆虫学家，你将如何解答以下问题：

（1）这头小鹿大概死了多久？

（2）为什么身体里会发现不同年龄的蛆？

（3）除了温度，你希望从气象站获得什么非生物（尸体外部）条件，以帮助你推算这头鹿的死亡时间？

驰骋“科学与人文”之间
——对法庭科学的再认识

无论是我国唐朝大理寺寺丞狄仁杰，还是南宋大提刑官宋慈，都是为百姓称颂、流芳百世的青天父母官。每每想起他们，我们无不为他们的睿智、机敏、公道和正义肃然起敬！因为他们对案情的体察与研判，无不体现着有理有据的思想与品格。宋慈更是以世界第一部法医学著作《洗冤集录》而被称为世界法医学的奠基人。没错，只有做到“有理有据”，百姓才能“心服口服”！

相较于古代司法而言，现代法庭科学正是在经历了几个世纪的漫长征程之后，伴随着科学技术的发展而逐步成熟起来的一门横跨科学与人文、以实践应用为导向的学问集合。它是用来研究各类案件中专门性问题的鉴定原理和方法，为法庭审判提供科学证据的一系列学科的总称，是一个学科群。当然，这是一个富有个性特点的学科群，既涵盖着丰富的自然学科原理与技术，又蕴含着细腻的社会与人文学科的思想与方法。因此，可称为“驰骋科学与人文之间的学科”。

被誉为“现代福尔摩斯”“现场侦查之王”“华裔神探”的李昌钰博士认为，“鉴识科学是一门应用科学，不像化学、物理、数学，不能单独成为一门科学。我丢一颗子弹是打不死人的，但是你放在枪里面为什么会打死人？它这个弹道怎么走，就是运用物理、化学；分析毒品就是运用化学；分析DNA我们用生物学；分析毛发我们用微物证据；分析痕迹我们用图形比对……这些都是其他学科的，我们都用于科学鉴识，它包含的范围太广，有36种不同的专业。”

但法庭科学又不单是冷冰冰不会说话的证据和数据，它运用了很多人文科学的知识，要对人的思维、心理、情感等精神活动进行考量，还要把握人的习惯、习俗、价值观等因素，鉴识科学家不仅要有丰富的科学知识，还要有看人、识人的经验。

因此，李昌钰认为，鉴识科学是跨人文和科学的，是用科学的方式体现法律的公正，还受害者尊严，还被冤枉的人清白。我们替无辜的人申冤，替不能讲话的讲话，那些遇害人、被害人不能讲话了，谁替他们讲？我们用物证为他们讲话。案件不分大小，人不分贵贱。让证据说话，对历史负责。

第9章 犯罪现场调查“实战技能”

告状切不可信，须是详细检验，务要从实。

——［中国］南宋法医学家宋慈

重点关注

- 犯罪现场调查
- 实战技能解析

关键术语

- 犯罪现场发现
- 犯罪现场保护
- 犯罪现场访问
- 犯罪现场搜查
- 犯罪现场分析

▶ 图9-1

4
XINHUA

1

实战技能一：如何发现“犯罪现场”

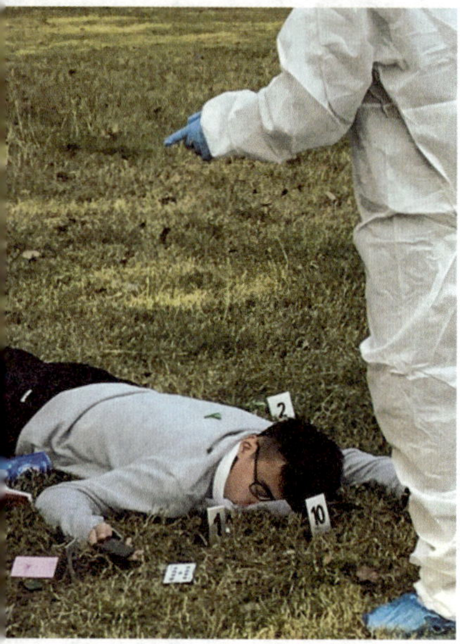

图 9–2
犯罪现场的发现

1. 先明确什么是“犯罪现场”

这里，你首先需要了解一下犯罪现场的定义！“犯罪现场”指的是犯罪分子实施犯罪行为的场所。所以，由于自然因素而形成的现场就不属于犯罪现场的范畴，比如说，由于雷击而造成人员伤亡的现场，就不是犯罪现场了。

当然，也不是所有人为造成的现场都属于犯罪现场，必须与犯罪有关联才算。例如证券交易所内的证券交易现场、马路旁工人的施工现场，还包括自杀现场等，虽然都是人为造成的现场，但与犯罪无关，所以就不能称为犯罪现场。

通常情况下，一起案件只有一个犯罪现场，但有的时候，一起案件特别是一起复杂的犯罪案件，可能存在几处犯罪现场，犯罪分子为了顺利地完成犯罪行为，往往有准备犯罪、实施犯罪和犯罪后隐匿罪证的过程，这些过程，一般不可能在一处地点完成，而往往是在不同的时间，在若干个地点陆续完成的。这样，就形成了若干个发展阶段内的几个犯罪现场。

2. 思考：这些地点都属于“犯罪现场”吗？

（1）犯罪分子实施犯罪行为的地点。（√）

（2）遗留有与犯罪有关的痕迹、物品的一切场所。

① 犯罪前的准备场所（√）
② 犯罪后转移的场所（√）
③ 犯罪分子来去犯罪现场的道路（√）
④ 犯罪后隐匿罪证的场所（√）
⑤ 可能遗留有电子物证的场所（√）
（3）自杀现场（×）
（4）自然灾害导致的人员伤亡现场（×）

3. 如何让犯罪现场调查“步步为营”？

作为一名现场勘查员，当务之急就是要封锁并保护好现场，第一时间查明犯罪现场所发生的一切！通过发现和收集证据，研究分析案情，判断案件性质，确定侦查方向和范围，为破案提供丰富的线索和充足的证据。以下所列出的9个步骤，可以让你操作起来更加有条不紊。

（1）判断案件性质

假如你是一名现场勘查员，首先要判断这里是不是犯罪现场。在现场调查过程中，你必须对每一个地方进行细致的调查，进而准确地确定案件性质。

（2）查明犯罪时间

请记住，时间信息十分重要。特别在命案中，被害人的死亡时间往往是需要确定的最重要信息，它可以告诉你谁是最后一个与被害人在一起的人，或者告诉你被害人在生命的最后时刻身处何方。

（3）找出关联现场

你要知道，有时一起案件的犯罪现场并不唯一，多个犯罪现场的案件时有发生，你要竭尽全力通过对已发现现场的调查来找出其他与犯罪有关的现场。

（4）查明罪犯情况

犯罪分子在作案时会不知不觉地将平时的生活习惯融入其中，这就便于你通过分析犯罪现场的一些细小物质和痕迹变化来推测他们的年龄、身高、身份、职业、文化程度、作案熟练程度、使用何种工具、作案人数、同被害人的关系等。

（5）查明过程后果

当你在调查犯罪现场时，要特别注意查明犯罪分子的进出路线、实施犯罪行为的先后顺序、犯罪分子作案时的状态、犯罪造成的后果等问题，并加以记录。

（6）发现收集物证

你应当谨记，犯罪现场调查过程，就是发现、收集、固定物证的过程，你应当尽可能毫无遗漏地将犯罪分子遗留的各种物品、痕迹收集起来，以便今后在控诉过程中作为揭露犯罪的物证，不但要收集有罪物证，也要收集无罪物证。

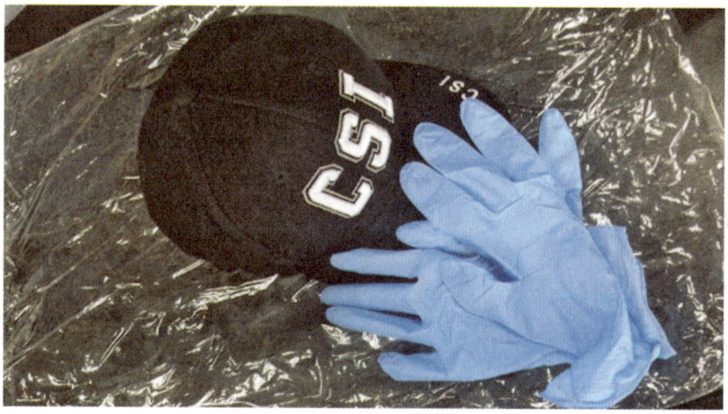

图9–3

（7）收集言辞证据

当然，被害人的陈述、证人证言、知情人所述情况及群众等提供的各种证言也要一并收集和记录。

（8）获得笔录证据

《中华人民共和国刑事诉讼法》第106条规定：勘验、检查的情况应当写成笔录，由参加勘验、检查的人和见证人签名或者盖章。这是现场调查的重要任务。现场调查笔录是犯罪现场的客观反映，是重要的法律文书，对于分析研究案情、印证犯罪嫌疑人口供、破获案件、认定犯罪嫌疑人都具有重要的作用。现场调查记录也是法定的证据之一，在整个诉讼过程中具有不可忽视的重要作用。

(9)确定侦查方向

当你经历了上述关于犯罪现场调查的8个步骤之后，你就基本掌握了犯罪案件的整体情况，为下一步确定侦查方向和侦查方案，奠定了良好的基础。

思考

怎样确定犯罪现场？现场调查的步骤有哪些？

图9-4

2

实战技能二：如何有效保护犯罪现场？

图9-5 犯罪现场的保护

1. 为什么要保护犯罪现场？

尽可能获取完整、可靠、足够多的证据，是现场勘查的重要目标。因此，保护犯罪现场，就是保护证据！

有时候，犯罪现场的情况比较复杂，尤其是在户外现场，受到人为和自然因素影响可能性就会大大增加。与案情无关人员的涉入、雷雨风雪的干扰，还有动物的侵入等都会对犯罪现场造成不同程度的破坏。

于是，现场勘查员们就要想尽一切办法，保持现场的原始状态，防止其遭到任何形式的破坏。否则，现场勘查质量就会折损，让所得证据的证明效力遭到损害，甚至丧失。

还有的时候，由于勘查人员忙于调查取证，可能会出现自身保护意识降低，也会导致现场信息真假相混。因此，请你将以下两点牢记在心：

（1）现场保护的重要原则是“保持原始状态，防止遭受破坏”。

（2）现场保护的基本要求是“不能多什么也不能少什么”。

2. 如何进行犯罪现场保护？

（1）犯罪现场

失踪少女乔安娜之死

12岁少女乔安娜自出门后迟迟未归，其父母向警方求助。后来，伯灵顿警方发现一具烧焦的尸体，尸体在偏僻的郊外，杂草丛生，尸体焦黑，手脚可看出被绑过的痕迹，身上的游泳衣被脱下罩住脸部，胸部裸露，泳衣及脸部均被烧毁，下体和双手也被烧焦。警方立即通知了李昌钰博士前来。在此之前，警方要做的就是保护现场。

没错，犯罪现场保护是指对犯罪现场从案发到现场勘查开始前这一阶段的保护。那么，一旦案件发生，又要如何做好现场保护呢？接下来，我们就以《失踪少女乔安娜之死》为例，讨论一下现场保护的问题。

很显然，乔安娜遇害的场所，是一个户外露天现场。

图9–6　户外露天现场的保护

（2）户外露天现场的保护

对于户外的露天现场，通常需要划出一定的范围布置警戒。保护范围大小原则上应包括犯罪分子实施侵害行为的地点和遗留有与侵害行为有关的痕迹物证的一切场所。实践中通常的做法是先把范围划得略大一些，待勘查人员到达现场后根据情况进行调整。

首先，警方需要在现场周围用警戒线进行隔离防护，防止他人入内。

然后，现场重要部位及进出口，应当设岗看守或者设置屏障遮挡。

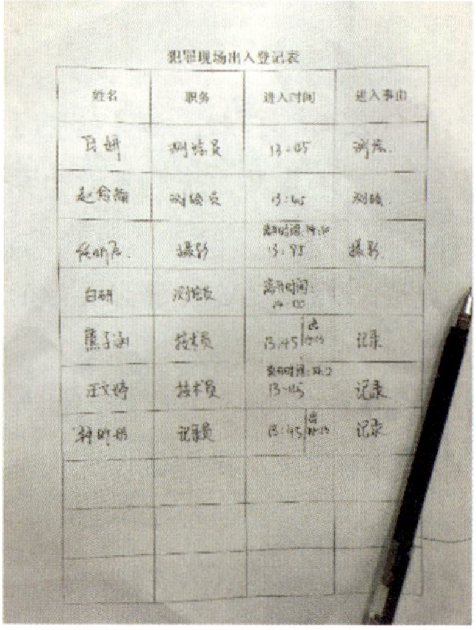

图 9–7　犯罪现场出入登记表

同时，当天气发生改变时，要对现场易变的痕迹物证采取适当的保护措施，当然，野外现场要防止动物进入现场破坏痕迹物证。

如果，犯罪现场恰好涉及道路交通通行，那么必要时可临时中断交通，指挥行人或车辆绕道而行。不过，在乔安娜遇害现场，没有涉及交通问题。

需要注意的是，有时候现场还会遇到媒体采访报道的情况，此时更要防止他们蜂拥而上，让现场遭到破坏，同时还要防止不实报道，干扰司法。

当然，许多案件发生于室内，下面我们就讨论一下室内现场的保护事项。

（3）室内犯罪现场的保护

什么是室内犯罪现场呢？不法侵害案件发生在非露天的建筑物内，以及牵涉与案情有关的痕迹、物证的一切场所，我们都称为“室内现场”。

① 首先，封锁现场的出入口和通道。重点是现场中心所在的出入口。在门口、窗口和重要通道布置专人看守，如果是双向通道需全部封锁，禁止一切无关人员进入现场。

② 其次，封锁现场周围地带。在现场周围划出一定的警戒范围，布置警戒，禁止围观人员靠近现场，以防破坏现场外围的犯罪痕迹物证。

③ 然后，在实施封闭措施时，不能随便移动门窗，并要特别注意门窗、门锁、窗户插销上的痕迹是否遭到破坏。

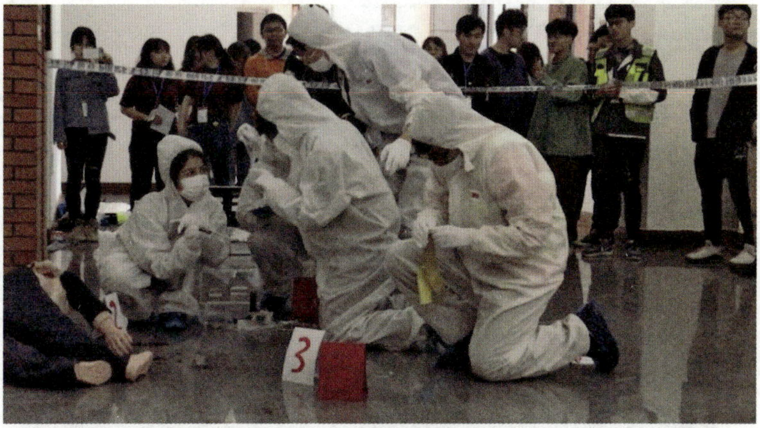

图9-8　室内犯罪现场的保护

④ 同时，要求事主、目击证人等候公安人员到场，待公安人员到达现场后，听从公安人员的安排。

思考

为什么警察设立警戒的范围通常比实际犯罪现场要大?

户外露天现场与室内犯罪现场的保护事项有什么异同?

3

实战技能三：如何开展犯罪现场访问？

图 9–9

1. 什么是犯罪现场访问？

当勘查人员到达犯罪现场后，依法对被害人和证人进行正面查询访问也是一项重要使命和职责。

的确，在案件发生后不久，被害人和证人对案情记忆犹新，此时是进行犯罪现场访问的最佳时机。比如，犯罪嫌疑人的体貌和衣着特征、逃跑路线和方向以及案发经过等重要信息，往往都可以通过及时的现场访问所获得，这就可以为案件的侦查提供丰富、有效、完整的信息和线索。

有时，勘查人员还能用现场访问弥补现场勘查工作的不足，让两者相互印证、互相补充；同时，还可以通过现场访问对犯罪嫌疑人遗留的痕迹、物品进行现场确证，这样就可以大大节省侦查时间。你看，犯罪现场访问多么重要啊！

2. 如何进行犯罪现场访问？

（1）犯罪现场

缉拿枪杀案件的真凶

据外媒报道，当地时间27日晚，美国田纳西州萨姆纳县两个独立住宅内发生5人被杀事件。当地警方表示，目前一名嫌犯已经被捕。

田纳西州调查局官员表示，警方先是在位于查尔斯布朗路的一户住宅内发现有4人被杀，然后在位于路易丹尼尔斯路的另一处住宅里发现了第5名受害者。据悉，受害者身份尚未确定。目前嫌犯仍在逃，没有关于他的信息。在事发当晚，不少居住在此的居民听到了枪击声……

这是一起真实的枪杀案件，警方接警后火速到达现场，显然，缉拿嫌疑人归案的任务在考验着他们。如果你是一位现场勘查员，奉命完成现场访问任务，你将如何启动这项工作，为你的同行呈现考虑详尽、周全的访问信息呢？

（2）首先，你需要对访问内容进行充分的考虑。它们包括以下几个方面。

① 案件发现的情况

- ✓ 发现案件现场的具体时间、地点和详细经过；
- ✓ 发现时现场的状况是否变动过，变动的原因及变动变化的具体情况；
- ✓ 发现时，有谁在场或出入过现场；
- ✓ 发现后，采取了哪些措施。

② 犯罪分子的情况

- ✓ 犯罪分子进入现场和接近被害人的方法；
- ✓ 犯罪分子的特征、衣着、作案过程；
- ✓ 犯罪分子作案后逃离现场的时间、使用的交通工具和逃离的方向。

③ 被害人的情况

- ✓ 被害人的人际交流、经济状况、职业特点等；
- ✓ 被害人的生活习惯、作息规律、个人爱好等；

- ✓ 被害人的受害经过；
- ✓ 被害人的家庭及社会关系。

④ 现场遗留物的情况

⑤ 被侵犯财物的情况

- ✓ 价值、种类、数量、使用情况等。

⑥ 案发前后的疑人疑事

- ✓ 有无可疑人员在现场附近徘徊、逗留、窥视或打听有关情况；
- ✓ 在现场周围有无发现或捡到可疑物品；
- ✓ 有无其他可疑迹象出现。

（3）同时，你还需要继续考虑，如何准备开始一次有效的访问，比如：

① 发现和确定访问对象

- ✓ 可以是围观的人、附近的人、途径的人或者与被害人有关的人等；
- ✓ 根据实际情况和优先级别，将访问对象排一个先后顺序。

② 选择访问地点

- ✓ 不宜离现场太远；
- ✓ 不妨碍现场勘查；
- ✓ 有利于保密和照顾受访者的情绪。

图9-10　犯罪现场访问

需要注意的是，现场访问中，侦查人员与访问对象之间是通过语言交流来完成各自行为的，要达到访问的最佳效果，就要求勘查人员巧妙地运用语言创造良好的气氛，讲究说话艺术。而且，在访问过程中，通过一步一步地引导和追询，来帮助受访者提供详尽、完整的陈述。

（4）最后，你还需要了解，访问是一项工作量较大的活动。往往一个人是无法独立完成的，现场访问时，侦查人员一般是两人一组，一人负责提问，另一人负责记录或录音。访问同一对象时，应由一组侦查人员负责到底。

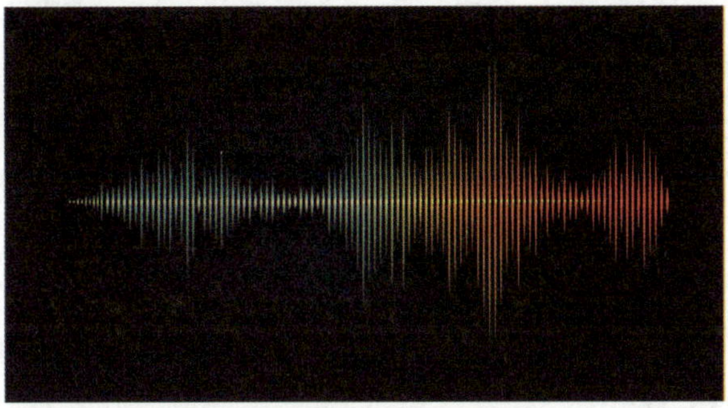

图9–11　对访问对象进行录音

3. 拓展阅读

图9–12　对访问对象进行笔录

（1）“现场访问笔录”的基本格式

时间：________________　　　　地点：________________

侦查员：________________　　　记录员：________________

访问对象：__________（性别______ 年龄______ 民族______）

工作单位及职业：____

现在住址：____

问：____

____

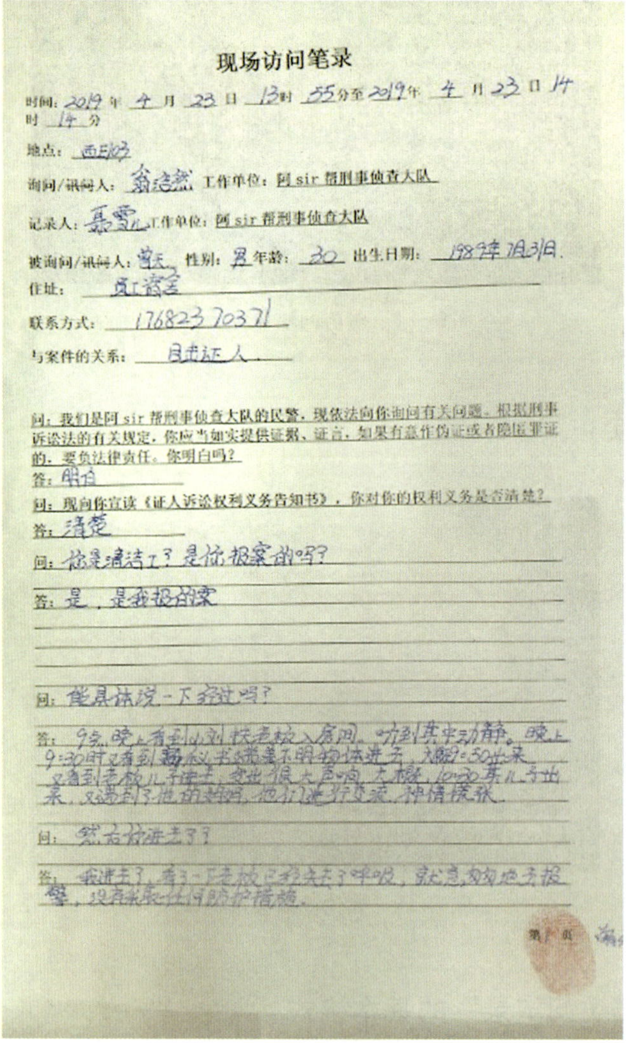

现场访问笔录

时间：2019 年 4 月 23 日 13 时 55 分至 2019 年 4 月 23 日 14 时 14 分

地点：西E103

询问/讯问人：翁浩然　工作单位：阿 sir 帮刑事侦查大队

记录人：聂雪儿　工作单位：阿 sir 帮刑事侦查大队

被询问/讯问人：曾天　性别：男　年龄：30　出生日期：1989年7月31日.

住址：员工宿舍

联系方式：17682370371

与案件的关系：目击证人

问：我们是阿 sir 帮刑事侦查大队的民警，现依法向你询问有关问题。根据刑事诉讼法的有关规定，你应当如实提供证据、证言，如果有意作伪证或者隐匿罪证的，要负法律责任。你明白吗？

答：明白

问：现向你宣读《证人诉讼权利义务告知书》，你对你的权利义务是否清楚？

答：清楚

问：你是清洁工？是你报案的吗？

答：是，是我报的案

问：能具体说一下经过吗？

答：9点晚上看到小刘跟老板入房间。听到其中动静。晚上9:30时又看到[illegible]书端着不明物体进去，大概9:50出来，又看到老板儿子进去，发出很大声响，大概10:30其儿子出来，又遇到了他的妈妈，他们进行交流，神情慌张。

问：然后你进去了？

答：我进去了，看了一下老板已经失去了呼吸，就急匆匆地去报警，没有采取任何防护措施。

第 页

图9–13　现场访问笔录示例

（2）“亲笔证词”的基本格式[1]

于______年______月______日收到

侦查员：

亲 笔 证 词

我叫______，____族，______年______月______日出生，______省______市人，______文化程度，______公司职工，现住______市______路______号。应侦查人员（经我自行请求），我向公安机关提供如下情况（或我的受害经过如下）：

（时间、地点、人物及其身份，事件的经过、结果）

以上情况是我亲眼所见（或亲耳所闻）（以上情况我是听某某说的。某某，性别______，现住______市______区______路______号），请公安机关查证。

证人（被害人）：

[1] 亲笔证词是在侦查办案过程中，应侦查人员的要求或证人的申请，由证人自行书写的有关案件情况的文字材料。

4 实战技能四：如何进行犯罪现场搜查？

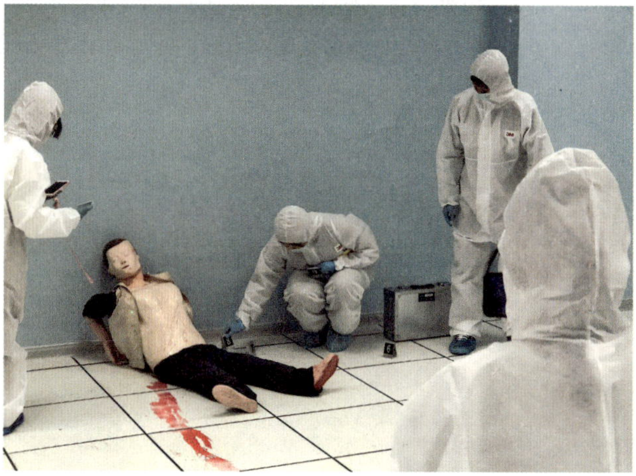

图9–14　犯罪现场搜查

当“犯罪现场”确定之后，如果侦破案件需要，你还需要及时组织开展更大范围的现场搜查。比如，需要发现、寻找遗留于现场外围的与犯罪有关的痕迹、物证，查获犯罪嫌疑人及其他重要信息。

1. 吉克市安全大道的入室抢劫案

1998年的一天，吉克市安全大道发生了一起入室抢劫案，受害者是一位60岁的女性，当时被击昏了过去，没有注意到嫌疑人的体貌特征。抽屉内2万元美金和1枚黄金戒指、1枚铂金戒指、1个银手镯及存折被抢走。警方了解到，受害人儿子有一个朋友，曾因抢劫入狱，释放后，来吉克市做生意，曾找过他。然后，警方据此迅速赶到嫌疑人住处将其抓获，并进行了搜查工作……

如果你是一位奉命前往侦查的勘查人员，此次搜查任务的目标和任务有哪些？你会选择哪种搜查方法呢？现在，就请你学习一下，搜查工作中的学问吧！

2. 现场搜查

在这里，你有必要参考下面的搜查关键要点，因地制宜地开展行动，直到你们胜利完成搜查任务。注意：下面的3个要点是一个普适方案，阅读之后，请你为《吉克市安全大道的入室抢劫案》涉案嫌疑人住所的搜查工作制订方案。

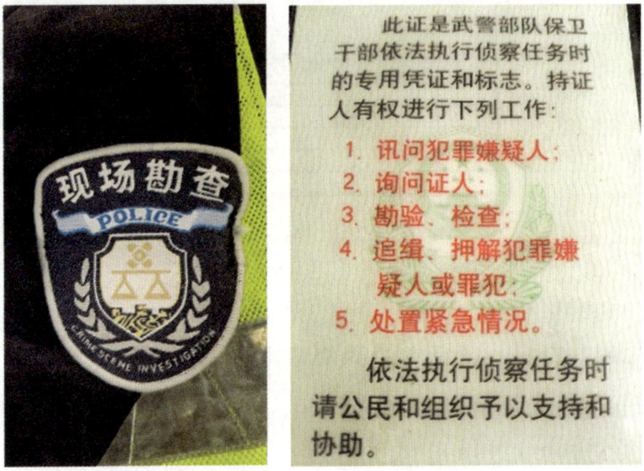

(a) (b)

图9–15 现场勘查证件

(1)确定搜查目标

注意，现场搜查应明确搜索目标，这样才能有的放矢。比如，你可以根据勘查的需要，设计以下目标：

① 发现犯罪嫌疑人在现场周围的行踪；

② 发现犯罪嫌疑人遗留在现场周围的痕迹物品（工具、赃物）；

③ 发现犯罪嫌疑人来去现场的路线（足迹）；

④ 发现并拘捕隐藏在现场附近，尚未走远的犯罪嫌疑人。

(2)明确搜查任务

现在，你就可以逐一对应上述搜查目标，明确细致地完成搜查任务了。

① 寻找犯罪嫌疑人在外围活动的踪迹，如曾逗留、窥视，伺机作案的场所等；

② 搜索可能隐藏或丢弃在现场周围的赃物、作案工具、血衣及其他罪证；

③ 寻找、发现犯罪嫌疑人来去现场的路线及遗留下的相关痕迹；
④ 寻找、发现并盘查可疑人员，从中发现犯罪嫌疑人。

（3）选择搜查方法

这里，为你展示几种常见的搜查方法，以便于你有效组织现场搜查与布控。

① 单向推进（strip method）

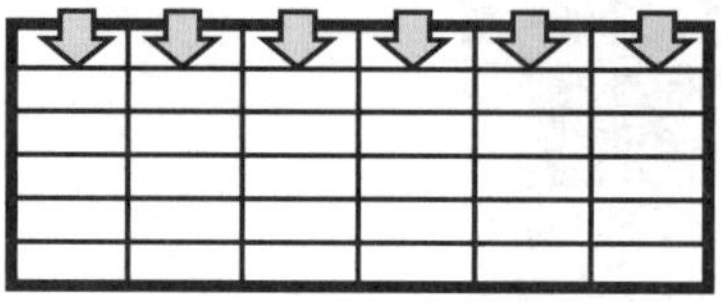

图9–16　单向推进

你们可以在划定范围内，每隔一定的距离一字排开，同时向着同一个方向单项搜索，最好能相互看见。这种方法一般适用于面积比较宽广的野外。

② 双向推进（grid method）

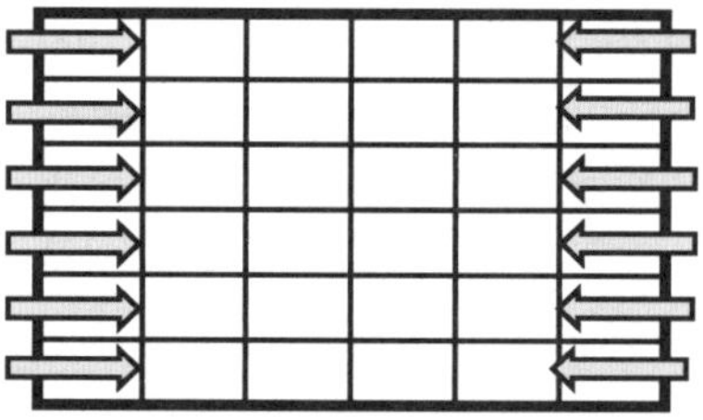

图9–17　双向推进

双向推进法，也称夹击式搜索法。为了加快搜索速度，你可以将搜查人员分为两组，从搜查地带两端不同方向出发同时搜索，交叉进行，多适用于面积较大的野外或狭长的地带，如大面积农田、山林、丘陵、胡同、公路、河道等。

③ 分片分段（zone method）

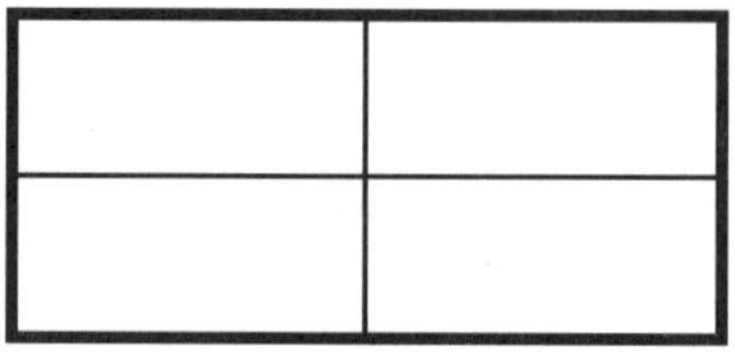

图9–18　分片分段

有时候，按区域的自然分界，从边缘开始逐步、逐段地分片分段搜索，也是一种不错的选择。也就是说，你需要结合地形，把整个搜索区域划分成面积相等的若干区域，然后指派不同搜索小组分别搜索不同区域。

④ 螺旋式推进（spiral method）

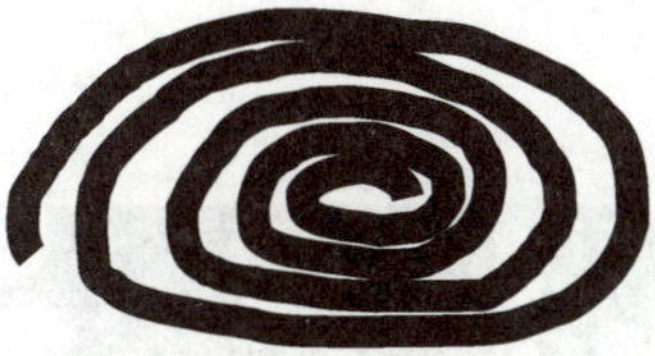

图9–19　螺旋式推进

从中心出发，在野外搜索大目标，也称作环形方式或圆形式搜索法。一般可以从搜索中心开始，以等距离宽度向外延铺开搜索，也可从搜索范围外延向内逐渐收缩旋转到搜索中心，从而形成一个等距离同心圆。

思考

上述四种不同的搜索方式各自的优势是什么?

要对一家多层大型超市进行搜索，你建议采用哪种搜索模式?

请你为《吉克市安全大道的入室抢劫案》制订一个可行的搜查方案！

5 实战技能五：如何进行犯罪现场分析？

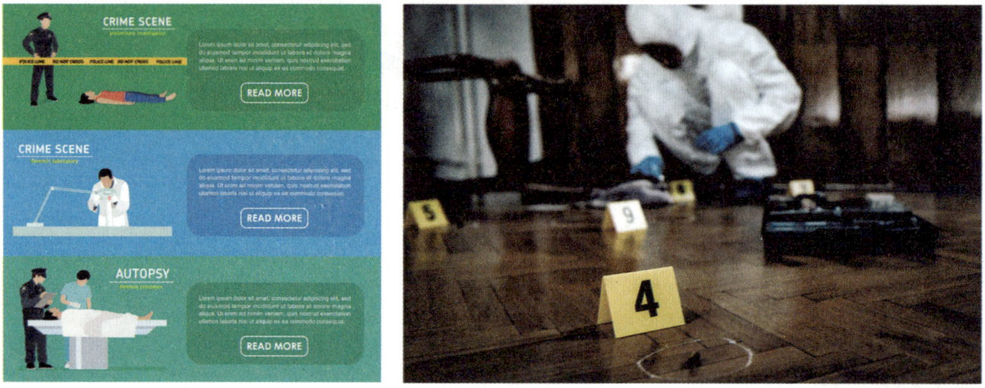

(a) (b)

图 9–20 犯罪现场分析

科学技术的进步是一件令人欢欣鼓舞的事情，它让我们的生活变得更加绚烂多彩！不过，诡计多端的犯罪分子们，也在尝试着利用新科技、新手段达到他们的罪恶目的。所以，在当今的犯罪现场，犯罪分子在现场留下的信息和证据逐渐减少，尤其在指纹、足迹等相对重要的犯罪信息方面，取而代之的是更加智能化、专业化、科技化的犯罪趋势。

你还记得本书绪论部分提到的“章莹颖失踪案”吗？让人无比痛恨的是，犯罪嫌疑人企图把犯罪现场打扫得一干二净，导致警方在第一时间之内，竟然没有搜查到足够可靠的证据，用以严惩这个十恶不赦的家伙。

难道，我们的现场勘查员们真的无计可施了吗？答案是否定的！

要相信，正义必将战胜邪恶！其实，在本书的第三章，我们已经深入探讨了“洛卡德物质交换原理”，所以，无论犯罪分子多么狡猾，他们也难逃现场勘查员的侦查智慧，难以逃脱正义的审判！

图9–21

1. 什么是犯罪现场分析?

当勘查员们完成了现场访问和现场搜查任务之后，就要进入现场分析的环节了。什么是现场分析呢？它指的是在案件发生的地点对与案件相关物品进行勘查、检验，同时也包括对收集到的相关物品进行分析，将这些与案件相关的物品、检测结果汇聚一处，通过科学的方法对其进行深入分析，从而得到与案件相关的真实信息，并通过这些信息来还原案发现场，揭示案件发生的整个过程。

打个比方吧！如果把犯罪现场比作一张白纸，那么嫌疑人的犯罪行为就如同在这张白纸上写字，嫌疑人从作案预备、进入现场，到实施犯罪行为，最后逃离犯罪现场的全过程，都会转化成无字之书，“镌刻”在犯罪现场。

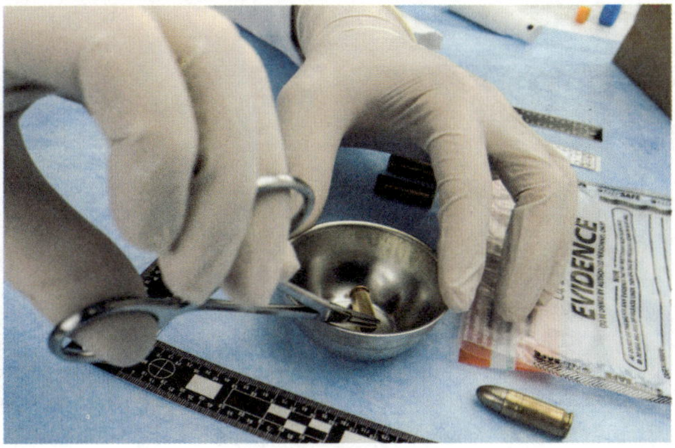

图9–22

2. 犯罪现场分析有什么要领?

上述所有的过程，都需要通过勘查员对犯罪现场的分析来还原，从而对犯罪行为做出准确分析和判断，从现场的蛛丝马迹中准确判断案件的真实情况。

下面，有两个关于现场分析的要领，与你一起讨论与分享!

(1)现场分析要认真研究犯罪嫌疑人的心理动态

现场分析，尤其是对刑事案件的分析，是对一个已经发生过的事件的还原处理。如果能够研究犯罪嫌疑人的心理行为，就可以较好地掌握嫌疑人的行为特征，进而挖掘其所遗留的种种痕迹或其他信息。比如，通过对嫌疑人的心理分析可以了解嫌疑人的性格、作案方式以及逃跑信息等，案件的侦破就变得更加容易。

(2)注意对现场有形痕迹及重点部位的分析

毫无疑问，科技的发展也给犯罪分子们带来了便利。这就让案件侦破工作面

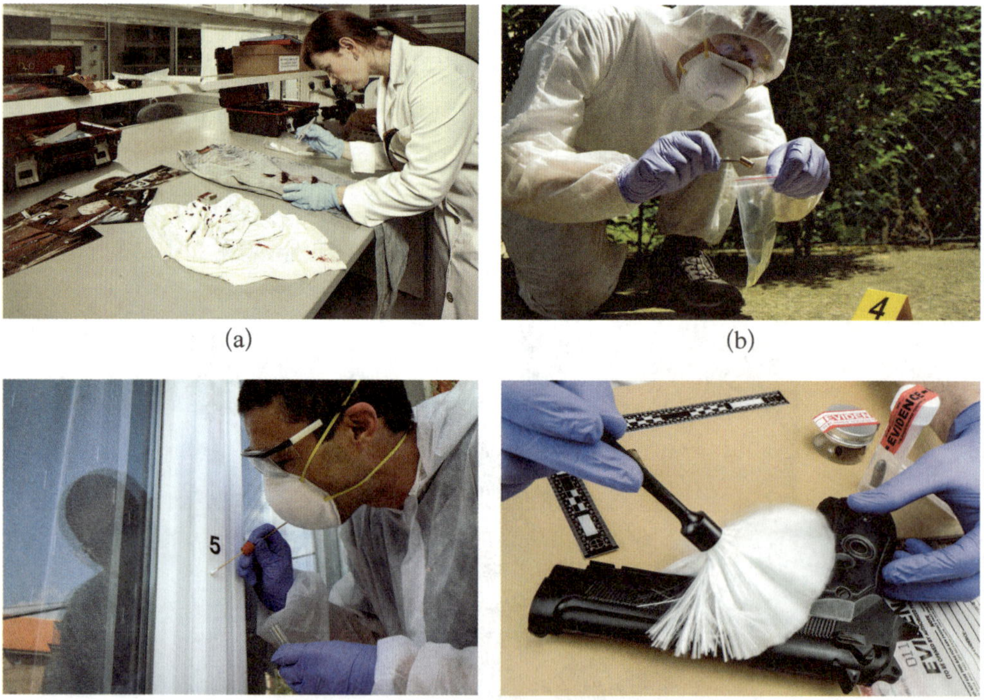

图9–23　对犯罪现场分析的不同场景

临巨大的挑战，也对现场分析提出了更高要求。在这种环境下，侦查人员在进行犯罪现场分析过程时更需要细心和专业，通过犯罪嫌疑人留下的不易察觉、不易损毁的犯罪证据来还原犯罪现场，只有通过这些细节才能尽快地侦破案件。

由此可见，想要成为一名出色的侦查人员，需要不断地学习和运用现场分析的要领，更需要通过持续实践，积累自身丰富的现场分析经验，以锤炼自己的侦查能力。

思考

怎样理解犯罪现场分析的两个要领?

你认为，要想成为一名出色的侦查人员，还需要具备哪些能力和素质?

图9–24

6

综合实战演练——在真实现场中迎接挑战！

实战现场1——不幸的司马太太！

图9–25

（1）[案例阅读]

2019年1月31日，72岁的司马太太，她46岁的双目失明、两耳失聪且患有智力障碍的儿子司马明和8岁的外孙女司马娜娜在家里惨遭杀害。犯罪现场为一栋棕色的两层住宅楼，一楼后的阳台直通厨房，从前门穿过客厅，接着是一条长长的走廊，走廊使厨房与客厅隔开，厨房里面十分凌乱。走廊的墙壁上有许多血迹，司马太太的一些贵重首饰和皮包都不见了……

（2）[实战热身]

请你首先认真回顾一下实战技能1～5，并尝试回答以下问题：

① 此案中的犯罪现场确定在哪里？

② 如何有效地保护犯罪现场？

③ 犯罪现场搜查要遵守哪些要点？

④ 你将采用什么搜查方法进行现场搜查？

⑤ 你又将如何有条不紊地明确侦查方向？

⑥ 你能锁定犯罪嫌疑人吗?

(3)[现场实战]

现在,就请你跟随勘查人员一起到现场破案吧!

挑战问题1:到达犯罪现场后,如何进行现场勘查?

对现场有了整体了解之后,勘查人员展开了地毯式的搜查行动。

首先,勘查人员查找进出现场的出入口,门上没有凹压毁损痕迹,5扇窗中的第3扇有被触动过的迹象,勘查人员用相应的技术方法显现寻找指纹,在窗户上采到一枚手印,长约17 cm。

其次,勘查人员在客厅的餐桌下发现一只男式上海牌手表,到底是谁的手表呢?随后,勘查人员又在客厅的咖啡桌上发现一份近期的报纸,为什么在案发现场会有一份近期的报纸呢?勘查人员提取了报纸并打算检测报纸上的指纹。

然后,勘查人员进入浴室仔细观察,在马桶后墙上发现一枚血手印,经过对手印各部分的长短、宽窄和角度的测量,发现手印长约22 cm,没有明显的纹路可以进行比对。非常奇怪的是,这么大的一个手印,究竟是谁的呢?

最后,勘查人员进入二楼的主卧室,发现有翻箱倒柜的迹象,小女孩司马娜娜上半身躺在地毯上,下半身躺在一张床罩上,旁边还有一个枕头,朝地一面有大量血迹,床罩上的血迹是干的,另外发现小女孩身上大部分伤口集中在她的脖子上,脚踝处有一枚模糊的血手印。现场的勘查人员还发现地毯上有一个并不清楚的鞋印,经测量,是一枚44.5码的球鞋印。

请你尝试帮助勘查人员解决下列问题!

① 犯罪嫌疑人是怎样进入的?

② 手表到底是谁的?

图 9–26

③ 为什么在案发现场会有一份近期的报纸呢?

④ 长约22 cm，这么大的一个手印，究竟是谁的?

⑤ 女孩是怎样遇害的?

⑥ 嫌疑人为什么要施害?

⑦ 为什么是他?

⑧ 本案中的重要线索?

图9–27

挑战问题1：犯罪嫌疑人是怎样进入受害人家里面的?

经过对现场出入口的检查，发现门上没有凹压毁损痕迹，可以判断出，作案人很可能是敲门之后，由被害人主动请进屋的，另外，也有一种可能就是作案人经过窗户或者其他途径进入现场。

之后勘查人员在5扇窗中的第3扇发现被触动过的迹象，说明这扇窗户可能是犯罪嫌疑人入屋的途径，因此勘查人员用相应的显现技术方法寻找指纹，在窗户上采到一枚长约17 cm的手印，经过对比，证实其为老太太女儿司马亮的丈夫的。经过勘查人员对其的讯问，此人承认曾到司马家接小女孩司马娜娜，因为没有人开门，又见第3扇窗户没有关上，于是从窗户爬入屋内。从这个手印所能推测出的情形来看，与司马亮的丈夫描述的相符，因此不能因这个手印判定其和作案有关。

挑战问题2：勘查人员在餐桌地下发现的手表又是谁的呢?

因为是男款表，所以首先可以排除司马太太和司马娜娜的可能性，因为司马明双眼失明，所以也不可能戴手表。因此，这只手表的主人很可能是本案的犯罪嫌疑人。在之后的调查中，经过联系上海牌手表公司，查询该表的年份、销售、购买者信息等，勘查人员最后在全市锁定10余位拥有相同款式手表的居民。之后，经过在化验室的高倍显微镜化验，发现有黑人的体毛和皮肤碎屑，再加上血液分析，显示皮肤碎屑里的血液是B型，大幅度缩小了犯罪嫌疑人的范围。

挑战问题3：为什么在案发现场会有一份近期的报纸呢？

报纸不会自己进来，一定是有人将其带进现场，那么就可能有3种来源，被害人、作案人或者其他人。如何确定其来源呢？勘查人员提取了报纸上的指纹并打算进行检测，但是由于可能有很多人曾经拿过这份报纸，所以报纸上会存在很多指纹，给发现事实增加了一定的难度。然而，勘查人员根据经验分析，因为司马明失明，根本不可能看报纸；司马娜娜年仅8岁，一般情况下也不会看报纸，家内唯一可能看报纸的只剩下司马太太了，但是老太太年过70岁，看报纸一定会佩戴老花镜，但是并没有在现场发现老花镜，所以老太太看报纸的可能性并不大。那么难道是犯罪嫌疑人看的报纸吗？一般来说，作案人杀了3个人怎么还有心情看报纸呢？即使会，那么一定会留下血迹或者血手印。另外，根据初步的指纹对比，也排除了老太太女儿司马亮和她丈夫。之后经过一系列询问，发现是到过现场的警员将报纸带进的现场。因此，报纸成了没有任何破案价值的现场物品。

挑战问题4：在浴室墙上发现的非常大的手印，究竟是谁的呢？

由于这个血手印非常大，不可能是司马太太，儿子司马明和外孙女司马娜娜的。很可能是犯罪嫌疑人留下的。这枚血手印可能是本案非常重要的物证，可见，手印测量有很重要的意义，通过所得的数据可以反映手外形结构的重要内容。因为普通人不可能拥有那么大的手掌，一般来说，只有打篮球的运动员才可能有那么长的手掌，因而推测犯罪嫌疑人有可能参加过球队。

挑战问题5：无辜的小女孩是怎样遇害的？

小女孩身上大部分的伤口集中在她的脖子上，脚踝上还有一个模糊的血手印，因此，有可能是犯罪嫌疑人在杀害司马娜娜后用沾有血迹的手拉住她的脚踝，将她从床上拖下来。另外，因为枕头上面有大量血迹，所以勘查人员怀疑小女孩可能是被枕头闷死的，之后的法医解剖报告也证实其是窒息而死的。因此，枕头上很可能会留下犯罪嫌疑人的指纹，经现场检验，发现一枚指纹，之后经过进一步检测发现了一个更清晰的手印，长约15 cm，与浴室上的血手印相差很大。因此，作案人可能有两个，一个手形很大，另一个手形细长娇小的，很可能有一名女性。

挑战问题6：犯罪嫌疑人为什么要施害于人？

3个被害人身上分别有27、34、14处伤口，其中司马明身上被刺30多刀，且多为同一个部位，这是一种十分疯狂的杀人方法，通常有3种可能：第一种为报复；第二种为同性恋情杀人；第三种为吸毒者杀人。由于司马明是一名智力障碍患者且素来与世无争，可以排除复仇，同时根据司马明的日常生活可以排除第二种可能性，那么很有可能是凶手吸毒后行凶。

挑战问题7：为什么警方锁定的犯罪嫌疑人是他?

根据以上分析，首先因为受害者的贵重物品被拿走，本案很可能是一宗入户抢劫，然后杀人灭口的命案。然后根据手表上的线索将目标锁定在血型为B型的黑人，根据血手印推测可能曾是篮球运动员，而且很可能是吸毒者，最后将目标锁定在黑人罗森堡身上，其高中为篮球队队长，后在大学期间因吸毒被开除，同时也刚被引入中国职业男篮某球队，正好也刚刚购买那款上海牌的手表。最后刑警在罗森堡工作的地方进行调查，在其柜子中发现了司马太太的皮包，证实其为杀人犯，同时其女友也交代与其一同作案，那枚在枕头上的细长娇小的手印就是其女友的。案件最终告破。

挑战问题8：你认为，本案中重要的线索是什么？为什么?

在这件案件中，现场指纹起到了至关重要的作用，虽然没有直接认定谁为犯罪嫌疑人，但是现场指纹的发现、提取、分析，往往可以确定作案人的人数、性别等，并为勘查破案提供线索、方向以及范围，同时为分析现场物证，进行现场重建提供线索。

手印对案件的侦破极为重要，因此要格外重视现场手印勘验的过程。

首先，现场手印的发现。在本案中，勘查人员首先检查了现场出入口，门属于来往现场进出口的部位，是进出现场的必经之路，因此作案人极有可能在门框、门锁、把手、门板、窗台、护栏、楼梯等处留下手印，这些地方也应该是勘查人员需要重点反复查找的区域，但是本案中勘查人员发现并无撬动痕迹。另外由于作案人有可能会选择非正常途径设法进入现场，所以对破除障碍或攀爬逾越的可能区域也要进行勘验，在本案中，勘查人员对窗也进行了指纹检测，并发现了指纹。

另外，除来往现场的进出口之外，勘查人员还需要重视现场的中心部位和犯罪工具或其他遗留物上的手印。现场的中心处所一般是犯罪实施的地点，作案人极其容易留下手印，所以犯罪现场中心部位作为遗留手印的集中处所。在本案中，浴室墙上的血手印即犯罪现场中心部分留下的痕迹。另外，凡是可能被作案人触碰、翻动或破坏的物体表面都需要进行重点勘验。而作案人在实施犯罪活动中，时常需要借助一些犯罪工具对被害人进行控制，所以也需要对现场可能作为犯罪工具的物品进行详细勘验，因此在本案中，勘查人员对被害人司马娜娜身边的枕头进行了指纹检测。此外，可以通过透射光观察法、反射光观察法和哈气观察法来发现现场手印。

其次，现场手印的显现。在本案中，由于浴室现场手印为血指印，可以为肉眼所见，固无须进一步显现。但是在现代一般案件中，例如本案中卧室里的枕头上的手印，极为普通的手印为无色透明，就不容易被肉眼所见，此时就需要用一定的方式进行显现。

最后就是现场手印的固定和提取。在本案中，勘查人员将可能含有指纹的枕头带回了警察局，属于原物提取法，因受环境条件的限制，对留有现场手印的载体原物进行提取，待送至实验室后再进行手印提取工作。除此之外，还有现场手印记录法、摄影法、胶带黏取法和制模提取法。

可以提取作案人的指纹，并且可以提取作案人的血液，甚至是DNA。因此现场中遗留的血迹，对侦破案件而言极为重要。由于在本案中为血指印，所以应当采取连同载体一起原物提取的方法，既能提取血迹，又不破坏手印。

（4）[学习探索]

请你寻找合适的案例，结合本章所讲述的五项实战技能，进行独立分析和思考，以加深巩固知识内容！

实战现场2——谁是真正的凶手？

图9–28

(1)[案例阅读]

1983年11月21日晚上，15岁少女琳达·曼去附近的朋友家串门后没有回到莱斯特郡纳博洛村她自己的家里。第二天黎明时，一名勤杂工在去附近一家精神病院上班的路上，发现草丛中有一具仰卧的尸体……

(2)[实战热身]

请你首先认真回顾一下实战技能1～5，并尝试回答以下问题。

① 如何有效地保护犯罪现场？

② 与犯罪现场有关的人或物如何处理？

③ 怎样找到并保护与案件相关的证据？

④ 怎样用证据和现场分析缩小侦查范围？

⑤ 通过对现场证据的了解，能有结论吗？

⑥ 为什么合法取证是定罪量刑的基础？

⑦ 如何确定侦查方向？

图9–29

(3)[现场实战]

现在，就请你跟随勘查人员一起到现场破案吧！

挑战问题1：对犯罪现场应如何确认并有效保护？

当警察赶到时，他们发现曼已经死了，她的牛仔裤和内裤已被扒下，堆在一旁，而且她是被自己的围巾缢死的。她的鞋跟上的尘土印迹说明在受到攻击时她曾在地上被拖拽过。而且曼在死前遭到过性侵。

挑战问题2：与犯罪现场相关的人或物应如何处理？

从曼身上提取的精液样本证明凶手是一名A/PGM1+血型分泌者，这类人在英国成年男子中只占总数的10%左右，且因为高精子含量，意味着这是一名年轻男子。但是即使警方派出150名凶杀科警官去查访，并用计算机查找本地已知性犯罪者，最后仍然没有找到凶手。最终追查活动于1984年8月被迫取消。

挑战问题3：你能尽可能找到并保护与案件相关的其他证据吗？

两年后的1986年7月31日晚上，同样15岁的道恩·阿什沃思在从纳博洛回家的路上失踪了。她的尸体两天后被发现，藏在离同一家医院不远的一片草丛里。她也是被缢死的，并受到过性侵犯。作案手法的类同，让警方深信第二次奸杀也是之前的那个男人干的。

挑战问题4：你如何通过证据和现场分析为缩小侦查范围提供方向？

当初在查询琳达·曼的案子时，警方曾盘问过一个叫理查德·巴克兰的少年。他在当地的名声很坏：身体早熟，头脑简单，而且会躲在暗处突然间跳出来故意吓唬姑娘们。但是他当时被排除了怀疑。1986年夏天，他在那家精神医院当勤杂工。8月8日他被拘捕，经过两天的审问，他在杂乱无章和自相矛盾的承认供词下签了字。

挑战问题5：通过对犯罪现场遗留证据的全面了解，你能得出结论吗？

警方邀请英国著名的DNA鉴识专家阿历克斯·杰弗里对从巴克兰身上提取的血样和从琳达·曼与道恩·阿什沃思身上提取的精液样本做DNA技术分析。

惊人的是：这两起强奸案是同一人干的，但绝不是巴克兰！这样，巴克兰成了司法史上第一个由DNA鉴定结果宣布无罪的谋杀嫌疑人！

挑战问题6：请你谈一谈，为什么说合法取证是后续定罪量刑的基础？

这个案子显示证词有时候也是不准确的，各种科学证据正是用来弥补目击证词不准确的缺陷，从而确定谁是真正的罪犯。科学证据有很多种，指纹、DNA、痕迹、化学成分分析、弹痕等，而DNA证据能很好地进行证据甄别、身份确认、嫌疑人锁定。

挑战问题7：巴克兰是无罪的，你打算如何确定下一步的侦查方向？

正当警方从1987年1月至9月运用DNA测定5 000多名当地男子而无果的时

候，一名面包房的工人在酒馆闲聊时提到了他的一位同事，即27岁的柯林·皮奇福克，皮奇福克曾付钱请求这名工人以他的名义去献出血样。于是，警方开始调查，经过调查得知他曾去那家精神医院看过门诊。1987年9月19日，警方拘捕了皮奇福克，并把他的一份血样送交阿历克斯·杰弗里斯。结果DNA检测相符，柯林·皮奇福克被控强奸并谋杀了琳达·曼和道恩·阿什沃思。在只延续了一天的审讯会上，柯林·皮奇福克被判两次终身监禁，另加每次强奸各10年有期徒刑。

这是在英格兰的第一批运用DNA侦办案子的其中一件，运用DNA分析技术表明被诉犯两起奸杀案的青年是清白的，大规模地采样运动最终导致真正罪犯的身份确定。这突显了DNA技术以其独特的科学性、精确性和排他性，为证据甄别、身份确认、嫌疑人锁定和案件侦破提供了强有力的技术支撑，被广大刑侦技术人员誉为“证据之王”，为打击刑事犯罪、维护治安稳定作出了不可磨灭的贡献。

(4)[学习探索]

推荐观看以案件为原型的电影《真凶密码》。

请讨论科学技术进步对案件侦破的重要意义。

图9–30

参考文献

［1］周武．宋慈：世界法医学鼻祖．智慧中国，2016（7）：76–78.

［2］高春兴，王晓东，郭本思．论我国的高科技犯罪及其防治对策．中国人民公安大学学报，2004（6）：47–50.

［3］郑筱春．论指纹证据价值．公安学刊（浙江警察学院学报），2010（6）：69–72.

［4］李剑．谈指纹识别技术的新挑战．辽宁警专学报，2012，14（1）：76–79.

［5］彭小军．古代指纹与陶工年龄分析——以二里头遗址出土陶器资料为例．南方文物，2011（1）：54–62.

［6］沪尚．31年前的那宗连环杀人案．江淮法治，2012（14）：30–31.

［7］Scruton B, Robins B, Blott B. The deposition of fingerprint films. Journal of Physics D: Applied Physics, 1975, 8(6): 714.

［8］许林茹．电化学发光成像技术在潜在指纹显现与成分识别中的应用．浙江：浙江大学，2014.

［9］Jasuja O P, Singh G. Development of latent finger marks on thermal paper: Preliminary investingation into use of iodine fuming. Forensic Sci INT, 2009, 192(1）: e11–e16.

［10］Jain A K, Chen Y, Demirkus M. Pores and ridges: high-resolution fingerprint matching using level 3 features. Pattern Analysis and Machine Intelligence, IEEE Transactions, 2007, 29(1): 15–27.

［11］罗伯特·爱泼斯坦，胡卫平．揭开指纹科学之谜——指纹鉴定与道伯特标准．中国刑事法杂，2003（2）：109–126.

［12］李剑．谈指纹识别技术的新挑战．辽宁警专学报，2012，14（1）：76–79.

［13］振强．马玉林学术研究会在内蒙古赤峰成立．刑事技术，1993（1）：30.

［14］陈远庆．运用鞋底磨损痕迹鉴定技术　破获手榴弹被盗案．警察技术，1996（4）：35.

［15］杨正鸣，倪铁．犯罪现场勘查案解．上海：复旦大学出版社，2011.

[16] 徐立根. 物证技术学. 2版. 北京：中国人民大学出版社，1999.

[17] 赵成文. 实用刑事现场勘查技术. 北京：群众出版社，2004.

[18] 刘若水，关羽，杨薇. 人脸与步态识别技术在人物识别与追踪领域的应用. 河南科学：2017，35（8）：1232–1236.

[19] 闫勃勃. 基于步态分析的人迹追踪技术研究. 北京：华北电力大学，2018.

[20] 马静华. 证据动力学：洛卡德的物质交换原理和犯罪重建理论. 四川警官高等专科学校学报，2002（1）：71–75.

[21] 沈大路. 微量物证基本知识简介. 公安大学学报，1987（6）：44–46.

[22] 胡向阳. 犯罪现场分析. 北京：中国法制出版社，2015.

[23] John Thornton，Donna Kimmel，刘静坤. 微量物证与犯罪重建. 人民公安，2009（22）：54–57.

[24] 李尧. 对微量物证在刑事侦查中所起作用之反思. 法制与社会，2013（36）：129–130.

[25] 王焱. 20世纪美国第一大案——系列强奸杀害少女案. 文史月刊，2008（12）：33–34.

[26] 张凯琳. 论犯罪心理画像技术在侦查中的应用. 浙江：浙江大学，2018.

[27] 海剑. 教育孩子防范性侵犯. 家庭（育儿），2002（12）：9.

[28] 茗露. 青春季：有门必修的"功课"——青少年性侵害调查与防范. 中学时代，2014（3）：4–6.

[29] 女生独自外出8个必备安全锦囊. 华西都市报，2014–8–30.

[30] Christine A. Cayea. 贝克山坠机事件：应用mtDNA和人类学方法在52年后对二战时期6名失踪士兵进行认定. 北京市公安局法医检验鉴定中心. 第十五届国际法庭科学大会论文摘要（法医学部分）. 北京市公安局法医检验鉴定中心：中国法医学会，1999：2.

[31] 吕泽华. DNA鉴定技术在刑事司法中的运用与规制. 北京：中国人民大学，2010.

[32] 吴相钰，陈守良，葛明德. 普通生物学. 4版. 北京：高等教育出版社，2014.

[33] 侯一平. 法医物证学. 4版. 北京：人民卫生出版社，2017.

[34] 于英杰. 空姐遇害案犯罪嫌疑人已确认身亡. 联合早报，2018–5–12.

[35] 公安部政治部. 生物物证学. 北京：中国人民公安大学出版社，2008.

[36] 侯一平. 法医物证学. 3版. 北京：人民卫生出版社，2009.

[37] 刘长晖. 24个Y-STR检测体系的法医学验证及多态性调查. 广东：南方医科大学，2017.

[38] 吕泽华. DNA鉴定技术在刑事司法中的运用与规制. 北京：中国人民大学，2010.

[39] 蒋丽华. 刑事鉴定（结论）质量控制体系构建研究. 犯罪研究，2007（3）：36-41+50.

[40] 王志军. 烈士遗骸回国展现国家责任. 中国社会报，2014-04-02（003）.

[41] 苏银成. 人道的彰显　合作的典范. 人民日报，2014-10-30（009）.

[42] 党盼峰. 犯罪现场血迹形态分析研究. 甘肃：甘肃政法学院，2013.

[43] 冯茜.《法医科学导论》第十章的汉译报告. 山东：中国海洋大学，2012.

[44] 党盼峰. 犯罪现场血迹形态分析研究. 甘肃：甘肃政法学院，2013.

[45] 沈臻懿. 犯罪现场调查新利器. 检察风云，2016（5）：35-37.

[46] 罗亚平. 犯罪现场血迹形态分析概述. 公安大学学报（自然科学版），2002（4）：36-38.

[47] 赵文成，杨亚飞. 犯罪现场血迹形态分析. 中国公共安全（学术版），2015（2）：120-123.

[48] 罗亚平. 利用喷溅血迹判断出血点. 中国人民公安大学学报（自然科学版），2003（3）：4-7.

[49]《科学新闻》杂志社. 数学与科技. 杜国光，任颂华等译. 北京：电子工业出版社，2017.

[50] 吴相钰，陈守良，葛明德. 陈增阅读普通生物学. 4版. 北京：高等教育出版社，2014.

[51] 林洋. 论青少年吸毒原因及预防措施. 青少年犯罪问题，2016（2）：53-61.

[52] 王景翰，刘淑霞，杨鸣. 法庭科学与化学. 北京：中国人民公安大学出版社，2010.

[53] 谭家海. 新型毒品的特点及其检验分析. 法制博览，2016（10）：132-133.

[54] 肖菁，杨茜. 高考生家长圈里的“聪明药”：实为中枢神经兴奋剂. 钱江

晚报，2019-4-2.

［55］廖林川.法医毒物分析.5版.北京：人民卫生出版社，2016.

［56］张涛.毒品检验方法介绍.警察技术，2011（6）：47-50.

［57］崔军峰，许俊杰，刘瑶，等.超高分辨液相色谱—质谱联用法测定尿液中毒品及其代谢物.刑事技术，2019，44（2）：140-143.

［58］袁博，苗翠英，翟博.国内外毒物、毒品检验现状及发展趋势.中国人民公安大学学报（自然科学版），2004（2）：48-51.

［59］黄晓洁.毒物鉴定师：让毒品“开口说话”.人民公安报，2017-08-07（7）.

［60］林洋.论青少年吸毒原因及预防措施.青少年犯罪问题，2016（2）：53-61.

［61］周振想.当前中国青少年吸毒问题研究.中国青年政治学院学报，2000（1）：12-18+111.

［62］廖林川.法医毒物分析.5版.北京：人民卫生出版社，2017.

［63］Hotti Hannu, Rischer Heiko. The killer of Socrates: Connine and Related Alkaloids in the Plant Kingdom. Molecules (Basel, Switzerland), 2017, 22(11): 1962.

［64］廖林川.法医毒物分析.5版.北京：人民卫生出版社，2017.

［65］张晨光.常见食物中毒应急处置中毒物质质谱快速筛选确证辅助信息系统构架探索.北京：中国疾病预防控制中心，2011.

［66］Richard Finkel，Luigi X. Cubeddu，Michelle A. Clark著，罗俊译.图解药理学.北京：科学出版社，2014.

［67］卢培标.薄层层析法：一种检验毒物或药物的快速有效方法——法医破案技术选粹（7）.新医学，1990（7）：379-380.

［68］褚建新，蒋文慧，王朝虹.基于司法实践的法医毒物检验范围筛选.中国法医学杂志，2016，31（S1）：151-153.

［69］何宁宁，李凯，宋维.3772例急性中毒注册病例流行病学研究报告.广州医学院报，2013（6）：69-72.

［70］王文秀，杨芳，王晖东.如何进行毒物检验的预试验.中国动物检疫，2001（12）：37.

［71］王建新.利用昆虫破案.发明与创新，2004（12）：41.

［72］胡萃，马玉堃.法医昆虫学的历史、现状及今后展望.昆虫知识，1995（3）：184-186+183.

［73］Smith KGV. A manual of forensic entomology. London：British Museum

(Natural History), Comstock, 1986.

［74］周文峰. 昆虫：大自然的“线人”. 检察风云，2003（9）：32–35.

［75］金菊，廖志钢. 死亡时间的推断研究与进展. 医药论坛杂志，2006（1）.

［76］郭金霞. 法庭科学、科技发展与证据法之间的互动. 中国政法大学证据科学研究院. 证据理论与科学——首届国际研讨会论文集. 中国政法大学证据科学研究院：中国政法大学证据科学研究院，2007：11.

［77］杨寿良，王爱玲. 李昌钰科学与人文思想初探. 公民与法（综合版），2018（10）：32–36.

［78］贾永生. 犯罪现场勘查原则的反思与重构. 中国刑警学院学报，2017（6）.

［79］杨建伟. 伪装犯罪现场的勘查. 法制博览，2013（1）.

［80］宋胜尊，傅小兰. 犯罪行为决策的理论与研究方法. 心理科学进展，2005（1）.

［81］万勇. 犯罪现场调查. 检察风云，2014（5）：39–41.

［82］陈新山. 犯罪现场勘查指导手册. 中国法医学杂志，2014（4）：395.

［83］马骁. 犯罪时间研究. 青少年犯罪问题，1994（5）：5–8.

［84］华娣. 物证技术与物证保全. 法制与社会，2012（8）：111–113.

［85］邓陕峡. 我国刑事笔录类证据制度探析. 证据科学，2013（1）：52–60.

［86］苑军辉. 犯罪现场勘查. 北京：中国公安大学出版社，2005.

［87］温锦锋. 刑事犯罪现场保护工作思考. 广东公安科技，2001（3）：36–39.

［88］谢盛坚. 犯罪现场原始状态研究. 中国人民公安大学学报（社会科学版），2006（4）：58–61.

［89］袁忠民. 犯罪现场保护概念新论. 公安学刊（浙江警察学院学报），2018（3）：31–37.

［90］吴东强，李升升. 论现场保护的方法. 法制博览，2017（1）：161.

［91］江华，李恒，梁一. 公安机关开展犯罪现场访问之新探究. 辽宁警专学报，2014（5）：38–42.

［92］耿连海. 关于现场勘查概念的几个问题. 广州市公安管理干部学院学报，2005（2）：25–28.

［93］宋英辉. 刑事程序中的技术侦查研究. 法学研究，2000（3）：73–86.

［94］陈永生. 电子数据搜查、扣押的法律规制. 现代法学，2014（5）：87–95.

［95］蒋丽华. 法治视野下搜查程序问题研究. 当代法学，2004（5）：87–95.

[96] 傅晓海."现场搜索"概念辨析.公安研究，2010（4）：20–23.

[97] 郝宏奎.论犯罪现场勘查的原则.中国人民公安大学学报，2004（3）：84–87.

[98] 王国民，马静华.从现场分析到犯罪重建与犯罪画像——犯罪分析理论述评.中国人民公安大学学报，2003（1）：108–114.

[99] 李栋，李波阳.物质交换原理在犯罪现场勘查中的运用.湖北警官学院学报，2010（4）：72–75.

[100] 梅传强.论犯罪心理的生成机制.河北法学，2004（1）：16–20.

[101] 郝宏奎.论犯罪现场重建.犯罪研究，2003（4）：13–21.

[102] 张冠营.痕迹检验技术在刑事侦查工作中的应用.湖北警官学院学报，2013（1）：21–22.

[103] 薛静，刘世权，刘寰，等.手印鉴定能力验证活动新模式的探索.中国司法鉴定，2016（6）：45–51.

[104] 宋鲁韬.关于刑事案件现场勘查工作的思考.公安研究，2008（1）：34–40.

[105] 杨伟伟，罗大华.国外心理学关于证人证言的研究及其启示.证据科学，2007（Z1）：61–68.

[106] 刘文.DNA鉴定技术及其在刑事侦查中的应用.中国司法鉴定，2007（4）：27–30.

[107] 陈学权.科学对待DNA证据的证明力.政法论坛，2010（5）：50–61.

后　记

“故今日之责任，不在他人，而全在我少年。少年智则国智，少年富则国富；少年强则国强，少年独立则国独立；少年自由则国自由；少年进步则国进步；少年胜于欧洲，则国胜于欧洲；少年雄于地球，则国雄于地球。”梁启超先生的《少年中国说》中的这一段文字激昂雄壮、振聋发聩，也准确地写出了青少年之于中国梦的重要性！

习近平总书记也多次指出，青少年是国家的未来、民族的希望。党和国家的历任领导人都高度重视青少年的健康发展，我国也较早地加入了《儿童权利公约》等国际条约，并制定了《中长期青年发展规划（2016—2025年）》，积极为青少年的成长、成才创造良好条件。

即便如此，据不完全统计，近年来，每年全国有上万名正在中小学阶段学习的青少年非正常死亡或遭受犯罪行为侵害。究其原因，正值成长发育关键时期的青少年，虽然得到了社会关注和家长的关爱，但并不完全具备一定的安全素养、生活经验、社会知识、健康常识、防范意识及能力。对于青少年的安全意识、自救能力训练与防范教育等方面仍存在不少问题，当前中小学青少年安全教育、科学教育、法治教育在衔接上仍相对薄弱！

众所周知，青少年往往在家庭和校园中受到家长和老师们的精心呵护，当他们走出校门、步入社会之际，由于缺乏危险防范意识和自我保护能力，受到不法侵害的事件时有发生。例如，2014年7月纪欣然遇袭死亡案；2016年5月李洋洁暴力性侵案；2017年6月章莹颖失踪案；2019年7月杭州女童章子欣失联案……一个个揪心的案例都在催迫我们尽快采取措施提升青少年安全防范能力。

另一方面，安全教育与法治教育相互依存，如果缺少有效的法治教育，安全就会存在疏漏。因此，法治教育也是新时代青少年安全教育的重要实践领域。研究表明，很多青少年竟然不知道什么是违法犯罪，从而在不经意间触碰到了法律底线，从“越轨”到“触法”乃至“犯罪”。这样做不仅伤害了自己，更加威胁到社会及他人的安全。作为教育工作者，我们殷切地希望能创作出一系列符合新时期青少年学习与发展需求的法治教育作品，有效地指导青少年安全健康地成长、成才。

为此，我们夙夜不怠，始终怀揣着为青少年健康发展而努力的热切之心，凝心聚力地完成了《法庭科学：让证据说话》一书。我们诚恳地希望能借助国内外社会生活中一系列典型的法治教育案例、法庭科学方法，来帮助读者朋友主动构建自身发展所需的与法治精神、证据意识、安全防范、犯罪预防相关的基础知识和基本技能，增进对社会生活实践的深入认识。同时，希望能够启发读者朋友，尤其是广大青少年朋友们，对法庭科学这门横跨安全、法治、科学等领域的学科的学习感兴趣，通过一系列实践体验更好地发展创新精神和培养实践能力，从而逐步形成严谨求实的证据意识和法治精神，更深刻地认识科学、技术和社会之间的相互关系，防患于未然。

在此，还有一事需要向广大读者作以说明，法庭科学是一门富有跨学科属性的科学应用学科，由于版面所限，本书并未涉及法庭科学的所有主题，我们将在后续出版的系列作品中陆续向读者朋友们加以介绍。

最后，要感谢上海市犯罪学学会、预防青少年犯罪研究会提供的研究支持。感谢华东政法大学刑事司法学院师生们的大力支持，诚挚感谢为此付出辛劳的胡裕岭、王哲、饶佳倩、毛彦民、刘鲁豪等同学！感谢长期支持我们开展教学研究与实践的上海市延安中学的师长和同学们！感谢一直以来支持本书出版的华东理工大学出版社。本书出版获得了上海市科技专著出版资金资助。我们相信，在大家的支持和鼓励下，《法庭科学：让证据说话》能够吸引更多的读者朋友，参与我国法治进程的建设。书中如有不当之处，敬请各位读者指正！

2019 年 7 月

于云间玉泊湖畔